西南交通大学第二轮研究生教材（专著）建设项目

2021年度四川省社会科学规划项目

Grundlinien der
Philosophie des Rechts

# 论黑格尔法权哲学

## 根据《法哲学原理》

汪希　著

中国社会科学出版社

图书在版编目（CIP）数据

论黑格尔法权哲学：根据《法哲学原理》/ 汪希著 . —北京：
中国社会科学出版社，2022.4
ISBN 978 - 7 - 5203 - 9087 - 3

Ⅰ. ①论… Ⅱ. ①汪… Ⅲ. ①黑格尔（Hegel，Georg Wilhelm
Friedrich 1770 - 1831）—法哲学—研究 Ⅳ. ①B516.35 ②D90

中国版本图书馆 CIP 数据核字（2021）第 180275 号

出 版 人 赵剑英
责任编辑 刘 艳
责任校对 陈 晨
责任印制 戴 宽

出 版 中国社会科学出版社
社 址 北京鼓楼西大街甲 158 号
邮 编 100720
网 址 http://www.csspw.cn
发 行 部 010 - 84083685
门 市 部 010 - 84029450
经 销 新华书店及其他书店

印刷装订 北京明恒达印务有限公司
版 次 2022 年 4 月第 1 版
印 次 2022 年 4 月第 1 次印刷

开 本 710×1000 1/16
印 张 18.5
插 页 2
字 数 278 千字
定 价 99.00 元

凡购买中国社会科学出版社图书，如有质量问题请与本社营销中心联系调换
电话：010 - 84083683

# 目　　录

**导　论** ……………………………………………………… (1)

第一节　研究问题概述 ……………………………………… (1)

第二节　实践自我在现实世界中的承认斗争 ……………… (10)

第三节　黑格尔实践哲学研究概况 ………………………… (15)

第四节　研究思路与内容结构 ……………………………… (35)

**第一章　对自然权利学说及"契约国家"的批判** ………… (47)

第一节　洛克自然权利学说的特点 ………………………… (54)

第二节　黑格尔对洛克权利基础的批判 …………………… (56)

第三节　黑格尔版本的洛克 ………………………………… (58)

第四节　由"不法"到国家的理由 ………………………… (67)

第五节　契约国家 …………………………………………… (73)

第六节　形式的自由 ………………………………………… (79)

第七节　形式的自由和实质的自由 ………………………… (82)

第八节　抽象权利的狂暴 …………………………………… (88)

第九节　对英国现实问题的五个批判 ……………………… (92)

　　一　义务教育的问题 …………………………………… (94)

　　二　童工的问题 ………………………………………… (96)

　　三　殖民地和奴隶的问题 ……………………………… (97)

　　四　贫困的问题 ………………………………………… (100)

　　　五　紧急避险权的问题 ……………………………………（101）

　　第十节　结论 …………………………………………………（105）


第二章　道德自由的原则及其现实化的困境 …………………（109）

　　第一节　康德对自然权利学说的重新奠基 …………………（115）

　　第二节　由"自然人"到"主体" …………………………（118）

　　第三节　道德主体何以可能 …………………………………（121）

　　第四节　普遍的善如何可能 …………………………………（129）

　　第五节　普遍的善的现实化及其困境 ………………………（138）

　　第六节　拯救理念实在性的失败 ……………………………（156）

　　第七节　黑格尔对康德的批评 ………………………………（162）

　　第八节　结论 …………………………………………………（165）


第三章　法权哲学 ………………………………………………（169）

　　第一节　现代世界与古代世界 ………………………………（177）

　　第二节　承认的逻辑 …………………………………………（181）

　　　一　"个人"的权利 ………………………………………（183）

　　　二　个人作为"交互主体" ………………………………（188）

　　　三　"他者"的承认和权利 ………………………………（192）

　　第三节　现代国家 ……………………………………………（197）

　　第四节　现代国家中承认的制度化 …………………………（200）

　　　一　家庭中承认的制度化 …………………………………（200）

　　　二　市民社会中承认的制度化 ……………………………（205）

　　　三　国家中承认的制度化 …………………………………（218）

　　第五节　承认的历史 …………………………………………（227）

　　第六节　自由是一个整体 ……………………………………（234）


结　语 ……………………………………………………………（242）

第一节　黑格尔学说的局限性 ……………………………（242）

　　一　女性的权利问题 ……………………………………（242）

　　二　民主的问题 …………………………………………（246）

第二节　普遍均质国家和普遍异质国家 …………………（258）

第三节　历史的终结 ………………………………………（262）

第四节　未竟的事业 ………………………………………（267）

参考文献 ……………………………………………………（274）

后　记 ………………………………………………………（290）

# 导　　论

## 第一节　研究问题概述

本书将黑格尔的法权哲学①浓缩为一个简单的命题：在理论上如

---

① 法权（Recht）一词的翻译：根据布莱克威尔黑格尔词典，Recht 研究的是"客观精神"的领域，它展示的是人如何在客观世界中实现其意志和自由，它将自己分为三个时刻：抽象法、道德和伦理。参见 Inwood. M. J.，*A Hegel Dictionary*：*Blackwell Philosopher Dictionaries*，Blackwell Publishing Ltd.，1996，Right 词条。Allen W. Wood 认为《法哲学原理》需要从两个层面来认识：1. 法哲学是思辨原理的理性运用；2. 法哲学作为"实践哲学"，它作为判断这个世界（包括社会机制及其变换）的伦理学和政治哲学。Wood 认为在《法哲学原理》中既能找到它作为一种思辨理性的实践运用的例子也能找到它作为一种实践哲学（伦理学和政治哲学）运用的例子。Thom Brooks 则认为黑格尔是在有意地模糊"Recht"的含义："他不想精确地去定义它或只是把它局限在一个狭窄的范围内。"Thom Brooks，*Hegel's Political Philosophy*：*A Systematic Reading of the Philosophy of Right*，Edinburgh University Press，2007，p. 86. 在霍耐特看来，《法哲学原理》的书名要么是起错了，要么就是为了"挑衅康德和费希特"。因为黑格尔所使用的 Recht 的含义远远超出了 Right（权利）的含义："准确地来说，黑格尔给了 Recht 更广泛的定义：只要社会中存在一个帮助人们实现其权利的地方就存在一个 Right。"参见 Alex Honneth，*Suffering from Indeterminacy*：*An Attempt at a Reactualization of Hegel's Philosophy of Right*，Netherlands：Van Gorcum Publishers，2000，pp. 29 – 30。在德语中，Recht 是多个含义的混合物。根据《郎氏德汉双解大词典》，Recht 有四种含义：（1）法；（2）权利；（3）认为……对；（4）公道、公正。因此，这个词既有"法"，又有"权利"，以及"正当"、"公正"、"正义"等含义。由于 Recht 在德语中本身就具有如此多的含义，即便是英语中也找不出一个能完全与 Recht 一一对应的单词。在英语的翻译中，Recht 一般翻译为 Right，但也根据具体的情况翻译成 a right、justice 、the law，不一而足。康德和费希特一般都在与道德（morality）和伦理（ethical life）相对的法律（legal norms）和制度（institutions）含义上使用这个词。但是在黑格尔这里，他将道德、伦理和抽象法（法律含义）统统包进 Recht 中，所以情况比较复杂。有时他使用Recht指某一个含义，而有（转下页）

（接上页）时又特定地笼统地指代所有的含义，这就需要我们在读书的时候仔细辨别。又由于 Recht 这个词既可以指权利，也可以指法（治），由 Recht 延伸出来的词如 Rechtsstaat 就指"宪政国家"（由康德提出），意指该国家在行使政府权力时必须受到法律的制约（参见 Carl Schmitt, *The Concept of the Political*, George Schwab. trans., University of Chicago Press, 2007）。由此可见，该概念是权利保障/权力制约与共同体/国家两者的综合。相应地，Naturrecht（natural right）这个词既可以指自然权利也可以指自然法。不过权利主要是指人格主体所具有的东西，而在自然法中我们只能谈法则，两者之间既可看作学理推进也可看作方法论的转向。由于 Naturrecht（natural right）既可译为自然法，也可译为自然权利，如此一来亦能将黑格尔法权学说看作是对自然权利学说的批判。中文世界中首先将黑格尔翻译过来的是贺麟先生，他是黑格尔诸多著作的第一译者，也是国内黑格尔翻译的权威，贺麟先生的译法自然成为了后来翻译的标准。所以，我们在这里有必要考察一下 Recht 在贺麟先生处的译法。Recht 在贺麟先生那里有六种翻译，依其重要程度为：法、权利、权、法权、法律和"对的"。其中，译为"法"的情形最多。单独翻译 Recht 时往往译为法，组成复合词或作形容词时则译为法权。例如："Rechtszustand"译为法权状态，"Rechtliches Leben"则译为法权生活。在《哲学史讲演录》附录中他给出的 Recht 一词条解释首先就是法。而《精神现象学》范畴对照表中，Recht 仅有"法权"一种译法。《精神现象学》中将 Recht 译为"对的"："我完全可以把我所愿意的一切都立为法律（Gesetze），同样我也可以说不能把任何东西立为法律，而且，当我开始审核的时候，我已经是走上不合伦理的道路。我所以居于伦理的实体之中，是因为对的事情对我来说是自在而自为存在着的（Daβ das Rechte mir an und für sich ist）；所以，伦理的实体是自我意识的本质；而自我意识则是伦理实体的现实和实际存在，是它的自我和意志。"而先生又在《小逻辑》中将之翻译为法权："法权（Recht）是自由的实在。"综上所述，在贺麟先生那里我们可以看到翻译成"法"或"法权"时指的是那种使"特殊的法"和"实在法"成为"法"的普遍领域的"法"或"法权"（Recht），但作为它的特殊形态便译为法律，即所谓"否定了特殊的法律（besondere Recht），但是 Recht 在黑格尔这里并不单指"权利"或"法"，而是时常兼而有之，其具体译法要考虑不同情境。贺先生的译法也为后来的学者所默认。

"法哲学"（Rechtsphilosophie）的含义、研究领域和目的：至于黑格尔的"法哲学"到底在谈什么，我们首先得回到黑格尔的体系设置上来理解这个问题。在《法哲学原理》序言里，黑格尔直接指出"法权"这个概念也直接指"自由"，所以《法哲学原理》的研究领域是与主观精神领域（主体、意识、意志、情绪及激情）相对立的客观精神领域（伦理、社会、历史和政治生活）。在最基本的意义上，"法的领域"是由人类自己根据自己认为"应当"的样子建立起来的世界，此"应当"的领域是人类特有的领域，它与自然界的领域（"是"）的领域不同，此领域是属于人的世界，也即"自由"的领域。所以，黑格尔的《法哲学原理》研究的也是"自由的哲学"。根据黑格尔，自由从抽象到具体有三种形态：抽象的自由、主观的自由和具体的自由，它分别指的是：抽象权利（Das abstrakte Recht）到主观的道德（Die Moralität），最后指的是上升到现实的伦理世界（Sittlichkeit）。也就是说，"自由"在黑格尔看来既具有实在性（Realität）又具有实存性（Existenz），这是由自由概念的本性所规定的，所以《法哲学原理》谈的也是自由概念从抽象形态到具体形（转下页）

何实现所有人的自由和权利。它隐含了这样几个命题：1. 人的本质规定性是什么？黑格尔的回答是"自由的存在者"；2. 人应该拥有什么权利？对于这个问题要分为两个部分来回答：自由的思考与良心自由的权利，以及自由地行动的能力；3. 如何将这些自由的能力现实化？"现实化"要求人们不仅能在思想中获得这种自由，而且要求在社会中、在人与人之间的交往中、在政治生活中等现实层面中拥有这些权利。

对于第一个问题的回答实际上是《精神现象学》的工作，也就是要建立一整套主体理论。《精神现象学》讨论的主要是"主观自由"的问题①，但是在《法哲学原理》中黑格尔考虑的则是如何在现实世界中实现主体自由的问题（客观自由）。在《精神现象学》中黑格尔主要是从追溯自我意识的成长过程来讨论这个问题的，即通过追溯历史上存在过的一系列不完全、不充分的自我意识，以提炼出一个完全自明的、自觉的自我意识。而在《法哲学原理》中，黑格尔更关心成为一个"自由的存在者"所需的制度和客观条件。也就是说，在《法哲学原理》中，由自觉自治的主体理论是如何可能地转变为对于

---

（接上页）态的实现过程。黑格尔在《法哲学原理》中详细地展示了各自领域中的"法权"（自由）的发展过程，因为在黑格尔看来，Recht 只有在具体的社会制度（institution）中才能得到实现，所以《法哲学原理》一书分为三个章节："抽象法"、"道德"和"伦理"。这样划分的根据就是依据自由的概念展开的。自由从最开始的"任性的"、毫无约束的自由展开到自我约束的自由（自治）最后成为具体而现实的自由。由于在黑格尔看来，毫无约束的自由从来就不存在，我们只能在既有的层面上、在有约束的情景中实现自由（"有限制的自由"）。我不能对抗控制于我的这个机制（institutions），但如果我能理解机制对我施加控制的原因，它便以这样的方式属于了我，而不是外在于我。我以这样的方式去除了原先施加于我的控制和压力，从而成为了"他在中的自在"。总而言之，黑格尔意义上的"自由"总是"有限的自由"，对他来说我们只能在这个现实的（"有限的"）世界之中去认识自己，否则就只能永远处于和世界对抗的状态。用黑格尔的话来说就是："在现在的十字架中去认识作为蔷薇的理性，并对现在感到乐观，这种理性的洞察，会使我们跟现实调和。"（［德］黑格尔：《法哲学原理》，范扬、张企泰译，商务印书馆 2009 年版，第 13 页）从这个角度上来说，我们又可以将《法哲学原理》看作是一部教导灵魂如何与世界取得和解的著作，一部与现实达成和解的著作（die Versöhnung mit der Wirklichkeit）。

① ［德］黑格尔：《精神现象学》，贺麟、王玖兴译，商务印书馆 1997 年版。

主体理论如何能够实现的客观条件的探讨。

在康德那里，对于主体的建立被归结为如何建立起一套先验的、自治的、自我规定的主体理论。康德不仅在《纯粹理性批判》中论证了主体能够拥有根据特定概念框架展开思维的能力，还在《道德形而上学原理》中提出主体也拥有在现实世界中根据自我规定而行动的能力。也就是说，康德已经将"自由"这个原则作为了人的最重要的原则。[①] 但黑格尔认为康德的论证还远远不够。黑格尔认为主体要想成为理性的"是者"和道德的"是者"不能仅仅凭借一套先验的、形式性的概念框架就能办到。事实上黑格尔认为，人的自我认识是在时间中不断地变化、发展着的。[②] 黑格尔认为主体不可能单单依据先验的形式条件就能够成为自我规定的"是者"，而是需要将特定的历史的、社会的、机制性的因素考虑进去。

黑格尔承认主体有其认知的、先验的、形式性的构成因素，但是黑格尔同样指出主体不能只凭借先验的、形式性的认知要素就实现自治或自我认识。在黑格尔看来主体必须将自己定位于历史、社会和"他人"当中才能描述或认识自己。但是这个自我认识最终指向一个

---

① 在皮平看来："康德的名字就是'自主性'。"康德第一次提出了完全"自主的"主体的概念，主体通过对于自然的认识扫清了感性的、欲望的、宗教的、迷信的，以及种种不自由、不自主的因素之后会回到人自身去"自我认识"，并且能够摆脱一切不自由的因素，最终成为真正"自作主张"的人。根据康德："当我为了理性本身而行动时，当我的行动准则或动机能被普遍化时，或者当我使自己根据这样的准则而始终如一地行动时，那么我就是自由的。"在皮平看来，康德的哲学完完全全是关于人如何实现其自由的哲学，而黑格尔在某些重要的方面推进了康德的自由哲学："黑格尔所称的'绝对自由'，即真正的'自我决定'。""黑格尔力图'完成'哲学中康德式革命。"［美］皮平：《作为哲学问题的现代主义：论对欧洲高雅文化的不满》，阎嘉译，商务印书馆 2007 年版，第 35、36、101 页。另外，以下作者认为黑格尔的哲学可看作是对康德哲学的发展和完成，参考：Robert B. Poppin, *Kant's Theory of Form: Essays on Critique of Pure Season*, New Heven and London: Yale University Press, 1982; Beatrice Longuenesse, "Point of View of Man or Knowledge of God: Kant and Hegel on Concept, Judgment, and Reason", in *The Reception of Kant's Critical Philosophy*, Sally Sedgwick ed., Cambridge University Press, 2000; ［德］里夏德·克朗纳：《论康德与黑格尔》，关子尹译，同济大学出版社 2004 年版。

② 在黑格尔看来，人是未完成的"是者"，是"Being"，是"是起来"，是一种可能性和潜在性。

终点，就是实现自己的自由潜能——成为"自由的是者"。主体的完全的、充分的自我认识和自治有赖于黑格尔所提出的补充维度来确立。

也就是说，在黑格尔看来实现主体的自治是一个全方位的系统工程，它要求将具体的时代的、社会的、政治的因素也考虑进去。如何成为真正的自我规定者和行动者有赖于客观的制度设计。人的确有可能在思想中认识到自己的本质，但是还有待"现实地"将这一点实现出来。这是黑格尔对于康德主体理论的一个重要补充，也是黑格尔对于第一个问题的回答。黑格尔的结论是人的本质规定性是要成为"自由的是者"（主观自由的领域）。但只认识到这一点还不够，还需要将这一点现实地实现出来，这就要求我们从主观自由中走出来，走向客观自由的领域。这也就是我们必须从《精神现象学》走向《法哲学原理》的原因。

第二个问题，人应该拥有什么权利？这个问题要分为两个部分来看：首先，康德已经证明了人毫无疑问地拥有思想自由以及良心自由的权利；其次，自然权利学说提出了天赋权利来回答人应该拥有什么具体的权利（自由地行动的能力）。但是这两点在黑格尔看来都还不够完整。康德只证明了人拥有思想自由和良心自由的权利，但并未能考虑到能将其现实地实现出来的客观机制和社会条件；自然权利学说虽然给出了人应该拥有的具体的权利项目，但并未能证明这些权利的合法来源，即未能证明这些权利是不言而喻的、天赋的。

以上两个问题实际上都指向了第三个命题：即便我们能够通过种种思想实验（无论是康德式的、自然权利学说式的）的假设，成功论证了人"应该"拥有的权利，但是如何能在现实生活中落实它还是一个问题。我们认为《法哲学原理》实际上就是对于以上两种权利模式——其目的都是要论证人是自由的存在者——及其后果的考察和扬弃，考察它们到底有没有在现实中实现其承诺。我们认为黑格尔并不是简单地否认了这些理论，实际上黑格尔的方式是通过对于这些权利理论的考察，揭示出其内在的矛盾和不自洽，进而从内部推动它进一步完善自己。

黑格尔认为我们所处的这个时代是一个全新的时代，它"新"在一方面通过康德、费希特等人在形而上学上揭示和认识到了人的本质；另一方面通过新教革命、启蒙运动、法国大革命等现实世界中所发生的事件亦使人认识到了这一点，即意识到人是自由的存在者、是自我规定者，而非被规定者。① 但是光取得这样的意识还不够，还必须将这一点在世界中实现出来。也就是说，这个全新的意识要求将自己在社会中、在政治生活中、在现实生活层面中展开，而不是只存在于思想和形而上学中。黑格尔的《法哲学原理》就是对它现实地将自己在客观世界展开的构想和描绘。

在黑格尔的计划中这个问题既涉及对于康德的主体理论的改造，也涉及对于自然权利学说理论的借鉴和改造。所以《法哲学原理》前两章是对两者的批判，而本书的前两章处理的也正是黑格尔对于两者的继承和批判问题。

我们认为，黑格尔正是通过对于自然权利学说和道德权利学说的继承和批判而提出了自己的思考。黑格尔自己对这个问题的思考分为三个步骤：第一个步骤涉及对德国传统主体理论的改善和完善（提出"交互主体"理论）。也就是说，自由不仅必须被主体以某种方式来构想和理解（这意味着他能给予自己的倾向和动机以理性的理由），还意味着主体的自我实现有赖于"他者"的存在。第二个步骤将涉及（根据机制的、法则的指导下）主体与"他者"的承认关系的发展与演变。第三个步骤涉及对于交互承认关系的机制化描述。这种交互承认关系必须是已然处于某种实践行为中（或在某种机制中、在社会关系中、在社会实践中），这种机制和社会并不是由某个人独自设想出来的，而是在无数的自我与他人的交往和互动中自我揭示出来

---

① 哈贝马斯认为黑格尔的"新"是新在黑格尔第一次认识到了"现代性"的问题。[德]于尔根·哈贝马斯：《现代性的哲学话语》，曹卫东译，译林出版社2005年版，第51页。

的。总结起来这将涉及三个步骤的改造和建立：

1. 主体如何才能成为真正自作主张的？（交互主体理论）
2. 主体所主张的自由和权利如何能被他人承认？（承认理论）
3. 如何将主体与他人之间的承认关系机制化、稳定化、制度化？（现代国家理论）

纵观《法哲学原理》全书，我们发现自治的主体理论和交互承认理论是有赖于对康德主体理论的批判而建立起来的（本书第二章）；而关于主体与他人之间的经济关系和政治关系的建构则有赖于对自然权利学说的批判而发展起来（本书第一章）。

交互承认关系是一种外在于主体的"主体的处境"。在这里，他首先否认了康德式的与主体分离的社会处境模式。也就是说，在康德那里"主体"被设想为一种其意志可以与其行动相分离的"两栖的存在者"。即主体一方面被设想为一种道德的、心理的、意志的存在者，另一方面被设想为一种身体的、行动的、社会的存在者，我们以前很少从这一方面去讨论康德的二元论。而在黑格尔看来意志与自由是自由的一体两面，是自由的同一个问题。也就是说，意志当然是自由的，没有一个人能强迫另一个人的思想，但是能自由地思想并不意味着他能自由地"行动"。正如我们在第二章里所指出的，这是黑格尔与康德之间的一个分歧。在黑格尔看来，"行动"的领域总是要落在一个具体的、政治的、社会的、物质的、历史中的世界中去。自由地行动是指依照某种客观规范，具体参与到某机制和特定社会中去的能力，而此客观规范的具体内容是康德所未能给出的。黑格尔认为除非参照具体的伦理机制的历史，否则我们无法判断到底"应该"依照什么来行动（如作为家庭成员、作为市民社会的成员或作为国家公民而行动）。黑格尔认为构想一种自由的哲学离不开现实的世界，这一点反倒成为了他的哲学的特色。在黑格尔看来，行动者生而是某个具体伦理世界中的存在者，而非纯粹理性的先验存在者（这是他和康德的另一个分歧），所以实践理性总是与特定社会的规范相关的。

　　所以，我们说黑格尔的实践哲学①总是关于一种特定"处境"的哲学。"处境"总是取决于某一个特定的社会规范，而此规范又为社会成员所共享和承认。这个特定的处境或社会规范并不取决于我（康德式的道德自我）所认为的"应当"，也就是说不取决于个人的反思，而是取决于特定的社会"应当"（客观规范）。我们应该注意到这两者之间的差别：黑格尔所指的这种"处境"不是由单个人构想或预设的，也不是靠彻底的反思推敲出来的，而是在人与人之间的交

　　① "实践哲学"：到底什么是实践哲学？我们可以参考徐向东的看法："实践理性就是我们通过反思来解决如何行动的一般能力……实践理性关系到如何行动和如何选择。"也就是说，实践哲学关乎的是"应当如何行动"和"以什么理由行动"。如此一来，它就与理性、行动、动机、意志和目标等概念关联起来。而皮平则认为实践哲学的意思是人为自己的行为负责。人之所以能为自己负责是因为人是一种自由的主体（Agent）。如此一来，主体理论就与主体的行动理论联系了起来，而连接两者的中介就是"自由"的概念。一般认为"实践"一词最先是在亚里士多德那里得到表述的，亚里士多德对实践哲学的定义就是：实践哲学＝伦理学＋政治学。亚里士多德认为人在进行选择的时候就已经具有了某种程度的自由，由此，亚里士多德首先将实践和自由联系在了一起。继亚里士多德之后康德大大丰富和推进了实践哲学的含义。康德将哲学划分为两个单元：理论哲学和实践哲学，理论哲学是关于认识自然的哲学，其凭借知性辨识出隐藏在自然界中的"规则"，因此，理论哲学是关于自然的认知哲学；而实践哲学是关于人自身的哲学，其领域是"自由"，是理性根据道德"法则"的引领而自我认识的领域，所以它是关于"自由"的"实践哲学"。康德是近代以来首先将人的实践领域与自然领域相区分的哲学家。在康德看来，人之所以能自由是因为人有独立于自然界影响的自由意志，如果自由意志判断的根据是在于自身（道德律），那么就可以说人是"自律"、"自治"的，从而，人就证明了自由的存在。而在黑格尔这里：人也是自由的，人的自由也在实践领域。皮平认为黑格尔和康德在体系设置上很相似，黑格尔接受了很多康德的基本假定。黑格尔与康德一样大致区分了"必然王国"和"自由王国"；区分了在经验条件下发生的行为（以自然律为法则）和理性条件下发生的行为（以概念为法则）。但值得注意的是，黑格尔如此划分的理由却跟康德不一样，黑格尔不需要以现象和物自体的划分来保障他的实践哲学，黑格尔始终不是二元论者、意志论者或不相容论者。黑格尔的实践哲学的独特性在于它的两个基本特征：他否认将道德—心理方面（自由意志）和社会方面（自由地行动）相分离，不如说他认为这是自由的一体两面，由此他构造出一种独特的历史的、社会的实践哲学。如果说康德的实践领域主要是在《实践理性批判》《道德形而上学》和《道德形而上学原理》等书中表达的，那么相应地，黑格尔处的实践哲学则是在《法哲学原理》和《历史哲学》中得到表述的。实践哲学指的是客观精神的领域：政治哲学和历史哲学，所以客观精神以耶拿时期相关研究与《法哲学原理》和《历史哲学》为其内容。黑格尔的实践哲学与康德的实践哲学的不同之处还在于：康德的自我的自由只与"自我"相关（只关乎道德律），黑格尔处的自由还与"他者"相关。两者的分歧并不在于主体的自治理论，而在于到底是一个什么样的主体理论？康德处（转下页）

往和沟通中被人所理解和自我揭示出来的（类似于维特根斯坦的游戏）。①须知，这种"处境"并非靠人有意识地设计出来的，但是它同时又能被每一个参与交往的人理解。它是一系列在特定社会"处境"中人们相互依赖和共享的意义、规范、准则。这些意义和规范是为大多数人所理解的，它不是只存在于某个人脑子里的东西，而是大家都明白和共享的东西。

狭义地来看，"处境"指的是某一特定的相互共享和依赖的市民社会和伦理国家；广义地来看，它并非僵固不动的东西，而是在时间中不断断裂、生长着的。比如我们会说，人一生下来就已经在这种"处境"或称社会规范之中（"被抛"），②但是这个处境却并不是一成不变的，而是处在永恒的变化和斗争之中的。比如说，两百年前人们承认为社会规范的东西可能两百年之后的人们并不承认。社会规范转变的原因是什么呢？这种斗争的原因又是什么呢？这种斗争想要实现的原则又是什么呢？黑格尔认为这种斗争背后的原因是：自由的自我实现。③

---

（接上页）的主体能不通过客观世界和"他人"就成为自治的和自足的，但黑格尔处的主体则必须通过与客观世界和他人一道才能成为自足的和自治的。黑格尔指出自由并不能仅仅停留在形式性的领域里，而是要加诸历史的、政治的、社会的、他人的因素才能成为真正"现实的"。所以黑格尔称自己的实践哲学为伦理学，而非道德学。这是黑格尔发展和超越康德的主体哲学的地方，也是《法哲学原理》中由"道德篇"向"伦理篇"过渡的理由。而在 Allen W. Wood 看来，黑格尔的实践学说的伟大之处恰好在于他敏锐地察觉到了现代人多样化的需求和愿望：他既是市场中的"个人"、公共领域里的"公民"，也是私人生活里的"主体"，他有各种各样的愿望和需求，而这些需求和愿望有时甚至是模糊不清、相互冲突的。但是黑格尔并没有因其矛盾而拒斥它（例如：马克思因自由和平等两观念的冲突废除了私人所有权；因阶级对抗取消了阶级），而是将这些愿望结合在历史根源和社会机构中，将它们整合进现代精神中。《法哲学原理》具体地描述了这样一个社会，在其中实体性的个人、反思性的个人都得到了恰当的安置。徐向东编：《实践理性》，浙江大学出版社 2011 年版，第 1—29 页；Allen W. Wood, *Hegel's Ethical Thought*, Cambridge：Cambridge University Press, 1990；Robert B. Pippin, *Hegel's Practical Philosophy*, Cambridge：Cambridge University Press, 2008。

① "游戏"参见［奥地利］路德维希·维特根斯坦《哲学研究》，陈嘉映译，上海人民出版社 2005 年版。

② "被抛"参见［德］马丁·海德格尔《存在与时间》，陈嘉映、王庆节合译，生活·读书·新知三联书店 2006 年版。

③ Joachim Ritter, *Hegel and the French Revolution：Essays on the Philosophy of Right*, The MIT Press, 1982, pp. 125, 128.

或者也可以将这个命题表达为：所有人都要实现自己的权利和自由，成为"自由的存在者"。正是因为它是一个席卷所有人的命题，不仅仅只实现某一个人或一些人的自由和权利，而是要实现所有人的自由和权利，所以这个命题的实现必将经历一个长久的历史过程。这个命题至今只得到了形而上学的表达和认识，在现实世界中它也只是部分地实现了自己的真理，它还远远没有将自身在世界中实现出来，所以为了承认的斗争至今仍在继续。① 黑格尔的实践哲学也正是围绕着这个命题而展开的。我们说这就是黑格尔的实践哲学给自己所定下的任务，《法哲学原理》正是他自己对这个问题的思考和回答。

## 第二节　实践自我在现实世界中的承认斗争

黑格尔将这种为了改变某种社会规范而进行的斗争总称为：为了获得承认而斗争。一开始这种斗争体现为两个人之间的斗争（主奴斗争），后来会扩散到所有人中去，直到最后演变为更大规模的群体、观念、文化和制度之间的斗争。② 所有斗争的目的都只有一个——获得自由和权利、获得承认。

在《精神现象学》中，黑格尔展示了自我为了获得自由意识而斗争的意识层面的斗争史，③ 我们发现在《法哲学原理》中他又考察了实践自我在现实层面的斗争史。现在，如果我们将《法哲学原理》理解为实践自我及其在现实世界中取得满足（即要求实现所有人的权利和自由）的过程。我们发现，实践自我首先是在两个虚构的国家中寻求满足。虚构的世界是指由自然权利学说所勾勒出来的"契约国

---

　　① 在里德看来，黑格尔自由的理念不会仅仅安于"应该"的状态，它会通过政治革命在历史的长河中，最终在国家中将自己实现出来。参见 Joachim Ritter, *Hegel and the French Revolution: Essays on the Philosophy of Right*, The MIT Press, 1982。

　　② ［德］黑格尔：《历史哲学》，王造时译，上海书店出版社 2001 年版。

　　③ ［德］黑格尔：《精神现象学》，贺麟、王玖兴译，商务印书馆 1997 年版。

家"和康德所设想的"道德国家"。在《法哲学原理》的前两章中他具体地展示了两种承认理论（"契约王国"和"道德王国"）在现实世界中寻求承认及其失败的过程。

实践自我从欲望及其满足开始，在现实中寻找自我实现。我们可以设想：首先，自我面对的是一个物的世界，面对的是亟待满足的欲望。于是个人展开了一系列满足欲望的活动，如划定自己的地盘、明确自己的权利并向他人宣告权利、与他人交换自己的物品并签订契约，等等。但是我们会发现，这种模式是以一种原子式的、单向的"占有个人主义"为其理论基础的。① 另一个意识在我看来是"为我的存在"，我没有承认另一个意识与我一样是平等的存在者。我与另一个意识打交道是通过"物"：或者为了取得他的物，或者为了交换他的物。所以我与另一个意识的关系是：我—物—另一个意志，后两者对于我而言都只是"物"。

但实际上，个人并不能主观地确定自己的权利，也不能单靠自己就能捍卫自己的权利，最重要的是他人并不一定承认你所宣称的权利。所以，个人为了欲望的满足和承认还有待和他人展开一场生死斗争，即为了获得承认的斗争：刚开始我与另一个意志就某物的归属和所有权权原而发生了冲突，我对另一个意志提出了占有要求，而另一方也必定对我提出同样的要求（权原冲突）；其次，我虽然可以与另一个意志就某物达成转让契约，但是我也可以撕毁契约，对方也是如此（毁约）；最后，我们就物和契约陷入生死斗争，在斗争里双方都押上了自己的性命，最后的赢家将取得对物的占有和对方意志的无条件承认。最终双方都不惜以毁灭对方的身体来占有对方的物，并以此肯定自己的自为性和肯定性（不法）。

在抽象法一章中黑格尔重现了这种自然状态（无政府状态）的情

① "占有性个人主义"的解释可具体参考 C. B. Macpherson，*The Political Theory of Possessive Individualism：From Hobbes to Locke*，London：Oxford University Press，1962。

况，也由于这种无政府状态引申出了政府的必要性。霍布斯、洛克和斯密等人都宣称国家当然是必要的，但是他们给这个国家加了一个括号"契约国家"或"最小国家"。根据黑格尔的分析，"最小国家"的功能和管辖范围大致相当于"准市民社会"的范围。但是根据黑格尔的分析，自然权利学说所设想的"最小国家"并不能达到他们的目的，它在以下方面遇到了问题：

1. 权利并不是天赋的。自然权利学说认为因为权利是天赋的，所以国家只是天赋权利的护卫者。但黑格尔认为自然中无自由，所以也不存在权利。① 所以权利并不是天赋的，权利是人为制造的，权利也只能应用于特定国家范围内，因为在特定国家之外的人并不承认这些权利。② 所以，国家是权利的前提而非结果。也就是说，在洛克看来，自然状态和自然法的作用乃是论证个人自由和权利不可剥夺的。但现实情况是在国家之外并不存在不可剥夺的自由和权利，相反，自

---

① 黑格尔认为"自然"没有任何"自由"可言，其中也找不到任何权利、道德和正义，"自然权利"和"自然状态"都是一种假说和假设。实际上，黑格尔认为"自然状态"中的人是一种直接的、单纯的、动物性的存在者，他是无法无天的、冲动的。人以道德和法驯化（教化）自己，建立起了权利和道德的领域，这个领域完全是人造的，是人的"第二天性"。[德]黑格尔：《历史哲学》，王造时译，上海书店出版社 2001 年版，第 40—41 页。

② "天赋权利"学说历来不乏批评者。哲学史上大致存在三种批评天赋权利的声音：1. 马克思主义的批判。马克思更强调人是一种类存在者（species being），而非激进的个人主义者、自我主义者（egoistic）或占有性的个人主义者（possessive individualism），马克思更强调人的社会性，而非竞争性和独立性。在马克思看来，如果单单强调个人的欲望和占有而忽视人的社会性和历史性方面将会导致一种"空洞的"和"形式性"的权利论，它忽视了人的"现实性"、"物质性"的社会权利，而空有形式性的权利却没有社会权利和物质权利还是一种不平等。2. 功利主义的批判。以边沁、密尔为代表的功利主义者从"共同的善"方面来批判天赋权利学说，他们认为天赋权利学说强调从个人的好恶出发，忽视了普遍的、共同的更大的社会利益。3. 相对主义的批判。以休谟为代表的相对主义者认为并不存在什么"普遍的"的权利并将"自然状态"看作是一个虚构的理论。相对主义者认为判断什么权利必须得从特定人群、特定的地区、特定的历史和特定的角度来寻找，有法国人的权利、德国人的权利、英国人的权利。而所谓的"普遍的"、"天赋的"权利太抽象、太随意。相对主义者认为根本不存在"普遍的"和"天赋的"权利，只存在相对的、特定的权利。参见 Steven B. Smith, *Hegel's Critique of Liberalism：Rights in Context*, Chicago：University of Chicago Pess, 1989。

由和权利只存在于国家状态之内。① 所以，在黑格尔看来天赋权利理论只论证了从来没有什么天赋权利，只有"人赋权利"。2. 自然权利学说处理不了犯罪和自由意志的问题。自然权利学说将法律和惩罚视作"复仇"，在黑格尔看来这根本不是"法"。"法"是"公正"、"正义"和"普遍性"，这超出了自然权利学说的范围，自然权利学说的界限就在这里。3. "契约国家"将一切都视为一种契约关系，如果不给契约的范围设立界限的话一切都可以自由买卖。而在黑格尔看来并非所有事物都可以任意买卖，如婚姻、人身、信仰、自由、思想等方面都不是契约的对象。4. 既然自然权利学说的缔造者们承认权利的承认者和捍卫者就是国家，那么接下来的问题应该是进一步讨论国家在个人思想和行动上的承认范围问题。也就是说，在黑格尔看来，政府和国家究竟是"大"还是"小"并不是问题的关键所在，关键在于我们如何去看待和理解个人与国家之间的关系以及国家本身的意义和目的。

总的来说，黑格尔拒斥前社会的、原子式的、抽象的个人主义理论。自然权利学说所设想的自由条件正是从这种抽象的原子主义出发来设想的。根据黑格尔的分析，自然权利学说所设定的国家其权限只是被局限在市民社会之中。在这个"最小国家"之中将一切关系都视为一种契约关系。在"契约国家"中既没有高于个人的目的也没有超出个人而独立存在的更高级的实体。自然权利学说所承诺的那种自我决定的、独立的权利承担者低估了共同体和"他人"的因素，而在黑格尔看来相互依赖才是人们得以自由的条件。个人并不能单靠

---

① 如在阿伦特看来，"自然状态"只是 18 世纪人们"通过制定自然法和同意不可剥夺的权利来为政治提供绝对标准"的一个虚构故事。在 20 世纪，"上帝退隐，背后留下一个'被爪牙染红的自然'，除了强者的权利之外，它没有赠与人们任何权利"。也就是说，在阿伦特看来，经历过 20 世纪的集权主义和法西斯等灾难之后的人们看到根本不存在任何"天赋的"或"自然的"权利："人人平等、人人拥有权利被证明并非一个事实，而是一个意见，并因此不被理睬。"所以，要说"自然权利"能够存在，它也只能存在于特定承认它的人群之中："'自然权利'只能存在于一个政治结构中，而且只有在人们一直准备着建立这样的一个结构并承诺彼此保证这样的权利的地方存在。"［英］卡诺凡：《阿伦特政治思想再释》，陈高华译，人民出版社 2012 年版，第 165、200 页。

自己就成为真实的存在者。个人总是已经处在特定处境（国家）之中、处在与他人的关系之中。个人并不能总是按照自己所理解的规则行事，个人需要按照社会规则去行事才是有效的。所以，个人总是已经预设了他人的存在，他人对于个人来说是一个隐形的场域，无论个人是否承认这一点。

最终，黑格尔以对于契约国家的形式性批判和现实性批判结束了它的考察。抽象法在一切人反对一切人的"不法"中结束。抽象法在这个过程中达到的真理是：必须扬弃欲望的不确定性进入真正的满足而要将自己提升到普遍性的维度，即对于对象的形式的占有。在"道德王国"中，实践自我将自己提升到了普遍性的维度并获得了某种程度上的自我满足和承认。在"道德王国"中，实践自我对于自己的本质的认识的确提高到了自由的本质性层面，即由"自然人"提高到"主体"的层面，这也是黑格尔认可康德的地方。但是在黑格尔看来道德自我对自身的理解虽然达到了本质性的理解，但却在现实世界中遭遇了滑铁卢。

在"道德王国"中始终在我与世界之间存在着两种命令：按照伦理义务的命令去行动和按照绝对命令去行动，也就是存在"应然"和"实然"的差异。在道德的观点看来，应然的命令高于实然的命令，并且两者永远处于这种对立之中，不能取得和解。道德世界所致力于取得的和解是一种将自己对立于现实世界的伪善和虚无的满足。对此，黑格尔指出只存在于思想中的自由并不是真正的自由，真正的自由和权利不仅要求在思想层面中获得，而且要求在伦理世界中得到实现。自由和权利的真正实现需要"他人"和社会的存在，而不能只是活在规避现实义务的思想真空当中。于是，黑格尔要我们转向唯一真实的世界——伦理世界。所以，实践自我在"道德王国"所获得的也并非真实的自由和满足，而仅仅是虚幻的、只存在于思想中的满足。这样的满足并不是真正的满足和承认，真正的满足和承认还有赖于"他者"和现实世界的承认。

通过我们的考察发现无论是在"契约国家"中还是在"道德国家"

中，实践自我都不能取得满足，因两者都是抽象的和虚构的，都脱离"他人"和具体的内容而存在。两者都不具有自足性，都还缺乏真理性，都不能满足实践自我的要求。这也是知性世界观的一体两面：前者缺乏普遍性，后者缺乏现实性。在两难当中它亟须转向伦理世界、"他人"的世界。《法哲学原理》的前两章揭示了知性世界观的困难和矛盾，知性世界观始终不能提供自我真正的满足和承认。无论是抽象法还是道德篇都是知性思维的一体两面，前者缺乏普遍性维度，后者将自己拉出现实世界和"他人"之外，在伪善和虚无中走向自己的反面，两者互为对方的镜像。最后实践自我发现真正的满足只有在扬弃知性世界观的伦理世界中才能达到。这将是本书第三章的工作。

《法哲学原理》中通过"抽象法"和"道德"两章揭示出知性世界观的不足而预示着必须走向伦理世界。知性世界观在这里暴露出自己的不足和两难。伦理世界的解决方案是黑格尔根据对这些问题的思考而得出的独特的解决方式。伦理世界观也是对知性世界观的扬弃和颠倒。最后，实践自我在伦理世界所取得满足既不是在"抽象法"当中所取得的少数人（富人）的满足，也不是在"道德"章当中所取得的只存在于思想中的、空洞无物的满足，而是所有人都能在现实世界中所取得的无拘束的自由和满足。此时世界对于实践自我来说既不是陌生的也不是两分的，世界对于实践自我来说是"在家的"。① 届时实践自我将取得自己的真理——自由。而通过这个过程黑格尔完成了对于自然权利学说和道德权利学说的超越，这个超越既是认识论的超越，也是存在论的超越。

## 第三节　黑格尔实践哲学研究概况

国外关于黑格尔的研究著作卷帙浩繁，在各个主题上都有大量的

---

① 参考 ［德］马丁·海德格尔《存在与时间》，陈嘉映、王庆节合译，生活·读书·新知三联书店 2006 年版。

成果。由于德语水平的限制，笔者参考和阅读的主要是英语世界的文献。随着黑格尔实践哲学旨趣的复兴，尤其是黑格尔在英美世界里的重获关注，相关英文文献也是非常丰富的。笔者搜集的仅限于黑格尔实践哲学方面的研究，读者可从参考文献中大致了解笔者所掌握的资料情况。

早期黑格尔研究概况：黑格尔死后，围绕着对于黑格尔哲学的国家、政治、宗教等问题的理解和分歧分为了两个阵营：青年黑格尔学派和老年黑格尔学派。老年黑格尔学派试图捍卫黑格尔的体系哲学及其对于基督教的解释，这一派更强调黑格尔的体系特点、神学特点，强调世界的合理性；青年黑格尔学派则继承了青年黑格尔时期的激进特征，他们强调世界不合理并积极谋求改造世界。老年黑格尔学派的代表人物包括罗森克朗兹（Rosenkranz）、埃尔德曼（Erdmann）、维舍尔（Vischer）以及海姆（Haym）等人，该派大多是大学教师，力图维护正统黑格尔哲学，抵制左派的革命化倾向。青年黑格尔学派的代表人物有马克思、费尔巴哈、鲁格（Ruge）、赫斯（Hess）和齐兹科夫（Cieszkowski）等人，该派发扬黑格尔哲学中激进和革命的一面，力图突破黑格尔哲学体系化和沉思的特点将之转化为行动并力图消除黑格尔哲学的神学倾向。

然而，随着自然科学以及新康德主义的兴起，黑格尔哲学一度归于沉寂，但是在 19 世纪后半叶，黑格尔主义卷土重来并在英、美、意等地掀起了一股回到黑格尔的浪潮。最早将人们的眼球吸引到黑格尔的是斯特林（Stirling）1865 年的著作《黑格尔的秘密》，其后，格林（Green）、凯尔德（Caird）、鲍桑魁等人扩展和推进了人们对于黑格尔的关注和兴趣。与此同时，美国也开始复兴黑格尔，W. T. 哈里斯和 H. C. 布洛克迈耶尔等人在美国创立了圣路易斯学派，该学派力图以黑格尔哲学来解释和理解南北战争。此后，美国的新黑格尔学派名单便不断地扩展，包括罗伊斯（Royce）、克莱顿（Creighton）、布兰夏德（Branshard）、缪勒尔（Muller）和杜威等人，进一步丰富了美国的黑格尔哲学。其中，杜威深受黑格尔的影响，他最开始受到了圣路易斯学派的影响，后来，他变成了一位坦率的黑格尔主义者，在他的实用主义哲学中保留了诸多黑格尔的痕迹。后来，美国黑格尔协会创办了专门讨论黑格尔哲学的《密涅瓦的猫头鹰》杂志，并促成了更多的黑格尔研究和著作的出版。

更晚近的黑格尔研究：在 20 世纪，黑格尔的影响可以说已经渗透到了每一个学派：现象学、存在主义、分析哲学、实用主义等思潮都受到了黑格尔哲学的影响和渗透。对黑格尔兴趣的顶点是在 1975 年，这一年泰勒出版了他的《黑格尔》。虽然泰勒对于黑格尔的过于形而上学化一面的强调失败了，但是从泰勒对黑格尔的解读中却偶然地唤起了对于黑格尔另一方面的兴趣：与泰勒充分强调黑格尔的形而上学贯穿于整个黑格尔的体系的想法相反，许多学者开始强调去形而上学化的黑格尔实践哲学研究，该解读主要集中在政治哲学与社会学的领域。早在 1960 年许多学者就开始强调对黑格尔实践哲学的去形而上学化阅读，第一个主张去形而上学化阅读的领导者是 Z. A. Pelczynski，在他之后黑格尔的实践哲学（政治学—社会学阅读）成为了黑格尔研究中的主要领域。Z. A. Pelczynski 认为，对黑格尔的去形而上学化解读使得黑格尔更加适合于更世俗化和实证化的今天，从而使得黑格尔以一种更加能被接受的姿态进入众人眼帘。持对黑格尔实践哲学的去形而上学化看法的作者和作品包括：S. B. Smith，*Hegel's Critique of Liberalism*，Chicago：University of Chicago Press，1989；Allen W. Wood，*Hegel's Ethical Thought*，Cambridge，UK：Cambridge，University Press，1990；Mark Tunick，*Hegel's Political Philosophy*，Princeton：Princeton University Press，1992；Michael Hardimon，*Hegel's Social Philosophy*，Cambridge，UK：Cambridge University Press，1994；Alan Patten，*Hegel's Idea of Freedom*，Oxford：Oxford University Press，1999；等等。

但对黑格尔的去形而上学化解读从未得到另外一些黑格尔研究者

的认可，相反，这一派坚持对黑格尔的形而上学和体系化解释，并认为去形而上学化的解读是对黑格尔的一种曲解。该派认为：虽然黑格尔的时代还是一个宗教氛围浓厚的时代，但对黑格尔研究持一种去形而上学化、去宗教化解读只是因为今天的时代精神（世俗的、怀疑的、科学的）的改变。也许我们今天对于黑格尔的兴趣和解读完全是一种对黑格尔本身的误解，那是因为我们把自己的兴趣和关注点投射到了黑格尔的身上而已。该派认为今天黑格尔实践哲学之所以能够得以复兴也与今天的时代氛围有关。①

今天，英美黑格尔学界掀起了一股"回到黑格尔"的哲学热，主要指的是回到黑格尔的实践哲学。今天的黑格尔实践哲学复兴研究大致分为三个派别：1. Klaus Hartmann 的范畴理论解读派；2. Robert Pippin 对于黑格尔的康德主义的解读派；3. Robert Brandom 及其学生 Terry Pinkard 对黑格尔的分析哲学进路的语义建构解读派。至此之后，对于黑格尔实践哲学的兴趣大致围绕着黑格尔对于自由主义的批判、黑格尔的自由理论、黑格尔的社会和国家理论以及承认的话题来展开。

由于本书涉及的是梳理整本《法哲学原理》，所以相当于涉及所有黑格尔实践哲学领域的研究和文献，但这几乎是一个不可能完成的任务。所以，依据本书的章节划分，本书的材料收集大致集中于以下几个方面：1. 黑格尔对于自然法、自然权利学说、自由主义、古典经济学家、苏格兰启蒙运动哲学家的关系和批判上面；2. 黑格尔与康德主体哲学、道德哲学之间关系和比较研究；3. 围绕黑格尔的承认哲学、市民社会、国家理论三个方面的研究和文献。下面简单谈几本笔者认为比较重要的研究著作：

（一）黑格尔对于自由主义、自然法、自然权利学说以及古典经济学的批判和相关研究。在本书中，主要以黑格尔与洛克等古典经济

---

① 具体参见 Klaus Fartmann, "Hegel: A Non-Metaphysical View", in *Hegel: A Collection of Critical Essays*, Alasdair MacIntyre ed. , Doubleday, 1972, pp. 101 – 124。

学家们学说之间的学理联系、黑格尔和自然法学说的关系、黑格尔对自然权利学说的批判三个方向来收集、吸收和消化材料。

Benhabib 在《黑格尔与自然法》中首先区分了两种自然法传统：一种是以柏拉图、亚里士多德、阿奎那为代表的古典自然法传统，这种自然法将人看作只能在集体中存在的存在者，他的存在以及满足都来自对于集体的认同以及在集体中所扮演的角色，人只有对共同体的义务而没有权利；而另外一种自然法是由霍布斯、洛克、康德等人所开启的近代自然法传统。这种自然法将个人优先于共同体，认为个人无论是在时间上、逻辑上还是在心理上都要早于共同体的出现，而且组织的联合是个体之间的联合的结果而非原因。该派理论的建构又依赖于"自然状态"学说，"自然状态"学说是一种虚构和假设，它的出现是为了说明人的自我保存的需要及对自然的占有的合法性。而黑格尔所反对的是近代自然法理论（自然权利学说），作者认为黑格尔对近代自然法理论的批判分为三个阶段：1.《论自然法的科学探讨方式》；2.《精神现象学》；3.《法哲学原理》。黑格尔反对近代自然法仅从原子主义的个人出发，将彼此孤立的个人设定为社会组织和国家的基础，他认为"个人"是一种抽象，共同体不能被视为抽象的抽象。①

S. B. Smith 的《黑格尔对自由主义的批判》从黑格尔对于自由主义原理、原则的分析和批判开始，他追溯了自由主义的权利学说的渊源和线索：自由主义的权利理论源于霍布斯和洛克，由卢梭、康德、费希特发展和继承了这一学说。在 Smith 看来，康德不仅继承了这一学说，还从权利基地和权利根源上为这一学说重新奠基，并将这一学说推到了一个新的高峰。紧接着 Smith 谈到自然权利学说的问题和漏洞，并从黑格尔的角度来试图分析和解决这些问题。Smith 认为黑格尔试图发展出一种现代"法治国"，并以一种现象学的、辩证的方法

---

① 参见 Seyla Benhabib, *Natural Right and Hegel：An Essay in Modern Political Philosophy*, Yale University, 1977。

去描述这种新国家。Smith 认为黑格尔的计划是将古希腊的尊严与现代政治哲学中的自由、权利、相互承认等元素统一起来，黑格尔的国家提供了一种团结和统一的理由。作者认为黑格尔的目的不仅是要调和希腊的伦理国家和自然权利学说的契约国家之间的矛盾，同时也要调和浪漫主义和观念论之间的矛盾。Smith 致力于消除人们对于黑格尔哲学的基础主义与保守主义印象，他认为黑格尔哲学基于一种反基础主义的和激进的学说。①

　　Norbert Waszek 的《苏格兰启蒙运动与黑格尔对"市民社会"的解释》主要聚焦于黑格尔的"市民社会"理论与苏格兰启蒙运动家理论之间的联系与异同。作者详细讨论了苏格兰启蒙哲学家弗格森（Ferguson）、休谟（Hume）、罗伯森（Robertson）、亚当·斯密（Smith）和穆勒（Mill）等人对于黑格尔的影响。

　　本书详细讨论了黑格尔的政治经济学和英国政治经济学与英国社会理论之间的关系。作者认为在文献来源上，与苏格兰启蒙运动相关的书籍在当时已经被普遍地翻译成了德文，并且已经在当时的德国赢得了普遍的声誉。作者认为黑格尔早期曾大量阅读了来自英国的文献，而且黑格尔的英语水平很好，能够直接阅读一手文献资料。作者从材料上详细考证了黑格尔从斯图加特、图宾根、柏林到法兰克福所阅读过的有关英国作品的证据。通过详细的材料考证，作者认为黑格尔熟知苏格兰启蒙运动的作家们的作品，对于弗格森（Ferguson）、休谟（Hume）、罗伯森（Robertson）、亚当·斯密（Smith）和穆勒（Mill）等作家都掌握了一手材料和文献。作者认为以上苏格兰作家对于自由市场经济、市民社会等问题的讨论已经给黑格尔"市民社会"的问题打下了基础并产生了深刻的影响。在第四章和第五章中作者详细地对比和考证了黑格尔与亚当·斯密和穆勒之间的异同：一方面对比了在自由市场机制、合同、劳动、交换、阶级、司法、市场干

_____

① 参见 Steven B. Smith，*Hegel's Critique of Liberalism：Rights in Context*，Chicago：University of Chicago Press，1989。

预、市场结构上的异同；另一方面也详细对比了他们在国家职能及国家调控范围问题、公共医疗、教育、国家对质量的监控管理、公共和基础建设、犯罪的防治和惩罚等方面的异同（详细参见第五章）。最后，作者分析了黑格尔的经济学框架/模式与苏格兰启蒙哲学家框架/模式之间的异同。总之，作者认为在经济学上黑格尔与苏格兰启蒙运动哲学家之间的观点高度一致。①

　　更多关于黑格尔政治经济学和苏格兰启蒙运动及古典经济学之间的关联的研究可参见以下文献："The Origins of Hegel's Knowledge of English", Bulletin of the Hegel Society of Great Britain, No. 7（Oxford, 1983）, pp. 8 – 27；"The Division of Labour: From the Scottish Enlightenment to Hegel", The Owl of Minerva. Journal of the Hegel Society of America, Vol. 15, 1（1983）, pp. 51 – 75；"Bibliography of the Scottish Enlightenment in Germany", Studies on Voltaire and the Eighteenth Century, No. 230（1985）, pp. 283 – 303；"Miscellanea: Adam Smith and Hegel on the Pin Factory", The Owl of Minerva, Vol. 16, 2（1985）, pp. 229 – 233；Paul Charnley, Economie politique et philosophie chez Steuart et Hegel（Paris, 1963）。Charnley 详细追溯了斯图亚特（Sir James Steuart）对黑格尔的影响，他认为斯特亚特在经济学上对黑格尔的影响是最多和最为重要的。

　　Frederick Neuhouser 的《黑格尔社会理论的基础——实现自由》一书主要关注实现个人自由的社会条件和客观机制是什么？Neuhouser 将黑格尔的政治哲学看作是道德哲学和伦理学的同一——作者称之为"社会理论"。"社会理论"既不可理解为仅仅是一种政治学说，但也不可做形而上学的理解。"社会理论"关注的是理解和阐发作为一种理性的社会秩序和结构的基本原理。社会领域关注的是社会自由的实现的问题，它与关注纯粹的自我实现的道德领域不同，它关注的是决

---

　　①　参见 Norbert Waszek, The Scottish Enlightenment and Hegel's Account of "Civil Society", Springen, 1988。

定自我实现的客观社会机制和社会条件是什么？进而，又凭什么能说黑格尔式的理性社会秩序是理性的？作者认为答案就在黑格尔对"自由"概念的构想上。

作者在追溯和梳理了黑格尔所继承的"自由"概念的三先驱（斯宾诺莎、卢梭和康德）的自由概念之后，提出了黑格尔的自由学说。作者认为黑格尔的"自由"学说非常复杂，作者大致将黑格尔的自由理论分为三个领域来讨论：1. 个人自由；2. 个人的道德自由；3. 社会自由。个人自由的领域是"抽象法"的领域，它主要讨论的是个人的抽象自由；道德自由讨论的是个人的或者说是主体的道德权利；社会自由讨论的是自由的实现问题。对黑格尔来说三者中最重要的是社会自由，而作者认为黑格尔政治哲学的主要贡献也来自他对于社会自由的讨论。根据黑格尔，社会自由有三大基本结构：家庭、市民社会和法治国家，黑格尔的目的是要在三者中一一实现个人自由。与纯粹形式性的道德领域相反，黑格尔把社会自由称为实质自由的领域，他属于伦理学的领域。黑格尔将伦理学的领域称为由一系列现代社会机制所组成的世界，作者认为黑格尔的难点在于：既要证明个人自由只有通过社会机制实现出来同时又要证明这些现代社会机制本身是理性的。

Neuhouser 认为黑格尔没有站在今天的社群主义和自由主义争执的任何一方上，他认为黑格尔的主要贡献在于整合自由主义（基本的个人权利和利益）和浪漫主义的主张（将社会视为有机体和整体）并强调自我认同的建构有赖于社会组织。在作者看来，黑格尔的社会学说能够帮助今天的学者去化解想象当中的社群主义和自由主义之间的藩篱。

作者认为黑格尔对今天的哲学争议有五点启发：

1. 个人自由（消极自由）需要与社会自由（积极自由）一同才能实现出来，这是自由必不可少的两面，切不可偏废。

2. 理性的社会秩序应该提供一个可供人们逃离代表 21 世纪特征

的原子主义、孤立主义、异化、无根性等社会特性，使人们最后能够在其间自我实现。

3. 政治哲学必须走出对一种自足的自我解说的困境而要与更广泛的社会科学相结合一道来解说社会和世界。

4. 社会机制和社会结构不能被想象成一种外在于个人选择和个人生活的东西，正好相反，社会机制和社会结构要被构想为内在于个人之中的，构成个人自由和个人选择的东西。因为社会结构和社会机制有力量去形成主体并影响个人选择（教化）。①

5. 个人自由和社会关系不可被想象为相互竞争和相互排斥的，而是相互补充和依赖的关系。

（二）关于黑格尔与康德的道德哲学的研究。

Allen W. Wood 的《黑格尔的伦理思想》将自己的目光主要集中在黑格尔的伦理学上。Wood 将黑格尔的实践哲学视为一种伦理学，伦理学关注侧重点是理解道德自由和义务的根基，Wood 将此根基理解为自我实现。Wood 认为黑格尔的伦理学就是展示历史中各种程度的自我理解如何作为一个个伦理概念的片段的。也就是说，历史中的自我对自身的理解是如何由单一的、被决定的、形式的环节进展到多元的、自我决定的和具体的环节。作者认为黑格尔的《法哲学原理》正是遵循着这样的原理来展开的，它是这样展开伦理概念的每一个环节的：伦理概念的第一个环节是完全抽象的"抽象法"，它发源于罗马，在其中"个人"视其自身为一种抽象的"人格"，"人格"是权利的领域，不过这种权利是"任意的"；伦理概念的第二个环节是"主体"，它发源于康德的现代哲学，"主体"不再将自己视为由抽象的权利所规定的而是由理性所决定的存在

---

① 参见 Frederick Neuhouser, *Foundations of Hegel's Social Theory*：*Actualizing Freedom*，Cambridge，MA：Harvard University Press，2000。更多相关文献参见：［意］洛苏尔多《黑格尔与现代人的自由》，丁三东、汪希译，吉林出版集团有限责任公司 2008 年版；Thom Brooks，*Hegel's Political Philosophy*：*A Systematic Reading of the Philosophy of Right*，Edinburgh University Press，2007。

者，他的选择也绝不是"任性的"而是理性的；伦理概念的第三个环节是"伦理生活"，在"伦理生活"中个人将自己视为整个传统和习俗的具体化。在第一个环节中，个人有权在自己权利范围内决定自己的任何事情；在第二个环节中，个人会以一种普遍的规则来反思自己的行为；在第三个环节中，个人会在行动时考虑到社会的、传统的、习俗的和"他人"的感受。

作者认为黑格尔哲学中还活着的东西并不是他的思辨哲学，而是他的历史主义、社会学、伦理学和政治哲学，这些领域在今天与我们时代的危机和问题息息相关，作者建议我们可以去黑格尔哲学中找一找解决的办法。Wood 认为，黑格尔的实践学说的伟大之处恰好在于他敏锐地察觉到了现代人多样化的需求和愿望：它是市场中的"个人"、公共领域里的"公民"、私人生活里的"主体"，他有各种各样的愿望和需求，而这些需求和愿望有时甚至是模糊不清、相互冲突的，但是黑格尔并没有因其矛盾而拒斥它，而是将这些愿望结合在历史根源和社会机构中将它们整合进现代精神中。《法哲学原理》具体地描述了这样一个社会，在其中实体性的个人、反思性的个人都得到了恰当的安置。①

皮平的《黑格尔的实践哲学》是从康德的角度去理解黑格尔的实践哲学的，他总是将黑格尔放在与康德的对照和比较之中。例如，皮平认为黑格尔和康德在体系设置上很相似，黑格尔也接受了很多康德的基本假定。

皮平认为对于黑格尔的实践哲学是一个关于自由的理论。大约包括两个部分：第一个部分是关于主体自身的理论，包括主体如何自我理解、自我构想。第二个部分是主体与"他人"的理论，因为主体总是已经处在与"他人"的关系之中，这是先在于主体的"处境"，此处境指的是社会规范、习俗和传统，而在黑格尔这里，这种相互分

---

① 参见 Allen W. Wood, *Hegel's Ethical Thouht*, Cambridge University Press, 1990。

享和依赖的社会环境便是伦理国家。

黑格尔通过拒斥二元论、意志论和不相容论的立场而提出了这个问题——怎样建立一套恰当的关于行动者/主体（agency）的理论？作者认为黑格尔的思辨立场使得他在处理何为一种规范的生活这样的话题时，是从作为自然中的有机体在经历了一系列历史的、时间的变化，最终在人群中实现出来的，一种根据理性的法则和原则相互要求和依赖的存在状况来理解这个问题的。行动者/主体（agency）是通过历史来使自己成为现实的行动者/主体（agency）的，这样便达到了德国观念论的核心——自我立法。这个要求最先是在康德的批判中提出来的，在康德看来，行动者/主体行动的理由并不是依现有法律行事，而是依据"法的概念"行事，只有这样，行动者才不会落入任意和非自我管理、非自我立法的方式上去，皮平认为在这一点上黑格尔与康德是一致的。黑格尔与康德一样认为真正实现了的人生是"自我约束"的或过一种"自发性"的生活（只有我为着理性的缘由行动，只有当我的行为原则能够被普遍化并且我确认自己能够根据此原则始终如一地行为。同时，只有"自我约束"和"自我控制"的主体才能作为这样一种行动者/主体。现代的行动者/主体将自身作为决定和接受理由的人，他完全是自我决定的，在一切行为和体验当中都存在着"自我立法"和"自我决定"的条件。

皮平认为黑格尔与康德的分道扬镳在于：如何理解自我与他人的关系。因为在黑格尔看来自我决定总是已经处于与"他人"共在的关系之中，黑格尔由此构想了一种作为"社会实践"的实践理性理论，皮平认为这种构想可以说是一种实用主义的、历史主义的和辩证的方式。黑格尔要求一种历史的、集体主体的叙事，而不是一种单个主体的叙事，他将概念的形成作为历史的产物，而当前所出现的全新的行动者理论采取了完全自觉的、自我意识的立场，皮平认为这也是对康德自我理论的一种推进。①

（三）关于承认、市民社会和国家的问题。

在承认哲学这个话题上笔者主要关注 Ludwig Siep、Robert R. Williams、泰勒、科耶夫和霍耐特等人的著作。

对于承认问题的研究始于 Ludwig Siep 的《作为实践哲学之原则的承认》（1978）一书。Siep 主要关注的是黑格尔早期承认理论，也就是黑格尔耶拿时期的作品，他将耶拿时期的承认理论区分为两个领域的承认问题：个体与个体之间的承认及斗争与个体和其生活于其间的制度之间的承认斗争。这种解读方法又来自费希特的承认问题研究，Siep 认为在承认问题上黑格尔明显是受了费希特承认问题的影响。Siep 的这种观点影响到了后来的学者。Robert R. William 则继续在承认问题上推进了 Siep 的理解，在《承认：费希特和黑格尔论"他者"》一书中，Williams 指出承认问题早就隐含在德国古典哲学当中了，从费希特到黑格尔，"交互主体"和"他者"的问题一直都存在，并且得到了关注和讨论。②

继 Siep 和 Williams 之后，法兰克福学派接续了对承认的问题的关注。哈贝马斯在《现代性的哲学话语》中，对黑格尔给出了高度的

---

① 参见 Robert B. Pippin, *Hegel's Practical Philosophy*, Cambridge：Cambridge University Press, 2008。

也可参见皮平的另外两本著作：Robert B. Pippin, *Hegel's Idealism：The Satisfactions of Self-consciousness*, Cambridge：Cambridge University Press, 1989；［美］皮平《作为哲学问题的现代主义》，阎嘉译，商务印书馆 2007 年版。还可进一步参考：［美］阿利森《康德的自由理论》，陈虎平译，辽宁教育出版社 2001 年版；［美］亨利·E. 阿利森《康德的先验观念论》，丁三东、陈虎平译，商务印书馆 2014 年版；Karl Ameriks, *German Idealism：Cambridge Companion to German Idealism*, Cambridge University Press, 2000；Guyer Paul ed., *The Cambridge Companion to Kant*, Cambridge：Cambridge University Press, 1992；Graham Bird, *A Companion to Kant*, Blackwell Publishing, 2006；Robert B. Poppin, *Kant's Theory of Form：Essays on Critique of Pure Season*, New Heven and London：Yale University Press, 1982；Sally Sedgwick, *The Reception of Kant's Critical Philosophy*, Cambridge University Press, 2000.

② 具体参见：Robert R. Williams, *Ficht and Hegel on the Other*, State University of New York Press, 1992；Robert R. Williams, *Hegel's Ethics of Recognition*, University of Califonia Press, 1997。

评价，认为黑格尔是第一个意识到现代哲学根源和危机的人。哈贝马斯认为黑格尔克服了传统德国哲学的"主观主义"，提出了"交互主体"来克服传统的"主体"。①

而霍耐特则接过他的老师哈贝马斯的问题，继续讨论承认问题。霍耐特的特点是以米德式的社会心理学和人类学为黑格尔的承认哲学润色，将黑格尔哲学心理学化、自然主义化、唯物主义化。这样做的理由是："米德社会心理学的理论资源使黑格尔'为承认而斗争'理论出现了唯物主义转型。"②霍耐特将主体间的承认模式确定为：爱（友谊）、法律、团结；而其否定模式为：虐爱（强奸）、剥夺权利和侮辱（蔑视）。因此，无论是主体还是社会，他们所寻求的都是肯定和对自己的承认，而非否定模式。

在《自由的权利》中，霍耐特提出了两种方式的自我实现：一种是个人主义的路线，其代表人物是卢梭、康德、穆勒、罗尔斯，这种个人主义的进路依赖于内在的道德、自律、个人意志等东西希望向内去求得自由，但该派的缺点是只重视内心独白和反思自由而忽视了社会条件和社会现实；而另外一种方式是集体主义的进路，代表人物有泰勒、阿伦特、桑德尔等社群主义者，该派将个人的自我实现看作是一个整体的和社会的工程，个人自由只有在集体中才能实现，所以该派比较重视社会条件和社会正义的大环境。霍耐特首先摆出了自己的态度：个人自由并非自足的，个人自由想要得到实现必须得上升到整体的和社会的（机制的）层面才有可能得到实现，也就是要建立一种"作为社会分析的正义理论"（Gerechtigkeitstheorie als Gesellschaftsanalyse）。霍耐特全书模仿黑格尔的《法哲学原理》分为三个部分，第一、第二两个部分分析了个人主义（法律的个人主义和道德个人主

---

① 具体参见：［德］于尔根·哈贝马斯：《现代性的哲学话语》，曹卫东译，译林出版社 2005 年版；［德］于尔根·哈贝马斯：《后形而上学思想》，曹卫东、伏德根译，译林出版社 2001 年版。

② ［德］霍耐特：《为承认而斗争》，胡继华译，上海人民出版社 2005 年版，第 100 页。

义）的界限及其病态反应（也即"遭受无规定之苦"，参见：Alex Honneth，*Suffering from Indeterminacy：An Attempt at a Reactualization of Hegel's philosophy of right*，Netherlands：Van Gorcum Publishers，2000），第三个部分讨论了个人如何在家庭和友谊、劳动分工、政治和公共生活中实现自我，霍耐特指出主体间只有以爱（友谊）、法律和团结的方式来得到相互承认。[1]

Sholomo Avineri 的《黑格尔的现代国家理论》：Avineri 将黑格尔视为"研究现代社会和国家理论的第一人"，并认为黑格尔的市民社会理论实际上已经暗示了马克思的政治经济学批判的出场。他试图把黑格尔放在一个更广泛的社会和理论背景中去定位黑格尔的理论。他从追溯黑格尔耶拿时期的相关著作开始挖掘黑格尔的"现代国家"概念的根源。Avineri 认为黑格尔的"现代国家"理念脱胎于他对于古罗马国家和古希腊城邦的考察以及对斯密、穆勒等古典经济学家的社会经济学的研究。Avineri 指出黑格尔最早开始思考现代国家的问题是在耶拿时期，黑格尔在耶拿大学（1805—1806 年）执教期间就开始思考现代工业社会的挑战及建立现代伦理国家等相关问题（《耶拿实在哲学》，1931）。最终黑格尔对于国家的想法成熟于《法哲学原理》。Pelczynski 认为 Avineri 的这本书最精彩的地方在于其描写市民社会和政治经济学的三节（7—9 节），他展示了黑格尔对于国家和市民社会等相关问题的思考。年轻的黑格尔将国家视作市民社会中的个人及其权利和财产的保护者，《法哲学原理》中的黑格尔则将耶拿时期的"国家"更名为"市民社会"，成熟时期的黑格尔又将"市民社会"视为"现代国家"必不可少的一部分。

关于黑格尔的国家和社会学说可进一步参见：Pekzynski 主编的两

---

[1] 具体参见：［德］阿克塞尔·霍耐特《为承认而斗争》，胡继华译，上海人民出版社 2005 年版；［德］阿克塞尔·霍耐特《自由的权利》，王旭译，社会科学文献出版社 2013 年版；Alex Honneth，*Suffering from Indeterminacy：An Attempt at a Reactualization of Hegel's Philosophy of Right*，Netherlands：Van Gorcum Publishers，2000。

本关于黑格尔国家和社会学说的论文集：《黑格尔的政治哲学——问
题与观点》（*Hegel's Political Philosophy：Problems and Perspectives*，
Z. Pekzynski ed. ，Cambridge：Cambridge University Press，1971）、《国
家与市民社会——黑格尔政治哲学研究》（*The State and Civil Society*：
*Studies in Hegel's Political Philosophy*，Z. Pekzynski ed. ，Cambridge：
Cambridge University Press，1984）；［英］斯蒂芬·霍尔盖特的《黑格
尔导论》，丁三东译，商务印书馆 2013 年版；艾伦·帕腾的《黑格尔
的自由思想》 （*Hegel's Idea of Freedom*，Oxford：Oxford University
Press，1999）；杜雷·诺里斯的《黑格尔与法哲学》 （*Hegel and the
Philosophy of Right*，London：Routledge，2002）；迈克尔·哈迪蒙的
《黑格尔的社会哲学——和解的方案》（*Hegel's Social Philosophy*：*The
Project of Reconciliation*，Cambridge：Cambridge University Press，
1994）；大卫·科尔伯的《纯粹现代性批判：黑格尔、海德格尔及其
以后》（*The Critique of Pure Modernity*：*Hegel，Heidegger and After*，Chi-
cago：University of Chicago Press，1986）；汤姆·洛克摩尔的《黑格
尔：之前和之后：黑格尔思想历史导论》 （*Before and After Hegel*：*A
Historical Introduction to Hegel's Thought*，Berkeley：University of Califor-
nia Press，1993）；查尔斯·泰勒的《黑格尔》（*Hegel*，Cambridge：
Cambridge University Press，1975）；里特尔的《黑格尔与法国大革命》
（*Hegel and the French Revolution*，R. Winfield trans. ，Cambridge，MA：
MIT Press，1982）。另外两本黑格尔词典也是必不可少的：Inwood，
M. J. ，*A Hegel Dictionary*：*Blackwell Philosopher Dictionaries*，Blackwell
Publishing Ltd. ，1996；Glenn Alexander Magee，*The Hegel Dictionary*，
Continuum International Publishing Group，2010。

以上所列举的英文著作只不过是黑格尔研究中的沧海一粟、九牛
一毛。国外已在各个方面达到了一定的高度并积累了深厚的成果，而
国内在黑格尔实践哲学的研究上还难以望其项背。所以，笔者认为对
黑格尔实践哲学，尤其是《法哲学原理》的重新理解和认识，以及

对关于它的研究进行更深入的推进，是极为必要和有价值的事情。

国内黑格尔实践哲学研究：

国内早期黑格尔实践哲学研究的前辈学者如张颐、张世英、候鸿勋、薛华、张慎等为后来的学者打下了坚实的理论基础（在此不一一列举）。

近来也有一些学者关注黑格尔的实践哲学：

丁三东的博士论文《黑格尔和现代人的自由》将黑格尔的实践哲学视为一个实现自由计划。该论文认为自由在历史上虽然经历过繁多的形式和变化，但是其中也蕴含着一个必然性和目的，该计划是："整个世界历史过程就是精神之自由的现实化过程。"在这个计划中自由将自己划分为三个环节："主观自由"、"客观自由"和"主客同一的现实的自由"。主观自由环节是对康德自由学说的批判，客观自由环节是对自然权利学说的批判，通过前两个不自足的自由环节，自由过渡到它的真实的形态"主客同一的现实的自由"中去。而如何能够从"不自足"的自由环节过渡到"自足"的自由环节占据了这篇论文的第四章和第五章。作者提出，黑格尔通过提出"交互主体"和"国家理论"克服了自由自身的不彻底性，而彻底地将自己实现出来。就其将黑格尔的哲学计划视作自由概念的自我实现这一点而言，丁三东的博士论文的思路和意旨与本书应该说在某种程度上有一致性，但是在具体分析方式和操作上是不一样的。

郁建兴的《自由主义的批判与自由理论的重建——黑格尔政治哲学及其影响》。作者的目的是要还原黑格尔真正的政治立场（自由主义）。作者从黑格尔批判典型的自由主义者（霍布斯、洛克、康德）入手，目的是还原黑格尔之批判的目的：并非全盘拒斥自由主义，而是为了改造自由主义。在作者看来，黑格尔是一个改良的自由主义者（也即所谓"重建自由主义"），这一点在今天仍然被很多人误会。

应该说，郁建兴的论文进路与本书有一定类似性，但是，虽然两者在进路上有一种"大致上的一致性"，但在处理上却完全不同。郁

建兴的论文着重于考察黑格尔的思想继承和脉络，但本书考察的是
《法哲学原理》的内在逻辑关联和进展。另外，本书的旨趣并不在于
考察黑格尔的政治立场，黑格尔也不能被划归为一个简单的立场。显
而易见的原因是，黑格尔哪一队也没站，他同时批判了自由主义和集
权主义，他的立场复杂而隐晦。如果非说他有一个立场，也只能是
"综合的立场"。

　　林喆的《黑格尔的法权哲学》，这部著作将黑格尔法哲学放到整
个西方法哲学传统中加以分析，该论文主要讨论了以下内容：法权哲
学的概念、对象、体系、结构、内容、方法，以及形成的过程；法权
哲学产生的历史渊源和西方法哲学理论传统；权利和义务、公民、市
民社会和国家等观念及其理论的发展情况。最后，作者在充分肯定了
黑格尔法权哲学在整个西方权利理论发展中的特殊地位和贡献之后，
比较了法权哲学与东方法哲学（尤其是中国法观念）。

　　庄振华的《黑格尔的历史观》，作者认为所谓的思想与历史之间
的关系问题，就是思存的关系问题。作者在思想史的背景下，研究了
黑格尔历史观的历史条件、主要内容与实质，并探讨其内部孕育的危
机，以及对于当代思想的借鉴意义。作者首先追述了历史哲学的思想
史的背景，并强调近代历史意识起源于欧洲文明与其他文明，而非直
接起源于古典，近代历史哲学实际上分为两条线索：一条发源于维
科，另一条发源于康德，最后在黑格尔处形成综合。紧接着作者在黑
格尔自身的思想发展史的框架下，考察他的历史哲学的地位，并考察
了其历史哲学的形成和发展过程。最后，作者通过批判近代以来研究
历史与思想之间的关系的两种流俗进路（思想"规定"历史、历史
"规定"思想），向读者揭示出黑格尔历史观的独特进路在于：它是
集历史性、逻各斯、主体性三位一体的独特进路。首先，黑格尔认为
世上万物都不可避免地具有一种历史性，而历史性则指一种内在的整
体运动结构。其次，历史性的重心并不在个体或诸个体之间（即所谓
的"主体间性"），而在于一种超越个体而又与个体不分离的逻各斯；

而此逻各斯是一个主体。作者通过以上还原黑格尔历史哲学的本然含义的方式，目的在于揭示黑格尔的历史观对今人的启示意义。

罗久的博士论文《理性、自然与伦理形而上学》试图以批判近代以来的自然主义、主观主义和人类学倾向来寻回黑格尔实践哲学的存在论含义，并将《法哲学原理》理解为一种形而上学。

与去形而上学化的黑格尔实践哲学解读方法相反，罗久的博士论文持一种形而上学化的解读。罗久认为：不能将黑格尔的《法哲学原理》仅仅理解为一种"通常意义上的社会政治理论，或者是一种像现代自由主义政治理论家所理解的那样是一种为自由民主张本的现代国家理论"，在罗久看来这种解读方式是对黑格尔哲学意旨的一种矮化和误读。

如罗久所说，对于持知性思维的人来说："困难的不是承认世界的变化，而是相信世界在变化中有常道，更困难的是证明这个永恒的理性法则本身恰恰是在时间之中、在世间万化中成为绝对和永恒的存在。"换句话说，更困难的是理解知性的人自以为"是"的东西本身也是那"不是"的东西，要让知性的人理解那"是"或者"不是"都是"绝对"本身的一个环节而已。"自认识"和"自规定"的东西并不是原先没有的东西，也不是凭借主体凭空想象的或者是"先验的"东西，而是认识那已然存在着的、自来就存在着的东西，不如说是那东西的"回忆"和"自我认识"。这里面首先要取消"自我"和"主体"而成为"绝对"的"自我回忆"和"自我关照"。如此一来，康德哲学就毁于一旦。当然，我们也完全可以怀疑这是不是黑格尔的目的？但是罗久的论文要破的正是这种"主观性的形而上学"和"思维的独断论"，因其将理性和主体性造为现代思想的中心，由此而产生虚无主义、相对主义、怀疑主义和异化等问题，进一步说，连道德与政治的困境、思维与存在、主观理性与客观理性的分裂等问题都与近代以来的理性的主观化霸权思维有关。而造成此困境的不是别人，正是康德、费希特、谢林和雅克比等德国观念论者。

　　然而，如何解开这个困局？罗久的回答是：不是去制造（或构造）、设计这个世界，而是回忆和理解这个世界，因为它的道理已经蕴含在"常道"里，人实际上也没有能力去设计和改造世界。罗久坚持黑格尔的立场只是"理解世界"，而不要跨出"改变世界"的一步。不可否认的是，这的确是黑格尔哲学的一个面向，但罗久同样忽视了黑格尔的另一个面向，一个"激进的"、"康德哲学的信徒"的面向。

　　比如，我们如何去理解哲学沉思和实践行为之间的关系？在青年黑格尔学派看来要破的正是黑格尔的沉思哲学倾向而发扬他的行动哲学和实践哲学。理解世界就已经是在改变世界，正如黑格尔给友人的一封信里曾经谈到的那样："一旦观念的领域发生了革命，现实不可能置之度外。"也许对于人们而言，难以理解的并不是有人已经发现了这个目标，而是发现了之后却仅仅是坐在那里等待理论变为现实。实际上黑格尔就差捅破这层纸，这层纸最后是由马克思捅破的。另外，黑格尔在《小逻辑》里也谈到理念不会像康德所想象的那样软弱无力，理念一定会将自己实现出来。罗久当然会同意理念会是以"个人"的形式实现出来，但是罗久不会将此胜利归功于主体，因为那样又落入了"主观主义的巢穴"。但是英美世界是否能理解罗久的意思就要打个括号了，因为现当代哲学早已将形而上学本身就打上括号。总的来说，罗久的论文还是在其独特的问题意识和进路以及丰富的文献搜集和消化上给人留下了深刻的印象。

　　李育书的《从单个意志到普遍意志——黑格尔法哲学及其意义研究》以黑格尔的意志概念为切入点，全面梳理了黑格尔的法哲学，并通过黑格尔法哲学和同时代法学理论的比较以及通过当代社会状况的分析，来阐发黑格尔"从单个意志到普遍意志"是黑格尔对自由主义单个意志的超越。

　　邓安庆的新书《启蒙伦理与现代社会的公序良俗：德国古典哲学的道德事业之重审》要论证全部德国古典哲学（从莱布尼茨到黑格

尔）有一个共同的事业，即要实现道德的事业（由伦理的自然状态向伦理—政治共同体发展）。

邓安庆认为"现代"之所以被黑格尔称为"一个全新的时代"（eine neue zeit），其"新"并不在以往所以为的新在工业革命、科学发展甚至政治革命上，此"新"并非与"古"对应，而是与"神圣性"与"专制性"对应，简言之，现代性发轫于文艺复兴和路德。"现代"始现于中世纪的神学——政治及其信仰的衰微，发生于现代世俗生活（市民社会）。现代性在德国古典哲学中有一个自明的任务：实现现代的"道德事业"并自发形成了四波浪潮。莱布尼茨（作为第一浪潮）从理论上论证了路德的自由伦理理想，并且完成了自由伦理的第一个现代性经典框架；康德通过其将"第一原理"奠基于理性自身，完成了对作为一种"自律"和"自规定"的道德法则即是对"人是自由的（实践领域）"的命题的证成。但是，康德还面临一项特殊的任务：如何实现由个人自由（个人道德）向伦理共同体的飞跃？在邓安庆看来，康德不仅意识到了这个问题，而且做出了相应努力（通过连接法权形而上学和德性形而上学），但是如何由内在的道德原则向外在的、公民的、社会的道德状态过渡（"如何从伦理的自然状态向伦理的共同体状态转变"）？在邓安庆看来，康德本人并没能完成这个问题，而是提出了这个问题。接着，费希特、谢林和施莱尔马赫也进一步以各自的方式推动着这个命题前进，完成了第三波浪潮。最终，德国现代道德化的事业在黑格尔处达到了顶峰，按邓安庆的话来说是："以理性取代神学的现代性在这里体现得最为明显。"黑格尔要解决的就是康德的问题：如何解决从伦理的自然状态向伦理的共同体状态过渡？最终黑格尔在法的客观领域（公序良俗）中找到了答案：在家庭（自然伦理）—市民社会（特殊性环节）—国家（普遍性环节）的结构中自由实现了自己的现实化。"伦理国家"不仅实现了"自由"和"正义"的概念，还使德国哲学的道德理想最终在国家中成为"现实的"和"在家的"。

　　另外，近来的国内黑格尔实践哲学研究还可参考：高全喜，《论相互承认的法权》；朱学平，《古典与现代的冲突与融合——青年黑格尔思想的形成与演进》；庞俊来，《黑格尔〈精神现象学〉之道德哲学研究》；冯川，《黑格尔〈法哲学原理〉的道德哲学研究：伦理精神的辩证发展之路》；高兆明，《黑格尔〈法哲学原理〉导读》；苏婉儿，《宪制的伦理生命——对黑格尔国家观的一种探源性解读》；张琼，《国家与自由——从〈法哲学原理〉透视黑格尔国家理论》；吴海燕，《黑格尔哲学中的"承认理论"研究》；程宇驰，《黑格尔自由观》；等等。

## 第四节　研究思路与内容结构

　　实际上，第一章的工作远远超出了"抽象法"一章的工作，它不仅包括"抽象法"（对于洛克政治哲学的考察），还囊括"市民社会"的工作（对斯密的政治经济学及"契约国家"的考察）。在"抽象法"前两节里，黑格尔还原和考察了以洛克和霍布斯为代表的"自然状态"学说。第三节提出因"自然状态"所造成的"不法"必须要从自然状态中走出来，进入国家。这一部分实际上是在考察霍布斯和洛克的政治学说。黑格尔认为洛克主张一种"契约国家"理论。紧接着，我们将斯密的政治经济学纳入第一章的考察范围，因为我们认为黑格尔对于自然权利学说的批判实际上包括两个部分："契约国家"的政治（国家）理论批判和"契约国家"的经济理论批判。在《法哲学原理》中对于这个问题的讨论是分散在第一章"抽象法"和第三章的"市民社会"一节中的，于是我们在文章中将黑格尔对于自然权利学说的批判结合到了第一章中来讨论。

　　第一章首先考察了洛克的政治学说（建立契约国家）和斯密的经济理论（建构自由经济市场）。根据斯密，在自由市场里活动的是一种理性而自利的"原子式个人"。斯密所设想的"个人"是自由的

"经济人"、"理性人"（即每个人都从自利的角度来考虑问题），他认为人人为自己的自利行为最后能造就一个繁荣的大市场，最后所有人都将从中获利。接下来，我将论述黑格尔如何从形式层面（对自然权利学说的形式性批判）和现实层面（对18世纪前后英国社会的五个现实问题的考察）来分析和考察"契约国家"。黑格尔发现"契约国家"的目标和其结果并不匹配。"契约国家"的确带来了市场的繁荣和资本总量的大规模增长，但是同时也带来了巨大的贫富差距和由此而导致的"个人"权利和自由在事实上的丧失。①

对此，黑格尔提出了一个改造过的自由市场（市民社会）的版本。② 他认为，市民社会的确是一个人人逐利的经济领域，"自利"的确是它的特征之一，而且这种需求应该得到满足，这是无可非议的。但是斯密自己也谈到了自由竞争会造成巨大的贫富差距和自然垄断，同时会产生大量的竞争失败者（贱民）。③ 斯密认为这是由资本主义自身的运转逻辑所带来的，但是他并没有说应该怎么办。黑格尔接过这个话头，认为市民社会虽然的确是一个由自由竞争而形成的自由经济领域，但是有必要为这种自由竞争划定一个限度。④ 首先，自由竞争并非指一种无序的、无规则的、无原则的竞争，而必须将竞争者的形式条件和实际条件都纳入考虑。也就是说，竞争者的起点平等、机会平等等因素必须被考虑进去，否则，这样的竞争必定是不公平的。其次，不是任何东西都能自由缔约，契约是有界限的。人的生命、身体、自由、信仰、婚姻等东西是不能自由缔约或任意交换的。

---

① 应该注意的是黑格尔当时所讨论的自然权利学说是一种早期自由主义学说，它不同于今天的自由主义。

② 黑格尔强调国家对经济的干预和调控。参见 Norbert Waszek, *The Scottish Enlightenment and Hegel's Account of "Civil Society"*, Springer, 1988, pp. 181, 197, 221.

③ ［英］亚当·斯密：《国民财富的性质和原因的研究》（下），郭大力、王亚南译，商务印书馆2012年版，第97页。

④ 在华斯泽克看来，黑格尔一直在关于自由市场的限度及对它的限制等问题上与古典政治经济学家们进行争辩。具体参见 Norbert Waszek, *The Scottish Enlightenment and Hegel's Account of "Civil Society"*, Springer, 1988, Chapter Five。

也就是说，必须划定缔约和交换的界限和范围。最后，由于市场本身的逻辑将会导致贫富分化（贱民的产生）和垄断，即自由竞争会产生竞争的失败者，对于这一点，国家不能坐视不管。黑格尔实际上主张国家应该建立一个公共教育、社会福利、社会保障等社会保障网，以保护每一个社会成员不至于由经济的问题而从"形式上的自由人"沦落为"实际上的不自由的人"。黑格尔主张国家对市场进行干预和调节，保障和防止"贱民"和"暴民"的产生。黑格尔认为物质不平等会直接导致权利不平等。在财富不平等和贫富差距巨大的情况下，一味强调所有权的神圣不可侵犯（消极权利）事实上是等于在变相地保护有产者的权利，伤害无产者的权利，这是一种形式上的平等，而非实质上的平等。其结果是导致富者更富，穷者更穷。所以，黑格尔主张将实现自由的先决条件纳入保护领域，强调实现自由所需的物质条件和社会条件，并赋予国家积极作为的义务。国家要维护社会正义、保护公共福祉、履行对于弱势群体保护义务并维持最低限度的实质平等和机会平等，以破除自然权利学说的形式平等和形式自由倾向。在这一点上他与当时的自由主义者的看法是不同的。在韦尔默看来，黑格尔实际上已经站在了转向马克思的"政治经济学批判"的当口上，在古典政治经济学和"政治经济学批判"之间来回摇摆："我认为他……在两种模式之间徘徊，一种回到了古典政治经济学，另一种预示了马克思的政治经济学批判。"①

另外，黑格尔不仅在理论上对"契约国家"提出了批判，而且在现实上也指出了英国的问题：工业革命时期的英国产生了欧洲最严重的贫富差距和贫困问题。大多数人实际上空有概念上的自由，而无实质上的自由。最后，黑格尔指出"契约国家"并未实现其承诺，而只是一种形式性的权利理论。

第二章我们进入了康德的道德权利哲学。我们认为在这里引入康

---

① ［德］阿尔布莱希特·韦尔默：《后形而上学现代性》，应奇、罗亚玲译，上海译文出版社 2007 年版，第 39 页。

德道德哲学有三个目的：首先，他提出了对自然权利学说根基的批判，为人类真正的自由能力奠基；其次，通过引入行为人的动机、自由意志、责任和道德能力等理论将自然权利学说的"自然人"提升为"主体"，并最终确立起完整的道德主体理论；最后，他深入地定义了"自由的存在者"即是作为道德主体的存在者，并以此反推出"自由领域"的现实性。

我们将康德的努力视为一种对功利主义理性观的反动，也就是说，他试图摆脱功利主义理性观对自然的依赖和束缚。康德从批判"自然权利学说"之经验主义的方法出发，引入了人的"自规定"和"自律"的理性属性，他试图将自然权利学说的基地提高到普遍性的高度。

康德在人的自由属性上成功地论证了人为何应该是一种"自由的存在者"，而且此自由（德国观念论的自由）非彼自由（英国经验论的自由）。[①] 只有从真正的自由概念出发，才谈得上人的自由、尊严、道德和责任问题。总的来说，康德对于自然权利学说的批判是由于他不能同意英国经验论对于人的本性的定义，也就是说，在康德看来，霍布斯和洛克将权利的基地建立在经验的、心理学的、自然主义的基础之上。他们根据所谓对"人性"的分析来规定权利的来源及权限，这在康德看来是一种经验层面和心理学层面的奠基，根本达不到"普遍性"的维度。根据康德，英国经验论学说所给出的"人性"分析只能得到一系列的偏好和任性的原则（如根据感性冲动、刺激等）：如果人的本性是只受自然冲动驱使的，而听从于自然的、冲动的呼唤就无异于将人的行为等同于动物的行为。这在康德看来还属于他律的、不自由的领域，所以在康德看来自然权利学说的基地需要重新建立。这个基础不能建立在任性和经验的基础上。康德否认了自然权利

---

① 关于两者的差别具体参见 Hans Vorlander, "Is There a Liberal Political Tradition in Germany?", in *Liberal Political Tradition*: *Contemporary Reappraisals*, James Meadowcroft ed., Edward Publishing Limited, 1996。

学说认为单凭经验和感性条件就能够通达"自我立法"的径路。康德明确地指出：在经验的基础上只有一种根据自然的、因果性的法，而没有自由的法。根据自然的规则行事的人并不是自由的，而是他律的、被决定的存在者。因此，这个自由的基地不能在外在于人的领域中去找，而要在内在于人的领域中去找。由此康德将自然权利学说处的"自然人"提升到了"主体"的层面。

总的来说，康德的任务是：要成为拥有法活动能力或法实践能力的"主体"。这个能力首先指的是自我约束的能力，也就是要懂得"自律"。① 我们说这既是一个道德要求同样也是一切法和实践活动的首要要求。只有先成为"道德主体"，并拥有自律和承担责任的能力，同时通过认识理性的普遍法则并以此来指导和约束自己的行为，我们才能说这个人够格成为道德活动、法活动、实践活动的责任主体。

在康德看来，这是由人的双重属性所导致的：人是一种同时拥有

① 在康德那里，只有摆脱了自然的意志才能被看作是真正的自由意志，即作为道德的意志。"道德主体"的首要原则是"自律"，"自律"就是摆脱外物的束缚而仅仅听命于自身意志的存在者，并以此通达"自由的领域"。由此我们便达到了德国观念论的核心——自我立法。"自我立法"这个概念最先是由康德提出来的。在康德看来，行动者要依据"法的概念"行事，只有这样行动者才不会落入任意性和非自我管理的模式中去。康德对于"自我立法"的要求后来成为了所有后康德继承者们的共识。如费希特将其理解为"绝对者"——意指理性以一种"自我管理"的方式获得实现。黑格尔则主张行动者/主体是早先的、集体的历史的成就，但这也离不开对康德"自我立法"原则的接受。黑格尔接受了康德的很多概念，比如"自我立法"和"自我管理"，但是又在其上加上了自己的两个转折：1. 辩证的；2. 现实的。这两个特征构成了黑格尔独有的行动者/主体（Agent）理论。黑格尔也认为自我意识本身已经在进行判断构造，已经是一种固有的心理机制，所以这个"自我构造"模式必须是来源于集体的/历史的综合。在黑格尔看来"主观逻辑"同样主张"客观逻辑"，因后者（规范的逻辑）是前者的机制性化身。黑格尔怀疑道德个人主义的或良心的立场，他反对的是以为能将一种纯粹的、最高的、独立的行动者/主体从众多能力中抽象出来的理论，并以此来捍卫他独特的立场——即过一种反思的生活的立场——自我的建构也是一种集体的和共同体的成就。所以，他指出自由必须被实现出来，而不是停留在主观性中。更多黑格尔和康德之间在观念论上的继承与分歧参考：Robert B. Pippin, *Hegel's Idealism: The Satisfactions of Self-consciousness*, Cambridg: Cambridge University Press, 1989；[美] 皮平《作为哲学问题的现代主义：论对欧洲高雅文化的不满》，阎嘉译，商务印书馆2007 年版，第 35、36、101 页。

动物性属性和理性属性的存在者。康德由此区分出两种人：一种是
"自然人"（生物性的存在者）；另一种是"道德主体"（根据理性的
命令自我约束的存在者）。康德强调作为一个共同体的参与者，人应
该时刻克服和警惕自己的自然本性和自然欲望，由克服动物性而进入
人性和社会，唯有如此人才能够成为道德（法）的行为主体。我们
应该充分注意到康德这里的独特用意：他要求我们以"公意"（理性
的普遍诉求）对抗私欲（任性的私欲）。这实际上是在暗示我们自然
权利学说所塑造的"自然人"、"理性人"概念的不足是由于其缺乏
普遍性和公共性维度的考量。康德实际上是想要说明怎样才能将人类
的私欲导向普遍性的、善的目的，而不是将人欲放任自流。①

　　但是通过我们的分析发现，康德虽然要求通过强调道德自律与绝
对命令来自觉约束主体的行为，但是通过道德要求来约束每一个人的
行为在现实层面行不通，至多只是一个理想。黑格尔由此指出真正的
自律当然是需要的，但是仅仅通过强调道德自律并不足以实现个人自
由。黑格尔主张的是与"他人"相关的"伦理性的主体"。两者的区
别是："伦理性的主体"想要在这个世界上、在"他人"中实现自己
的理想；而"道德的人"只在乎自我实现。也就是说，在道德这一
维度上来说只与主体自身相关，而不与"他者"相关。道德主体能
够通过"良心"和"绝对命令"为自己立法，但是却不能给"他人"
立法。由于道德主体关心的始终是内在性的问题，所以康德才会说即
使是在一群不道德的人中，主体也能成为一个"道德主体"。原因就
在于道德与他人不相干，他单凭自身就能获得满足。但在黑格尔看来
还远远不够，黑格尔认为："个人只有成为良好国家的公民，才能获
得自己的权利。"② 所以黑格尔提出必须从康德的"道德主体"过渡
到"伦理主体"。这也是《法哲学原理》为什么由"道德章"过渡到
"伦理章"的原因。黑格尔指出，不应该仅仅关注私人的自我实现，

① 从最严格意义上来理解"成为有理性的人"就是要向人的自然倾向和私欲告别。
② ［德］黑格尔：《法哲学原理》，范扬、张企泰译，商务印书馆2009年版，第172页。

"法"和权利的实现离不开社会和"他人",因为"法"始终关注的是现实的个人和正义的社会安排。只有让道德的"个人"变为国家的公民,个人的权利和道德才能得到真正的保护和实现。

在黑格尔看来,符合正义(Recht)的理念不仅仅是在思想中作为它"应当"是的那样,而是必须被落实在现实当中,并使之制度化、机制化。也就是说,不应该只是它"应该是"的那样,它必须"现实地""是"起来。它要在现实世界中将自己表现出来:通过物权、契约、个人的私人生活和道德生活、社会生活、经济生活、政治生活以及在国家中实现出来。国家在这个意义上来说应该是最能透彻地观察和理解它自身所"应是"的东西。所以黑格尔赋予现代国家以能够理解这一点并实现这一理想的最高存在者。①

我们会说,在康德的意义上"个人"实现了自我立法和自我理解,但是这还不够。康德意义上的"个人"依靠的是无形的、形式化的道德律,对于实现和管理人群的"共在"来说它是一个不稳定的、不明确的和缺乏操作性的原则。通过第二章第五节的工作,能够清楚地看到:如果仅仅采取道德个人的立场将会导致什么后果(详见文中五种后果)。在黑格尔看来,个人取得他的道德自由和个人见解当然是我们这个时代所能达到的最高成就,但是这还远远不够。仔细追究之下,康德的道德个人同样是原子主义的另一种翻版,所以黑格尔在《论自然法的科学探讨方式》中将康德和自然权利学说视为"个人主义"的一体两面。②在我们这个时代,仅仅有"个人"是不够的,虽然发现"个人"是我们这个时代的成就。在黑格尔看来,个人自由无论是表现为个人的道德自律还是一种"占有性的个人主义",无疑最后都会走向它自身的反面。个人自由的实现必须通过现实中客观制度的安排来实现,只有进入国家的制度性领域才能为真正的个人自由提供牢靠的基础。由此,我们进入了第三章对于黑格尔制

---

① [德]黑格尔:《历史哲学》,王造时译,上海书店出版社2001年版,第47页。

② [德]黑格尔:《论自然法的科学探讨方式》,程志民译,《哲学译丛》1997年第3期。

度哲学的讨论。

通过前两章的工作，在第三章我们可以发现黑格尔既怀疑人人自利将导致大家都能获利的立场也怀疑单纯的道德个人主义或良心的立场。不如说他反对的是任何抽象的理论和立场。在黑格尔看来重要的是两者都忽视了"他人"和"制度"的维度。

在现代世界中，如果我们承认每一个人都是"原子式的个人主义者"（自然权利学说）而且都拥有道德和良心上的自由（道德权利学说），那么这样的"个人"所组成的人群一定是异质性的人群，而非同质性的人群。也就是说，如果我们采纳自然权利学说和道德权利学说所发展出来的成果，我们将面临一个由大量异质人群所构成的社会。现在的问题是如何设计出一种制度能够最大限度地承认所有人的自由和权利？在黑格尔看来，这样的承认只能通过一种形式性的机制——即法律和制度性——来达到，这样的组织必须以国家的形式来实现。所以，国家是实现和承认个人自由和权利的存在者，而非相反。从这个意义上来说，国家不是个人自由和权利的对立面，而是其自由和权利的实现者和承认者。而这一点正是前面两种学说所未能看到的。实际上，黑格尔并不是否认它们所发展出来的权利，而是批判它们未能进一步地去讨论和设计将这些权利和自由实现出来的制度土壤。在黑格尔看来，设计出一种能够最大限度地容纳和承认个人自由和权利的制度将涉及三个基本的问题："他人"、"承认理论"和制度建设。这也是黑格尔的法权哲学与自然权利学说和康德的道德权利学说的区别所在。黑格尔的法权学说的建立主要涉及这三个问题，所以在第三章我们将围绕这三个特点来正面还原黑格尔独有的法权学说。

**他人**首先，"他人"最初看起来是妨碍我的自由的存在者，是对我的行动的一种限制。在"抽象法"一章中，占有性的个人主义理论始终是将"他人"视作一种"为我的"工具而存在着的存在者，并没有将"他人"视作与我具有同等地位的"目的的存在者"；而在道德章中道德主体同样没有将"他人"考虑进来，因其自始至终都局限于一种内在的、思想层面的主体学说。因为无论是主体的良心也好还是命令也好都只针对主体的，只对主体自身有效，但无力约束他人。而黑格尔所认可的"个人"并非要将"他人"排除出去的"个人"，而是一种与"他人"共在的"个人"，在"他人"身上实现着自我的"个人"。这种新的主体不同于以往的主体理论，这是一种"交互主体"，是与"他人"共在的主体。也就是说，"个人"并不能自在，而是必须与"他人"共在才能存在。无论他是在家庭中，或在市民社会中，又或是在广泛的社会分工中，"个人"都是要与"他人"共在的。所以，谈到"他人"的时候离不开"主体"，谈"主体"的时候也离不开"他人"，因为他们是一种互为对方存在、互为对方中介的存在者。所以"他者"已经内在地要求一种先在的"交互主体"理论。

其次，"他者"的问题在黑格尔看来有多个维度的存在方式：它既可以指与我不一样的另外一个存在者（肉体层面上或者人格层面上）；也可以指一种"主观性原则"（思想自由）；还可以是异于我的性别、种族、文化、信仰、传统、习俗、观点等层面的差异，它们都对我表现为一种"他者"或称"异质性"，因为它们都是异于我的存在者。对于黑格尔来说，"他者"的问题不仅仅是另外一个人的问题，还可以有多个维度的表达，而如何在诸多层面上去容纳这些"他者"就被他表述为：如何实现所有人的自由和权利的问题。或者换一种表述方式：如何在制度及形式层面上设计出一种能够满足所有"差异性"的国家。

**承认**一旦我意识到"他人"对我并不完全是一种限制，承认"他人"的权利和自由也是一种自我承认的形式。这样一来，将"他者"考虑进来并不意味着我向"他者"妥协了或我损失了自由，而是一种"在他者中的自在"。这样一来承认"他者"反而变成了我的自由的扩张。由此黑格尔提出了他的"承认理论"。① 现在

---

① 即意识到在现代世界中每一个人都对于"他人"表现为一种"他者"，因为我对于"他者"而言也是"他者"，从而保护"他者"的自由和权利就变为保护我自己的权利和自由。

我们不能再以主奴关系这样的单向承认逻辑或以多数人承认少数人的承认逻辑去看待问题，而是要从所有人承认所有人的承认逻辑去看待问题。这样一来，主体看待世界的眼光就会发生变化，主体在诸多领域中将那些以前看作妨碍我的自由的东西现在都能看作是我的自由的扩展和表达。但是这一点如何实现最终还有赖于国家层面的制度化设计。

**制度**黑格尔对于自然权利学说和道德学说的批判不仅是因为"他人"维度的缺席，而且因为它们都缺乏"制度"和"历史"层面的考虑。因为两者都是一种"原子主义"学说，而黑格尔认为任何基于个体主义的行动最后都不可能实现所有人的自由。没有保障或者为"他人"所承认的权利和自由都只是一种形式性的自由。在黑格尔看来，只有设立长期、稳定、公正的公权机构才能真正实现和保障"个人权利"。这就要求我们走向黑格尔的"法权哲学"。

总结起来，黑格尔的"法权哲学"将涉及三个步骤：

1. 首先明确提出现代性的问题。所谓的现代性的问题（或者现代国家的问题）即是要同时满足两个条件：对个人主观权利的承认和解决异质人群的共在的问题。也就是如何设计出一种制度或国家能够容纳前两章所提出来的权利？这两个问题总结为一个问题：如何实现所有人的权利和自由？

2. 涉及对于传统主体理论的改造：提出交互主体理论。首先，明确个人到底拥有哪些权利。其次，个人不再作为一种个人中心主义的个人，而是与他人共在的个人，与"他人"共在的自我。最后，明确"他人"的权利。

3. 涉及交互承认关系的制度化问题。由于"法"是一种正义的制度安排，他谈到了三个层面的制度化问题：现代家庭中承认的制度化；市民社会中承认的制度化；国家制度中承认的制度化。

在黑格尔看来，个人总是生活在一个由社会、经济、政治所组成的框架当中。而这些"框架"（Gestell）是不能被个人左右的，并且任何人都逃不掉这个"框架"。① 个人和框架的关系应该是框架决定个体，而非相反。个人首先作为传统的、共同体的、社会性的产物，在此基础上达到"反思"的位置（道德主体）之后才能够跟"框架"产生互动。但是个人和框架的互动也同样是不受个人自身左右的，个人左右不了框架，因为框架本身是在先的、无意识的、更高级的存在者。而此"框架"或"结构"虽然是在先于个人而存在的，但是仍然存在不断修改或改善"框架"的可能性。我们总是已经处于具体的"法"和"国家"当中，而具体的"法"和"国家"安排也体现了某一种特定的正义观（法哲学）。但是我们可以思考我们所处的"法"和"国家"是否合乎普遍的正义观（法哲学原理）。在黑格尔看来，普遍的正义观指的是使人成为自由的存在者，或者是能够实现所有人的权利和自由的"法"和"国家"安排。从这个意义上来说，能否实现每一个个人的自由和权利就成为了评判某特定"法"和"国家"是否合乎正义（法的）的尺度。

　　在黑格尔看来，自由并不是仅仅关乎一个人的事情。自然权利学

---

　　① "框架"（Gestell）：在黑格尔看来，世界绝不是"直接地"、"无中介"地被给予我们的，人对世界的经验总是经过"中介"的。实际上康德已经谈过了"中介"的问题。康德指出"中介"是主体看待世界时所特有的"框架"（视角），康德认为人都是带着特定框架（时空、范畴）看待世界的存在者，并不存在直接的或非人的观察方式。在这一点上，黑格尔是追随康德的。黑格尔也认为人只能在特定的框架内"看"世界。黑格尔在《哲学百科全书》中将"范畴框架"称作"形而上学"，它是人们理解世界的工具，于是，人们的经验便离不开这种"形而上学"。"无论意识想要怎么'无原则'或者'非教条'，它总会预设某种形而上学。"［法］亚历山大·科耶夫：《黑格尔导论》，姜志辉译，译林出版社2005年版，第2页；［德］黑格尔：《哲学科学全书纲要》，薛华译，北京大学出版社2010年版。但是，黑格尔与康德不同的地方在于：对于康德来说，框架是"先验的"、不变不动的。而黑格尔认为框架是"历史性的"，框架总是根植于"时代"中，每个时代都有每个时代的框架，所以，黑格尔在这个意义上说："每个人都是他那时代的产儿。"没有人能够跳出他的时代。［德］黑格尔：《法哲学原理》，范扬、张企泰译，商务印书馆2009年版，第12页。霍耐特将此"框架"理解为："主体总是已经生活在伦理约束的框架之中。"它是一种已经存在于主体之间的社会前提："主体间义务的存在是人的社会化过程的准自然前提条件。"［德］霍耐特：《为承认而斗争》，胡继华译，上海人民出版社2005年版，第19—20页。另外"框架"的含义还可进一步参见：［加］查尔斯·泰勒：《自我的根源》，译林出版社2008年版，第一章："无法逃避的框架"。

说（占有性的个人主义）和道德权利学说（道德个人主义）都将自由看作"个人"自由及权利的实现的问题，但是这种径路是有问题的。黑格尔认为，个人不能单凭自身就能实现自由，与个人主义哲学的想法相反，个人的自由并不仅仅是"个人"的问题，而是关乎"他人"和社会的问题。或者简单来说，个人自由要求以社会自由为其前提，社会自由才是个人自由的根基。也就是说，自由不仅仅是一个人的问题，而是包括他人在内的所有人的问题，是一个整体性的、社会性的问题。而关乎社会性和整体性的问题离不开制度和机制设计。所以，这要求我们必须站在一个更高的层面，要从一个"整体性"、"普遍性"的角度来把握原子式的个人的诉求及其相互冲突的活动，这是国家的视角。国家视角是一种超越"个人主义"和"原子主义"的视角，是一种"整体性"的视角。

黑格尔在第三章中提出了一种以整体主义的视角来通盘改造、规划经济和政治活动，以制度条件、机制条件来安排和规范经济活动和社会活动。这种整体的视角和安排不仅体现在经济活动的中间，也体现在经济活动的事前和事后。自由的实现最终是在不同维度的现实生活（精神生活、经济生活、物质生活、政治生活）中去体现的。只有以一种整体的、全方位的视角才可能最终实现所有人的自由和权利。

# 第一章 对自然权利学说及"契约国家"的批判

当我们在讨论近代政治哲学时应该注意到它同古典政治学说的最大区别。根据《布莱克维尔政治思想百科全书》对人权词条的解释："并非每一个时代或每一种文明中都存在着人权,而且实际上任何一种权利概念都是如此。塔克在一项最近的研究中争辩说,12 世纪以前欧洲不存在权利概念,但是,到 14 世纪末,完整的自然权利理论已经出现,这可以在吉森及其合作者的著作中发现。"① 所以"权利"这个词的发明是新近的事情,在 12 世纪以前根本不存在这个概念。对此,麦金太尔说道:"在中世纪临近结束之前的任何古代或中世纪语言中,都没有可以准确地用我们的'权利(a right)'一词来翻译的表达式。这就是说,大约在公元 1400 年前,古典的或中世纪的希伯来语、拉丁语或阿拉伯语,更不用说古英语了,都缺乏任何恰当的方式来表达这一概念。在日语中,甚至在 19 世纪中期仍然是这种情况。从这点来看,居然存在着这类认知为人都具有的权利,自然令人诧异……但我们用不着分神去解答这些问题,因为真理是显而易见的,即,根本不存在此类权利。"②

如果去观察希腊人的生活,我们会发现生活在城邦里的人根本没

---

① [英] 戴维·米勒等主编:《布莱克维尔政治思想百科全书》,邓正来译,中国政法大学出版社 2002 年版,第 251—254 页。

② [美] 阿拉斯戴尔·麦金太尔:《追寻美德》,宋继杰译,译林出版社 2016 年版,第 88 页。

有把私人生活和公共生活区分开来，也没有权利和义务的区分，因为对于他们来说个体无法自足地取得自身的规定性，而是要通过参与和内化"共同善"而获得自己的本质规定性。也就是说，个人与城邦的命运是一致的，所以柏拉图和亚里士多德时的自然法学说主要讨论的是整体性的"正义"。可以说古典自然法学说一直与自然正义、理性正义、神的正义相关，也与道德紧密相关。它坚持法与道德密不可分，追求的是法的整体性、价值和目的。① 而如自由和权利这些近代自由主义所关注的问题在古代思想世界里根本不可能存在。

　　按照施特劳斯的说法，整个近代政治哲学应该首先被理解为个人权利优先于整体的善/德性的问题②。霍布斯首次区分了权（在于做或不做的权利）、法（作为一种外在的约束和限制力量）③。也就是说区分了"私人自由"与"公共自由"的维度；消极自由与积极自由；④ 也划分出了权利（个人权利）与权力（国家/公共权力）的空间，并派生出两者孰为优先孰为其次的问题。这中间发生了什么变化呢？在施特劳斯看来："这一区分是西方政治（法）哲学史的一个具有决定性意义的转折点，它标志着一个从永恒秩序向自然人性、从规范和义务向权利和要求转变的新时代的开启，同时也赋予自然法论述以个人主义

---

① 自然（physis）一词在古希腊的含义是指"本性"、"实体"，意指那根据于自身之中，且永恒不变者。按照古希腊人的观念，植物、动物和人不仅分有世界"躯体"的物理机体，在心理上也分有世界灵魂的生命历程，人只有通过服从于一个目的论等级秩序而获得自身生存的价值和意义，也因此而分享了世界灵魂，进而拥有了自己生命的理性价值。"法自然"意味着符合自然的秩序，这个观念在柏拉图那里得到了充分的表达（如柏认为人自然地被分为金、银、铜、铁四等级）。古典自然法思想还预设了一个终极的目的——共同体的"善"。因为个体无法"自足"地完成自身的规定，而是要通过参与和内化"共同善"而获得自己的本质规定性。也就是说，在古希腊，个人与城邦的命运是一致的，所以柏拉图和亚里士多德的自然法学说主要讨论的是整体性"正义"。可以说古典自然法学说一直根基于一种超验的秩序（自然正义、理性正义、神的正义），而且与道德紧密相关。它坚持法与道德密不可分，追求法的整体性、价值和目的。而近代自然权利学说所关注的个人自由和个人权利等话题在古代世界根本不存在。

② ［美］列奥·施特劳斯：《自然权利与历史》，彭刚译，生活·读书·新知三联书店2003年版。

③ ［英］霍布斯：《利维坦》，黎思复、黎廷弼译，商务印书馆2008年版。

④ ［英］伯林：《自由论》，胡传胜译，译林出版社2003年版，"两种自由概念"。

为其根本特征。霍布斯用自身保存来解释自然法，而在他之前，自然法是借助于人的诸目的之等级秩序得到理解的，在这个目的等级中，自我保存几乎没有地位。而现在自然法首先被理解为自身保存的正当（right），这与任何义务及职责都有分别——这个发展过程的最终结局是用人的权力取代了自然法（人取代自然，权利取代法）。"①

随着近代市民社会和国家的兴起，保护个人（私有）财产和个人权利的问题成为了焦点。在菲尼斯看来："权利（jus）最初是从罗马法中开始获得意义的，它主要指当事人之间根据法律对正义的分配，还谈不上现代的权利或自由，但此时它的意义还充满争议。格劳修斯明确地将权利定义为：1. 权利（对自己的自由或对他人的自由）；2. 所有权；3. 债权。而权利在霍布斯那里被用于说明'自然状态'中的人将拥有哪些权利。而到了洛克处权利则成了自由的问题。"②也就是说，在古代，"自然法"③更多的是和义务、命令、限制联系

---

① ［美］列奥·施特劳斯：《现代性的三次浪潮》，丁耘译，载于《西方现代性的曲折与展开》，吉林人民出版社 2002 年版，第 92—93 页。

② ［英］约翰·菲尼斯：《自然法与自然权利》，董娇娇、杨奕、梁晓辉译，中国政法大学出版社 2005 年版，第 166—169 页。

③ "自然法"（Natural Right）：早在公元前 5 世纪哲学家们便开始围绕 physis（自然）和 nomos（律法）之间的关系展开了激烈的讨论，其背后实际上是自然法和人定法之争。索福克勒斯在《安提戈涅》里谈到了两者之间的张力："天神制定的不成文律条永恒不变，它的存在不限于今日和昨日，而是永久的，也没有人知道它是什么时候出现的。""我并不认为你的命令是如此强大有力，以至于你，一个凡人，竟敢僭越诸神不成文的且永恒不衰的法。不是今天，也非昨天，它们永远存在，没有人知道它们在时间上的起源！"（罗念生：《罗念生全集》第二卷：埃斯库里斯悲剧三种、索福克勒斯悲剧四种，上海人民出版社 2007 年版，"安提戈涅"。）也就是说，当时的人们所理解的正义和法在其终极的意义上是存在于人之外的，它绝非人可以创造或完全把握的。人的理性可以寻找它、理解它、发现它、解释它，但不可能发明它或创造它。故柏拉图在《法律篇》中认为人只是神创造的木偶，但人可以通过理智（logos）来追寻神的线索并使其符合律法的牵引。［古希腊］柏拉图：《法律篇》，何勤华译，上海人民出版社 2001 年版。一般认为斯多葛学派第一次完整地提出了一种普遍的自然法理论。Sabine 认为原初的自然法原则（从古希腊到晚期希腊）发源于自然秩序和人自身的理性。随着希腊城邦的瓦解，斯多葛派将二者结合于基督教的表述中，认为自然法从属于神的秩序和命令。参见：George H. Sabine, *A History of Political Thought*, New York: Rinehart and Winston, 1973, pp. 51 – 141. 在梅因看来斯多亚派的"自然法"概念是一个语义模糊混淆的概念，他们的"自然法"观念实际上是把自然与社会、自然与道德加以混淆："他们在'自然'的概念中，在物质世界上加上了一个道德世界……他们所理解的自然不仅仅是人类社会的道德现象，而且是那些被认为可以分解为某种一般的和简单的规律的现象。"［英］梅因：《古代法》，沈景一译，商务印书馆 1995 年版，第 31 页。也就是说，梅因认为斯多亚派把 nomos（法则）等同于 physis（自然），也就是将自然界和道德律合到了一起，从而人的道德便从属于自然规律，而自然规律就是神的规律，所以，人也即是服从于上帝和神的规律（即宇宙的目的和天道的统治）。

在一起，而近代以来，"权利"更多地与自由和理性联系在一起，人不再像古代或中世纪里的个人一样被无意识的城邦义务笼罩，主体觉醒后要求一系列的权利。① 总的来说，在古代以及中世纪不存在个人权利的说法，这个说法是在近代才被提出来的。

从上面我们所勾勒出的自然法的变化脉络中可以看出全部近代政治哲学的特点是全新的，它想要论证的是存在一系列的"个人权利"，并能对这些权利提出正当要求。而人们组成国家——无论是自由主义的"最小国家"还是社会主义的均富国家——是为了实现所有人的权利。我们认为，全部近代权利学说的出发点都是以实现所有人的自由，包括实现人的平等、自由、生命以及财产权为其理论目的的。② 其中一个流派，也就是以霍布斯、洛克和斯密为代表的自然权

---

① "正确地说，近代政治哲学的 Jus naturale 已不再是中世纪道德学家的 lex naturlis，也不是罗马法律学家的 jus naturale。它根本就不是关于法律的一套理论，而是有关权利的一套理论，即凭借自然法之力量而自然地属于人的权利。"〔英〕登特列夫：《自然法——法律哲学导论》，李日章译，台北：联经出版事业公司 1984 年版，第 57—58 页。而 Benhabib 则认为以霍布斯、洛克等人为代表的近代自然法传统的特点就是"个人权利"在三个重要方面都优先于共同体：1. 个人的特殊性在逻辑上与"他人"相区分；2. 在心理上，个人的需要和属性都优先于"他人"；3. 个人与个人之间的联合优先于组织的出现，且前者是后者的原因，后者是前者的结果。参见 Seyla Benhabib, *Natural Right and Hegel: An Essay in Modern Political Philosophy*, Yale University, 1977, p. 17.

② 我们将整个近代权利学说视为一个由多个理论家论点所组成的、递进的、包含不同层次的理论。整个理论的核心目的在于论证人的自由、平等、财产权和一系列权利要求。这一系列权利要求不仅在理论层面有发展过程，在现实中也有其自身的发展过程。一般认为，人权观念基本是在洛克、孟德斯鸠、卢梭等自然法学家的思想中发展出来的。文艺复兴后，格劳修斯率先在人本主义基础上论述自然法，然后霍布斯在《利维坦》中提出了自然状态中人的自然权利说，之后洛克在《政府论》（下）中宣称上帝对人间事务无管辖权，人类社会是人自己的事情。随后孟德斯鸠在《论法的精神》中强调上帝有上帝的法，人有人的法。卢梭先于康德、费希特等人提出了"道德意志"为自由之原则并在此基础上提出了权利在民的民主理论。不言而喻，以上哲学家都对黑格尔的理论产生了重要的影响。黑格尔与整个自然权利学说家们的关联和批判已经在郁建兴的《自由主义批判与自由理论的重建：黑格尔政治哲学及其影响》以及林喆的博士论文《黑格尔的法权哲学》等中都得到了较为详细的说明。但是本文的兴趣并非要梳理黑格尔的整个学术继承史，而只是选取洛克和斯密作为一个剖面来阐释。力图将目光放在追溯黑格尔《法哲学原理》的内在逻辑脉络和勾连上，着重于《法哲学原理》内在的逻辑构造和内在的思想关联。选取与"抽象法"高度相关的洛克文本进行比较阅读的目的在于试图揭示：某种思想自身追求某个目标，但却最终走向自己的否定的过程。在现实层面上，各国的法律也逐渐地接受了近（转下页）

利学说是整个近代政治学说中最为显耀的一个，直到今天自然权利学说的理论仍发挥着至关重要的作用。① 其理论诉求也与整个近代权利学说的要求基本一致，即要求在其构想的国家中实现所有人的权利。很显然，黑格尔在写《法哲学原理》的时候对自然权利学说已经了然于心，② 对这派学说的优缺点在之前的《论自然法的科学讨论方

---

（接上页）代政治学说的成果：1688 年，英国《权利法案》制定的基本权利：请愿权、自卫权、选举权、言论自由权。1789 年法国《人权宣言》：人生而自由，在权利上是平等的；一切政治结合的目的在于保存自然的、不可消灭的人权。人人都具有：自由权、财产权、安全和反抗压迫的权利。1791 年美国宪法修正案前 10 条《权利法案》：1. 保护公民信仰、出版、集会、示威的自由；2. 携带武器的自由；3. 军队不得进入民房；4. 免于不合理的搜查与扣押……；5. 财产权及要求陪审团即律师协助辩护权等 10 条。1946 年，联合国通过了《世界人权宣言》：第一条，人人生而自由，在尊严和权利上一律平等；第二条，人人有资格享有本宣言所载的一切权利和自由，不分种族、肤色、性别、语言、宗教、政治或其他见解、国籍或社会出身、财产、出生或其他身份等任何区别；第三条，人人有权享有生命、自由和人身安全；第四条，任何人不得成为奴隶或奴役，一切形式的奴隶制度和奴隶买卖，均应予以禁止，以及法律之前人人平等，并有权享受法律的平等保护，不受任何歧视等条款。到今天为止，各国宪法都基本和联合国《世界人权宣言》一致。因此，霍尔盖特谈道："欧洲的历史因而就是伴随着世俗化的对普遍人权的主张，向着基督教对普遍人类自由的要求前进的过程，这个世俗的主张是由对自由的宗教要求发展而来的，它是现代时期的特征。"［英］斯蒂芬·霍尔盖特：《黑格尔导论》，姜志辉译，译林出版社 2005 年版，第 16 页。

　　① 我们认为，以洛克和斯密为代表的这一学说，其政治目标是要建立契约国家，其经济目标是建立自由竞争的市场。自然权利学说的政治计划是由洛克给定的，目标是建立一个以所有人都同意为基准的契约国家，也即"契约国家"；而自然权利学说的经济计划是由亚当·斯密给出的，以自由竞争形成的自由市场经济。所以我们将自然权利学说的总计划归结为洛克加斯密的计划；契约国家加自由市场计划，该计划以实现所有人的自由为目的。

　　② 华斯泽克在《苏格兰启蒙运动与黑格尔对"市民社会"的解释》一书中从文献来源上详细地考证了黑格尔与苏格兰启蒙运动学家之间的关系。根据华斯泽克，苏格兰启蒙运动家的相关书籍大部分在当时都已经翻译成了德文，且已经在德国赢得了普遍的声誉。黑格尔在早期曾大量阅读了来自英国的文献，且黑格尔的英语水平已经能够直接阅读一手文献资料。作者从资料上详细考证了黑格尔从斯图加特、图宾根、柏林到法兰克福所阅读过的相关英国作品的证据。通过详细的材料考证，华斯泽克认为黑格尔熟知苏格兰启蒙运动的作家们的作品，对于弗格森（Ferguson）、休谟（Hume）、罗伯森（Robertson）、亚当·斯密（Smith）和穆勒（Mill）等作家都掌握了一手材料和文献。作者认为苏格兰哲学家们关于自由市场经济、市民社会等方面的讨论和问题已经给黑格尔"市民社会"打下了基础并产生了深刻的影响。具体参见 Norbert Waszek, *The Scottish Enlightenment and Hegel's Account of "Civil Society"*, Springer, 1988, p. 117.

式》已经讨论过了,① 但是在《法哲学原理》里的处理较之前要成熟和深入得多。② 我们认为,黑格尔对于自然权利学说有接受的地方(体现在他接受自然权利学说的核心人权定义:自由权、生命权和财产权),但也有拒斥的地方(体现在他对于自然权利学说的"形式性批判"上)。总的来说,黑格尔在《法哲学原理》中处理和展开这个问题的方式非常与众不同。

一开始他就全盘接受了洛克的三个自然权利学说的假设:生命权、自由权和财产权,但黑格尔的策略是在不加入任何其他原则的情况下对洛克的理论进行严格的检查,看看根据洛克学说的发展到底会走到哪一步。

洛克将人"先天的权利"追溯到形成部落和氏族之前的可能的经验中,来检验从人最贫乏、最抽象,缺乏一切制度化保证及共同意志预设的情况下出发(这个境遇类似于洛克的自然状态),看看人在这种境遇之下将会发展到哪里。

而黑格尔在《法哲学原理》的第一部分"抽象法"中要考察的正是自然权利学说的计划到底能不能实现它的目标。③

本章将分为五个步骤来展示黑格尔对自然权利学说的考察批判:

1. 我们将第一节和第二节视为黑格尔对于洛克天赋权利学说及契约论的重现。洛克将人的自由、生命和财产权视为给定的,洛克的证明是从假设的自然状态出发推论出人生而具有的权利。而黑格尔则从假定自然权利说(即生命权、自由权、财产权)是天赋的这一点

---

① 黑格尔在《论自然法的科学讨论方式》的具体讨论参见 Seyla Benhabib, *Natural Right and Hegel: An Essay in Modern Political Philosophy*, Yale University, 1977。

② 在 Riedel 看来后期作品《法哲学原理》与前期作品《论自然法的科学讨论方式》存在着紧密的一致性:M. Riedel, *Between Tradition and Revolution: The Hegelian Transformation of Political Philosophy*, Cambrige University Press, 2011, p.76。

③ 在这里我们把市民社会中针对自然权利学说的批判包括进第一章的工作,因为对自然权利说的完整的批判是一体两面的,它既包括从政治上对洛克契约国家的批判,也包括对以斯密为代表的古典政治经济学的经济理论的批判,这两方面共同构成了黑格尔对于自然权利学说的批判。

开始（根据洛克所假设的人生而具有的权利），推论出根据天赋的权利却产生不出任何秩序和稳定性，并且它一定会陷入"不法"当中。

2. 根据第一部分考察的结果，即它最后会陷入"不法"（即一切人反对一切人）。由此黑格尔将证明：人的自由并不是一开始就给定了的或就像一发子弹那样被射出来，自由或许是一种合理的设想，但是这种设想只是暗含在自然法中（在自在的法当中），而且一开始它是绝对不存在的：因为自然无所谓自由或正义。真正的自然状态是一种战争和无法无天的状态，所以黑格尔否认单靠洛克在自然状态中所分析出来的所谓的先天的权利是实在的。倒不如说，这些权利只是潜在的，是还有待努力去实现的。

3. "不法"的状态本身就隐含了它的内在超越性——要求国家（利维坦）的产生。根据洛克，人们组成国家是为了保护每个人的财产、安全和自由，由此，洛克提出了他的国家设想——"契约国家"。同时我们认为契约国家的经济理论是由亚当·斯密所提出的。在这一部分中，我们将详细地去设想和考察"契约国家"的一系列机制和构想到底能不能成立。

4. "契约国家"的提出本身是为了实现所有人的自由和权利，但最后经过黑格尔的考察（它的灾难性结果体现在市民社会一节当中），发现它最后走向了其反面——大多数人失去了其现实的权利和自由。这是因为"契约国家"的构想总是停留在"形式性"的层面。黑格尔通过揭示出自由的两个层面："形式性的自由"层面和"具体的自由"层面，从而判定"契约国家"至多只能达到"形式性的自由"层面，即达到了"准市民社会"的层面。这一节既要从理论层面也要从当时英国的实际情况去揭示"契约国家"的"形式性"。黑格尔最终揭示出这种国家构想并未能够实现所有人的自由，而是走向了其反面。

5. 通过对"抽象法"一章的考察，黑格尔最后揭示出它所构想的"最小国家"的内在矛盾和不足。而"最小国家"本身也已经隐含着对超越自身的要求，由此黑格尔证明了自然权利学说及"契约国家"的局限性。

本章将证明：根据洛克的假设，人们最终会建立起国家。而根据黑格尔的检验，自然权利学说式的"契约国家"会走向他的反面——也就是霍布斯的起点——一切人反对一切人（即"准市民社会"）。这个"契约国家"充其量只达到了"形式的自由"的环节，① 它并没有实现其承诺。我们认为"抽象法"第一节和第二节是在还原洛克对于自然权利学说的论证，第三节是论述第一、第二节的结果（不法）。紧跟着我们将根据洛克政治学说和斯密经济学说的内在脉络勾画出"最小国家"的具体形态，同时笔者将根据工业革命时期英国的现状来现实地还原和揭示"最小国家"的不足。我们认为"契约国家"至多达到了"准市民社会"的维度，由于它还欠缺"内容性"的规定，"契约国家"并不能实现其自身的承诺，且最终走向了自身的反面。

## 第一节　洛克自然权利学说的特点

在《政府论》中，洛克从对自然状态的设想出发得出人类在自然状态下生存的几个特点：1. 享有完全的自由；2. 人与人之间享有完全平等的地位；3. 人与人之间是和平共处的关系；4. 在自然法的指引下人人都有惩罚不遵守自然法的人的权利；5. 被损害人有向损害人求得赔偿的权利。② 由以上结论洛克推论出："人们既生来就享有完全自由的权利，不受控制地享受自然法的一切权利和利益，他就自然享有一种权力，即——他的生命、自由和财产——不受其他人的损

---

① 这种"私人利益的领域可以视为留给形式上的自由的一种领域"。［德］黑格尔：《法哲学原理》，范扬、张企泰译，商务印书馆 2009 年版，第 309 页。

② ［英］洛克：《政府论》（下），叶启芳、瞿菊农译，商务印书馆 2011 年版，第二章。

害和侵犯。"① 也就是说，在自然状态下人人享有人身、自由、财产和平等的权利。既然如此，人们为什么要组成政治共同体呢？这是由于以上几点权利缺乏中介和仲裁，人人尽可各行其是："虽然他在自然状态中享有那种权利，但这种享有是很不稳定的，有不断受别人侵犯的威胁。他在这种状态中对财产的享用就很不安全，很不稳妥。这使他愿意放弃一种尽管自由却是充满着恐惧和经常危险的状态。"② 洛克给出了三个人们必须走出自然状态步入政治社会的理由，他们分别是："第一，在自然状态中，缺少一种确定的、规定了的、众所周知的法律，为共同的同意接受和承认为是非的标准和裁判他们之间一切纠纷的共同尺度。第二，在自然状态中，缺少一个有权依照既定的法律来裁判一切争执的知名的和公正的裁判者。第三，在自然状态中，往往缺少权力来支持正确的判决，使它得到应有的执行。"③ 由于以上理由人们自愿走出人人平等、自由的自然状态而结成公民社会："因为公民社会的目的原是为了避免和补救自然状态中种种不合适的地方，于是设置一个明确的权威，当这社会的，每一个成员受到任何损害或发生任何争执的时候，可以向它申诉，而这社会的每一成员也必须向它服从。"④ 于是国家就这样诞生了。

按照洛克的设想，政府的职能是："因此在任何地方，不论多少人这样地组成一个社会，从而人人放弃其自然法的执行权而把它交给公众，在那里，也只有在那里才有一个政治的或公民的社会。"⑤ "人类天生都是自由的、平等和独处的……任何人放弃其自然自由并受制于公民社会的种种限制的唯一方法，是同其他人协议联合组成一个共同体，以谋他们彼此间的舒适、安全和和平的生活，一边安稳地享受

---

① ［英］洛克：《政府论》（下），叶启芳、瞿菊农译，商务印书馆 2011 年版，第 52 页。
② ［英］洛克：《政府论》（下），叶启芳、瞿菊农译，商务印书馆 2011 年版，第 77 页。
③ ［英］洛克：《政府论》（下），叶启芳、瞿菊农译，商务印书馆 2011 年版，第77—80 页。
④ ［英］洛克：《政府论》（下），叶启芳、瞿菊农译，商务印书馆 2011 年版，第 54 页。
⑤ ［英］洛克：《政府论》（下），叶启芳、瞿菊农译，商务印书馆 2011 年版，第 54 页。

他们的财产并且有更大的保障来防止共同体以外任何人的侵犯。"①
"国家具有权利……凡此都是为了尽可能地保护这个社会的所有成员
的财产。"②

到这里，我们已经清楚地考察出《政府论》的几个特点：1. 它
构想了一种自然状态，并由此发展出一套天赋权利说；2. 其注意力
始终放在人与物的关系上；3. 将人与人和人与国家之间解释为契约
的关系。最终洛克确定下人生而具有的三种权利：1. 生命权；2. 财
产权；3. 自由权。人们建立国家是为了捍卫以上权利，国家的权力
来自个人让渡的一部分，除此之外国家并没任何超出此界限范围之外
的权力。

## 第二节　黑格尔对洛克权利基础的批判

黑格尔在《论自然法的科学讨论方式》中曾经批评过经验主义
的问题：经验主义的问题在于就经验主义的基地而言并不能在上面
建立起其理论的权利大厦。如果经验主义想要证明我们有普遍地享
有的权利，那么他们就不能只抓住那些碰巧存在的权利说事。换句
话说，他们必须能够给出根基于普遍且永恒的人性基础上的证据。
但根据黑格尔，这恰恰是经验主义力所不逮的地方。像"普遍性"
和"必然性"这样的概念是不能在经验中找到的，而应该诉诸他
法。在黑格尔看来，经验主义不能区分"必然性"和"偶然性"。
经验主义缺乏在"偶然"和"必然"之间划界的能力，也缺乏在
混乱的自然状态中取舍哪些是应该保留下来的东西，哪些又是应该
丢弃的原则的能力。经验主义的方法论来自对以下原则的认识：我
们的所有知识都来源于经验。经验主义的弱点并不在于他们太批判
了，而在于他们太不批判了，在于他们的方法太朴素和太不反思

---

① ［英］洛克：《政府论》（下），叶启芳、瞿菊农译，商务印书馆2011年版，第59页。
② ［英］洛克：《政府论》（下），叶启芳、瞿菊农译，商务印书馆2011年版，第53页。

了。"对霍布斯和洛克来说权利的原理来自于自然权利、自然法则，与源于一些人类学、心理学或目的论的假设。"① 他们的方法跟常识用来在乱中求真的方法没什么区别，而且经验主义甚至在这方面有加强常识的偏见的功能，而他们在对待现实的社会问题时经验主义仅仅随意地选出了几个特征来作解释。但是："黑格尔看起来已经预见到了后来尼采的看法：并不是所有人都像英国人一样只热衷于自己的欲望。"②

Smith 对此评论道："黑格尔对经验主义的批评是：他们的理论核心是运用了一个不可追索的循环论证去论证他们想要论证的事情。如果经验主义想要论证更加具有普遍意义的东西的话他们就必须引进一些在经验中找不到的原则。尽管经验主义者们声称他们只在最简单和最基本的理论需求上奠定他们的自然权利学说，但是他们所断定的这些最基本的需求也已经是'理论的'，他们看待问题的角度并非像他们自身所声称的那样中性，而是已经预先包含了某种特定的看待社会的角度。就像后来卢梭抱怨的那样：'他们从后门偷运进了一些含蓄的目的论。'"③

的确如 Smith 所说，黑格尔认为霍布斯—洛克自然权利学说充其量只是个半吊子的经验主义，因为他们并未将自己的原则贯穿到底：一方面，他们的自然权利学说太经验化，而在自然的问题上又太抽象化和流于幻想；另一方面，他们的理论又太不经验了，他们并不敢将其经验化的原则完全运用于道德和政治领域。比如，在讨论是什么构成了权利的基地时洛克将此追溯到自然法上面去，但是在讨论自然法包括哪些内容时他只是从经验当中随机地抽取了一些元素，随意地将

---

① 参见 Seyla Benhabib, *Natural Right and Hegel: An Essay in Modern Political Philosophy*, Yale University, 1977, p. 175。

② 参见 Steven B. Smith, *Hegel's Critique of Liberalism: Rights in Context*, Chicago: University of Chicago Press, 1989, pp. 65 – 70。

③ 参见 Steven B. Smith, *Hegel's Critique of Liberalism: Rights in Context*, Chicago: University of Chicago Press, 1989, pp. 65 – 70。

它放置进自己的口袋当中。① 又比如，对于自然状态中的人到底是什么样的这个问题各家的回答都不一样，霍布斯认为是人人处在战争之中，洛克又认为人人都是和睦相处的好邻居。到底什么是自然状态？自然法的具体内容又是什么？这些问题都是循环论证的问题。正如 Smith 所说，一方面太经验化，另一方面又太不经验化，全凭想象，以至于权利的来源都是依赖于来自心理学的、神学的或人类学的假设。② "但是很可惜，洛克的自然法则并不能直接从他的神义论推论出来。洛克对它的自然法的论证是每个人都能直接从它的理性中分析出来，而作者认为人能不能从他的理性中分析出自然法又要取决于他是否有信仰，比如无神论者就根本不能从他的理性中分析出神的指示。"③

黑格尔认为，人到底拥有哪些权利不能依靠经验的、任意的想象和拼凑。权利的基地必须建立在稳当的、必然性的大厦之上。因此，首先，权利的基地必然不能是奠基在众说纷纭的自然法上，而必须另辟蹊径。所以经验主义的权利基地必定是行不通的，权利的基地必定得在他处寻找。其次，即便人有某些权利，也不是靠天赋的，而是靠人现实地去争取来的。假设有一个人在某处画了一个圈并声称这块地归他所有，别人也不见得同意。所以权利是人与人之间的承认的问题，而不是某个人从自身出发演绎出来的东西。

## 第三节 黑格尔版本的洛克

我们认为《法哲学原理》第一章第一节和第二节重现了洛克的学

---

① 根据 Garza 的看法，黑格尔对近代自然法传统并不满意，认为他们并未能彻底贯穿自己的思想。如黑格尔认为霍布斯虽然将自然、自由与政治和法律区分开来并除去了自然的神圣化倾向，但是霍布斯还是未能完全从自然中走出来，他将人性奠基于对于死亡的恐惧、对于欲望的希求等心理学和自然的倾向上面。Abel Garza, "Hegel's critique of liberalism and natural law: reconstructing ethical life", *Law and Philosophy*, 1990-1991, pp. 389-390.

② Steven B. Smith, *Hegel's Critique of Liberalism: Rights in Context*, Chicago: University of Chicago Press, 1989, pp. 65-70.

③ Dudley Knowles, *Political Philosophy*, McGill-Queen's University Press, 2001, p. 156.

说："抽象法中所描述的情况类似于洛克的自然状态。"① 并可以说是在某种程度上再现和发展了洛克的学说。首先，他肯定了洛克得出的三种权利：生命权、自由权和财产权；其次，他将更加详细地展示私人财产权是如何获得及流转的。但我们应该注意到黑格尔也是在一个假定的、抽象的环境中揭示洛克权利逻辑的自身演进的。这里没有"法"、制度性的因素和普遍意志的存在，这里是一个权利真空地带，人们凭借自然的、任性的、抽象的能力存在着。"在抽象法中，法还处在一个自在的环节，我的权力在这里是直接的和抽象的。"② 可以说他力求在洛克假定的环境中重现"自然人"的权利博弈及其演化发展。我们将揭示这样一群生活在权利和制度真空中的"自然人"们如何由自由（洛克的设定）走向其反面不自由（霍布斯的设定）。

假设有一群人生活在"自然状态"中，在这里既没有调节矛盾的仲裁机构也没有主持和惩戒正义的权力机构，人们凭借自己自然的能力生存，将会发生什么事呢？洛克的回答是"那是一种完备无缺的自由状态，他们在自然法的状态中，按照他们认为合适的办法，决定他们的行动和处理他们的财产和人身……这也是一种平等的状态……这是自由的状态……自然状态有一种为人人所应遵循的自然法对它起着作用：自然法教导人们任何人不得侵害他人的生命、健康或财产"③。

---

① Dudley Knowles, *Routledge Philosophy Guidebook to Hegel and the Philosophy of Right*, Routledge, 2002, p. 163；以及英伍德对于"抽象法"词条的解释：Inwood. M. J., *A Hegel Dictionary*：*Blackwell Philosopher Dictionaries*, Blackwell Publishing Ltd., 1996；而 M. Riedel 则认为关于抽象权利的讨论是"再现了自然法理论中的前政治状况"，参见 M. Riedel, *Between Tradition and Revolution*：*The Hegelian Transformation of Political Philosophy*, Cambridge：Cambridge University Press, 2011, p. 67。当然，也有学者认为抽象法不止是对洛克及自然权利学说家的批评和继承，更将其追溯到了罗马法。参见 Z. A. Pelczynski, "The Hegelian Conception of the State", in *Hegel's Political Philosophy*, Cambridge：Cambridge University Press, 1971, p. 8。这种考察也值得注意。

② "正如在市民社会中，自在的法变成法律了一样，我个人权利的定在，不久前还是直接的和抽象的，现在，在获得承认的意义上，达到了在实存的普遍意志和知识中的定在。"［德］黑格尔：《法哲学原理》，范扬、张企泰译，商务印书馆 2009 年版，第 226 页。

③ ［英］洛克：《政府论》（下），叶启芳、瞿菊农译，商务印书馆 2011 年版，第 3—10 页。

洛克从神学的、推论的视角立即得出了以上人生而具有的权利，这是他的基本预设，至于为什么一定是这样，他没有再进一步解释。

"对霍布斯和洛克来说人权的原理来自于自然权利、自然法则，与源于一些人类学、心理学或目的论的假设。"① 而对于黑格尔来说权利不能从这些任性的基地开始，权利的奠基需要一个更高的起点。黑格尔对自然权利学说的重构首先是从对其基地的批判开始，他从"人"的概念中推论出同样的权利：由于人最初是在最贫乏、最直接的规定中得到存在的，那便是他的"人格"。②"人格"这个词在这里还只是一个单调的同语反复，用于强调它的最贫乏、最抽象意义上的同一性，对此能说的是："人格的要义在于：我作为这个人，在一切方面（在内部任性、冲动、情欲方面，以及在直接外在的定在方面）都完全是被规定的和有限的……在这种完全抽象的自我中一切具体限制性和价值都被否定了而成为无效。所以在人格中是以它本身为对象的认识。"③ 人作为被（自然的、生物的）规定了的东西最开始只能作为最贫乏的同一物，并在这种最贫乏的境遇中以自身为认识。但是由于："我作为这一个人……我是在有限性中知道自己是某种无限的、

① Seyla Benhabib, *Natural Right and Hegel：An Essay in Modern Political Philosophy*, Yale University, 1977, p. 175.

② 我们应该看到黑格尔用"人格"概念来代替洛克的"自然人"概念的意义："人格"概念是跟财产权联系在一起的，也就是说，这一章始终处理的是抽象法领域内的问题，它涉及的是有关财产及其流转的问题。这样的问题在只要有人存在的地方都必然会发生。[德] 黑格尔：《法哲学原理》，范扬、张企泰译，商务印书馆 2009 年版，第 40 节。在 Z. A. pelczynski 看来，相较于洛克和其他 17、18 世纪的近代自然法理论，黑格尔的"人格"概念明显是起源于罗马法，而不仅仅局限于洛克所讨论的范畴之内。参见 Z. A. Pelczynski, "The Hegelian Conception of the State", in *Hegel's Political Philosophy：Problems and Perspectives*, Z. Pekzynski ed., Cambridge：Cambridge University Press, 1971, p. 8。在抽象法中他对洛克进行了重构，洛克从自然状态出发论证人"本来"应有的权利（与生俱来的权利），而在权利的基地问题上黑格尔不能同意洛克的猜想（自然状态假设），而认为洛克的自然状态假设太随意。黑格尔自己的权利学说不是从经验或假设的状态出发的，而是从"人"的概念本身出发的，在这一点上也体现出德国古典哲学与英国经验主义的分疏。

③ [德] 黑格尔：《性哲学原理》，张企泰、范扬译，商务印书馆 2009 年版，第 45 页。

普遍的、自由的东西。"① "人就是意识到他的纯自为的那种自由的单一性。作为这样一个人,我知道自己在自身中是自由的。"② 在这里"人格"和"自由"联系了起来,由于人格是意志直接的外在存在,而自由是意志的根本规定,正如重量是物体的根本规定一样。这里,我们发现意志才是最终得以规定"人格"的东西,换句话说,意志才是"人格"的基地。在 Steinberger 看来,自由意志才是法和权利的基地,因为希求自身的意志才最终构成了法和权利的基础,也构成了全部实定法、道德义务和绝对命令的基础。自由意志才是权利的原则和基地。③ 由此可见,任何权利都是基于自由意志的。

但是这里的自由还是一种抽象的、形式的自由,这里的"人格"有的是一种全无外在现实性的自由,虽然"任何一种权利都只能是属于人的",但"人格"这个词像"物质"、"实体"一类词语一样都拥有一种承担/汇聚的功能:"它将各种权利(形式法的权利)汇总到自身之下,它只是一个能在的权利承担者。"④ 至于到底应该承担什么样的权利是形式法接下来的任务,在这里,我们只是假定"权利"是任何一个"人格"仅从自身中就能演绎出来的东西。⑤ 但问题在于人到底能拥有哪些权利呢?接下来,我们将看到:抽象的"人格"将借由"财产权"、"自由权"和"生命权"来达到定在。

"人作为理念而存在,必须给他的自由以外部的领域。因为人在这

---

① 〔德〕黑格尔:《法哲学原理》,范扬、张企泰译,商务印书馆 2009 年版,第 45 页。

② 〔德〕黑格尔:《法哲学原理》,范扬、张企泰译,商务印书馆 2009 年版,第 46 页。

③ 具体参见 Peter J. Steinberger, *Logic and Politics*: *Hegel's Philosophy of Right*, New Haven: Yale University Press, 1988, p. 201。

④ Joachim Ritter, *Hegel and the French Revolution*: *Essays on the Philosophy of Right*, The MIT Press, 1982, p. 124. 在里德看来,黑格尔的"人格"概念有两个含义:1. "物"(Sachen)的拥有者、责任承担者;2. "物"的拥有者处于某种法律关系(a legal relationship of right)中。在里德看来,自然物唯有当它变得对于人"有意义",它才从无意义的自然物转变为了有意义的"客体",同时,"拥有者"也变成了"主体"。

⑤ 在这里黑格尔开始向我们界定了"权利"与"人"的关系,"人格"应该是为任何人所有的,因此"权利"内在于"人"的"人格"里面。Knoeles 认为"人格"这个概念是建立现代"个人"的钥匙,它对黑格尔来说同样也是一个独特的现代性概念。参见 Dudley Knowles, *Political Philosophy*, McGill - Queen's University Press, 2001, p. 149。

种最初还是完全抽象的规定中是绝对无限的意识，所以这个有别于意志的东西同样可以被规定为与意志不同而可以与它分离的东西。"① "所有权所以合乎理性不在于满足需要，而在于扬弃人格的纯粹主观性。人唯有在所有权中才是作为理性而存在的。"② 这个东西便是与精神相对的东西——物。所以人首先拥有的是物权。"人有权把他的意志体现在任何物中，因而使该物成为我的东西。这就是人对一切物据为己有的绝对权利。"③ 进而 "我把某物置于我自己外部力量的支配之下，这样就构成占有。我作为自由意志在占有中成为我自己的对象，从而我初次成为现实的意志，这一方面则构成占有的真实而合法的因素，即构成所有权的规定"④。又由于我的意志的单一性，此所有权则立刻构成了单一的、排外的私人所有权。而"人格"便借由所有权得以在世界中现实地实现自身。"财产权"便借由"人格"得以存在。

除此之外，作为一个人来说，"如果对这一点做进一步的规定，那首先是说：我在这个有机体中活着，这个身体按其内容说来是我的普遍的、不可分割的、外部的定在。我拥有我的生命和身体"⑤。由于身体是我的意志的活动领域，是我的意志的定在，因此肉体是我的生命的定在："我在定在中是自由的和我对他人来说是自由的这两个命题是同一的。"由此，任何人不得侵犯或虐待我的身体。由此我便拥有了无可置疑的身体权。

至此为止，黑格尔已经肯定了洛克式的三种自然权利：1.生命权；2.自由权；3.财产权。由"人格"带来一种普遍的权利能力，在不侵害他人"人格"/"权利"的情况下，他与其他人将获得同等的权利。同时我们应该注意到他对以上权利做了严格的限制：首先，权利是在直接性的、抽象性的、外在的、彼此孤立的环境中产生的；

---

① ［德］黑格尔：《法哲学原理》，范扬、张企泰译，商务印书馆2009年版，第50页。
② ［德］黑格尔：《法哲学原理》，范扬、张企泰译，商务印书馆2009年版，第50页。
③ ［德］黑格尔：《法哲学原理》，范扬、张企泰译，商务印书馆2009年版，第52页。
④ ［德］黑格尔：《法哲学原理》，范扬、张企泰译，商务印书馆2009年版，第54页。
⑤ ［德］黑格尔：《法哲学原理》，范扬、张企泰译，商务印书馆2009年版，第55页。

其次，我们谈论的权利只涉及单个人和单个意志，并不涉及普遍意志；最后，这种权利自始至终只涉及跟物的关系，只跟物打交道。①

如果我们更仔细地审查这三种权利将会发现只有财产权涉及更进一步的规定。根据洛克："人类一出生即享有生存权力，因而可以享用自然所供应的以维持他们的生存的其他物品……上帝既将世界给予人类共有，亦给予他们理性，让他们为了生活便利的最大好处而加以利用。"② 人当然有利用自然以供自己享用的权利，但是物一开始是共有的，因为上帝将世界给予所有人所共享。"没有人对于这种处在自然状态中的东西原来就具有排斥其他人的私人所有权。"③ 所以在洛克看来人天然地享有占有自然物的能力。紧接着洛克论述了从自然的、公共物品转化为私人所有权的必要性：根据自然法任何人以他的劳动去改变了自然物的本来面目他就应该独占此成果，让它"从公有的东西中取出任何一部分并使它脱离自然的状态，才开始有了财产权"④。根据洛克，对物的占有应该以对自然物投入"劳动"来占有，这种占有是排外的、私人的，并以此作为关键的界定财产权的东西。劳动在这里就成为了洛克最重要的占有合理性的来源："由于劳动使它脱离了自然原来给他安置的共同状态，就成为了对此肯耗费力气的人的财产……劳动使人取得对它的权力。"⑤

黑格尔对洛克此处的思路也毫无异议。在黑格尔看来，一开始"人格"还只不过是一种可能性和能力，它要想将自己现实地实现出来首先将会面对"物"。只有通过跟"物"打交道、做斗争，人才能将自己的意志现实地实现出来。人首先将会认识到：1. 有一个外在

---

① 参见 Kenneth Westphal，"The Basic Context and Structure of Hegel's Philosophy of Right"，in *The Cambridge Companion to Hegel*，Frederick C. Beiser ed.，Cambridge University Press，1993，p. 234。

② ［英］洛克：《政府论》（下），叶启芳、瞿菊农译，商务印书馆 2011 年版，第 16 页。

③ ［英］洛克：《政府论》（下），叶启芳、瞿菊农译，商务印书馆 2011 年版，第 17 页。

④ ［英］洛克：《政府论》（下），叶启芳、瞿菊农译，商务印书馆 2011 年版，第 19 页。

⑤ ［英］洛克：《政府论》（下），叶启芳、瞿菊农译，商务印书馆 2011 年版，第 19—20 页。

于、对立于自身的自然界；2. 想办法消灭、扬弃与自己对立的自然并使之成为自己的东西（消除物的独立性），从而将自身实现出来，而不是停留在空洞的、抽象的人格同一性之中；3. 人通过这种扬弃自然的方式将自然作为自身支配的对象，由此产生了所有权、物权。黑格尔在这里充分肯定了所有权的合理性和必要性："在所有权中，我的意志是人的意志；但人是一个单元，所以所有权就成为这个单元意志的人格的东西。由于我借助于所有权给我的意志以定在，所以所有权也必然具有成为这个单元的东西或我的东西这种规定。这就是关于私人所有权的必然性的重要学说。"①

　　假设现在有一群人，他们生而具有生命权、自由权、自由占有财产的权利，他们将如何来标注自己的占有呢？洛克认为谁对自然物施加了劳动谁就当然拥有了该物及其收益的权利。黑格尔认为这当然不错，根据先取先占的原则，物首先是被第一个占据它并对他施加了劳动的人："物属于时间上最先占有它的那个人所有，这是毋庸待言的规定。"② 但除了先占先得之外这个人还可以：1. 直接占有物；2. 使用物；3. 转让物。这个人以身体的方式把握了这个物使别人都夺不走它，甚至他还可以借助工具的帮助扩大对该物的占有和把握方式。但是不管怎么说一个人能直接把握的物总是很少的："这种占有方式仅仅是主观的、暂时的，而且从对象的范围来说，以及对于对象的质的本性之故，都受到极大的限制。"③ 所以除了以身体直接把握的方式外我还可以将物标记为我的东西："当我把握某物给某物以定型时，其最终意义同样就是一种标记，这种标志的目的对于他人来说，在于排斥他人并说明我已经把握我的意志体现于物内。"④ 假设这个人现在以直接把握、劳动或给物打上了属于他的独特印记的方式向他人宣

---

① ［德］黑格尔：《法哲学原理》，范扬、张企泰译，商务印书馆2009年版，第55页。
② ［德］黑格尔：《法哲学原理》，范扬、张企泰译，商务印书馆2009年版，第59页。
③ ［德］黑格尔：《法哲学原理》，范扬、张企泰译，商务印书馆2009年版，第62页。
④ ［德］黑格尔：《法哲学原理》，范扬、张企泰译，商务印书馆2009年版，第66页。

告了他对该物的私人所有权，那么别人应该尊重物里所体现的他的个人意志。以土地的开垦为例，这个人通过自己的劳动改变了土地的形态，并将自己的意志注入了这块土地，那么别人就不应该再打这块土地的主意。在洛克看来："这种开垦任何一块土地而把它据为己有的行为，也并不损及任何旁人的利益，因为还剩有足够的同样好的土地，比尚未取得土地的人所能利用的还多。"① 那么另一个人就应该去开垦另外一片土地，这点毫无异议。不仅如此，黑格尔还认为这个人不仅可以取得对此物的所有权，而且是整个的、完完全全的所有权："所以谁使用耕地，谁就是整个耕地的所有者。如果就此对象承认另外一个所有权，这是空洞的抽象。"② 在黑格尔看来这块土地属于这个人是由于他的整个意志都贯穿在这块土地上，而不是部分的、暂时的占有："所以所有权本质上是自由的、完整的所有权。"③

我作为此物的所有人既可以将我的意志注入其中，占有它，也可以撤销我的意志："所有权上偶然的方面是，我把我的意志放入这一物，在这种情况下，我的意志是随意的，以至我可以同样把我的意志放入其中，或者也可以不这样做，也可以将它撤回。"④ 如果这个人持有对某物的所有权，按其本性，他既可以放弃对此物的占有，也可以转让给别人。"我可以转让自己的财产，因为财产是我的，只是因为我的意志体现在财产中。我之所以这样做，只是因为物按其本性来说是某种外在的东西。"⑤ 又由于物的存在实际上是"为他的存在"，谁将其意志（或劳动）注入其中谁就拥有它，所以意志就成为了所有权的真正定在。而物的转让其实就是意志之间转让："这种意志对意志的关系就是自由赖以获得定在的特殊的和真正的基础。这种中介

---

① ［英］洛克：《政府论》（下），叶启芳、瞿菊农译，商务印书馆2011年版，第21页。

② ［德］黑格尔：《法哲学原理》，范扬、张企泰译，商务印书馆2009年版，第68页。

③ ［德］黑格尔：《法哲学原理》，范扬、张企泰译，商务印书馆2009年版，第68页。

④ ［德］黑格尔：《哲学科学全书纲要》（1830年版），薛华译，北京大学出版社2010年版，第351页。

⑤ ［德］黑格尔：《法哲学原理》，范扬、张企泰译，商务印书馆2009年版，第73页。

构成了契约的基础。"① 在这种转让过程中我的意志变成了具有外在
必然性和客观定在的东西。转让契约于是具有三个特性：1. 从任性
出发②；2. 这种契约所达成的一致只是两个特殊意志的合意，"仅仅
是共同意志"③；3. 契约的客体是个别外在物④。

现在我们假设此物的所有人可以任意地与另一个人就此物达成契
约，那么他可以送给别人（赠予契约）；或者跟别人做交换（交换契
约）；或者以此物作担保或抵押给别人（用设定担保来补足契约），由
此产生了两个意志，他们由于契约的中介而初步达成了合意，成为了
"共同意志"。而"共同意志"与"普遍意志"是有区别的："但是这种
同一的意志只是相对的普遍意志，被设定为普遍意志，从而仍然是与特
殊意志相对立的。"⑤ 由于契约中的意志是"任意的"，而且是"特殊
的"意志，双方只是专注于追求和实现自己的利益，那么由不履行契约
而产生的权利和给付义务就有可能导致"不法"。"契约中的合意固然

---

① ［德］黑格尔：《法哲学原理》，范扬、张企泰译，商务印书馆2009年版，第80页。
② 转让契约里的个人意志是任性的，这是由于："在直接的人之间的相互关系中，他
们的意志一般来说虽然是自在地同一的，而且在契约中又被他们设定为共同意志，但仍然
是特殊意志。因为他们都是直接的人，所以其特殊意志是都与自在地存在的意志相符合，
乃是偶然的事情。"［德］黑格尔：《法哲学原理》，范扬、张企泰译，商务印书馆2009年
版，第90页。
③ 这种意志的特殊性在于：它作为一个特殊意志在契约中既有可能与其他意志是同一
的，也有可能是不同一的。双方虽然在立定契约时本义是产生共同意志，但是作为合意的
意志产生的给付权利却是不确定的。如费希特认为给付权利应该维持到给付的时候才生效，
契约签订时并未生效，在这里便产生了意志的分歧。此外，还应该注意到"特殊意志"和
"普遍意志"的区别，契约中所达成的意志始终是"特殊的"、"个人的"，这种意志追求的
是个人的福利和需求，与追求普遍福祉的普遍意志要区别开来。［德］黑格尔：《法哲学原
理》，范扬、张企泰译，商务印书馆2009年版，第82—87页。
④ "我可以把我的身体和精神的特殊技能以及活动能力的个别产品赠予他人，也可以
把这种能力在一定时间上的使用转让于他人。"又由于："那些构成我的人格的最隐秘的财
富和我的自我意识的普遍本质的福利，或者更确切地说，实体性的规定，是不可转让的。
这些规定就是：我的整个人格、我的普遍的自由意志、伦理和宗教。"我们可以看到黑格尔
在这里讨论的都是对于"物"的关系以及对于"物"的转让，契约里所涉及的只能是
"物"而不能包含任何"人格"或"意志"，所以契约一节里讨论的所有内容都是一种对
"物"的关系。［德］黑格尔：《法哲学原理》，范扬、张企泰译，商务印书馆2009年版，
第75、73页。
⑤ ［德］黑格尔：《法哲学原理》，范扬、张企泰译，商务印书馆2009年版，第90页。

产生请求给付的权利，然而给付又依存于特殊意志，而特殊意志本身可能违反自在地存在的法而行动。所以这里就出现了早已存在于意志中的否定，而这种否定就是不法。"① "由于缔约者在契约中尚保持着他们的特殊意志，所以契约仍未脱离任性的阶段，而难免陷于不法。"②

到这里，我们已经勾勒出洛克的逻辑：由于人人生而具有自由、生命权和占有财富的权利，按照此逻辑，有占有财富的权利当然有转让财富的权利，有契约当然有违约。按照洛克的逻辑，不管是违约的人还是侵犯他人财产的人都是野兽，不应理睬。就此问题洛克谈道："如果人在自然状态中是如前面所说的那样自由，如果他是他自身和财产的绝对主人，而不受任何人的支配，为什么他愿意放弃他的自由呢？回答：虽然他在自然状态中享有那种权利，但这种享有是很不稳定的，有不断受别人侵犯的威胁。"③ 根据洛克，由于自然状态中的人缺乏法律、仲裁者和对仲裁的执行，所以，"理性的个人也许也会接受人格权、财产权和契约等规范的约束，但是这些特殊的个人到底会不会真正地以以上规范作为自己行动的原则是值得怀疑的。他们也很有可能试图去袭击、奴役别人，偷窃或破坏别人的财产，或者会破坏合约。"④ 在这里，洛克也已经看到了单纯的天赋权利说的局限性，天赋的权利也需要现实的强制性的力量去执行。对此，洛克说由于不法的存在于是人们只好组成共同体来保卫自己的财产，在第二节末尾，黑格尔也以"不法"结束了对洛克理论的描述。

## 第四节　由"不法"到国家的理由

我们发现，在"抽象法"第一节和第二节里始终是在处理人与

---

① ［德］黑格尔：《法哲学原理》，范扬、张企泰译，商务印书馆 2009 年版，第 90 页。
② ［德］黑格尔：《法哲学原理》，范扬、张企泰译，商务印书馆 2009 年版，第 90 页。
③ ［英］洛克：《政府论》，叶启芳、瞿菊农译，商务印书馆 2011 年版，第 77 页。
④ Dudley Knowles, *Routledge Philosophy Guidebook to Hegel and the Philosophy of Right*, Routledge, 2002, p. 138.

"物"的关系（劳动：人—自然），契约里谈的也是如何来处理"物"的问题（人—物—人）。由于"任何一种权利都只能属于人的，从客观说，根据契约产生的权利并不是对人的权利，而只是对在他外部的某种东西或者他可以转让的某种东西的权利，即始终是对物的权利"①。在契约里人与人的关系是次要的，人与物的关系是首要的，以至于在抽象法里人成了实现"物"的手段，契约是一个人同物发生关系的中介，而另一个人直接成了此中介的手段，这样谈论问题的

_____

① ［德］黑格尔：《法哲学原理》，范扬、张企泰译，商务印书馆2009年版，第49页。实际上黑格尔在这里还隐含了对近代主体哲学的批判。笛卡尔开启了一种全新的主体哲学，这种哲学将万物由"自我"推导出来：因为我思所以我在，因为我在所以世界也在。这种由我推及世界的方式带来了哲学方法论和政治哲学方法论的全新突破。在哲学层面上世界是由"我思"建立起来的，其中集大成者是康德的建构论；在政治哲学上带来了一种"个人主义"学说。即世界是由"我"及人，先有我再有人，先有我的权利，再有世界的规则，进而可以说世界的规则得先考虑我的权利，世界的规则根据我的规则来设立，凡不满足我的规则者肯定不是合理的规则。黑格尔则认为这里面遗漏了重要的一点："他人"及"他人"的承认。在黑格尔看来，"抽象法"和道德是这种近代主体哲学的政治学方法论集大成者："抽象法"不把他人当成目的来承认；道德篇力求排除世界和他人好躲进一个真空的、反思的、道德的世界。黑格尔则问道：世界上到底有没有这样的纯粹真空的世界来实现这个"主体"的权利？主体的权利难道单凭自我宣称和自我反思就能达到了么？"他人"对于主体来说到底又应该处在一个什么位置？"他人"对主体来说难道仅仅是可有可无，任凭主体摆布的稻草人么？在黑格尔看来这两章都互为主体哲学的一体两面，所以这两章的批判也是一体两面的，都只局限于形式性的知性理论而已。另外，我们可以参考泰勒对经验主义和先验主义的评论：泰勒认为霍布斯带来了一种经验主义的新理性秩序。因为人类一方面是理性的主体，同时也是欲望的主体。而理性的重要功能是计算，政治义务的基础是主体以其明慎的计算能力做决定，决定自己要不要接受统治。对于这一自我界定的主体，义务只能由他自己的意志来产生。他做决定是要满足欲望：第一秩序的欲望（逃避死亡是第一自然律）要得到满足，而满足即幸福。另外，他对先验主义秩序的批判是：康德对功利主义理性观的反动是力图摆脱这种对自然的依赖和束缚。摆脱自然的意志是真正的自由意志，即道德主体。因其仅仅听命于它自身的意志。自律就是摆脱外物的束缚。康德避免从事物的实然下手，既不诉诸观念的秩序，也不诉诸种种欲望。但康德的自由只有形式的一维，他的具体政治理论还是不得不求助于功利主义的设定：社会还是由原子式的个人所组成的追求快乐的个体，他们各自追求自己的目标，道德和理性是外在地加诸个体的约束。康德的道德世界完全是个人化的，个人执着于他对世界的理解，他只服从内心的法庭和规范，而这些规范往往超乎现实，反省的个人属于道德界。例如：斯多葛派、上帝之城，还有哲学家的城堡。在这种观点看来一个人最重要的是他个人的行为而不是在共同体中的行为。我们认为泰勒对于经验主义和先验主义的批判也是对形式性的个人主义的批判。［加］查尔斯·泰勒：《黑格尔》，张国清、朱进东译，译林出版社2002年版。

方式最后必将导致人沦为手段。① 既然所有人都只是我实现自身欲望的手段，人们肯定会不择手段地去实现他的欲望，这里面就已经隐含了不法的逻辑。

在洛克所假设的环境里，由于存在的都是个人的、特殊的意志，这种特殊意志以自己的私利为其追求目标，纵然每个人所应当享有同等的权利（自由权、生命权、财产权），但个人在追求个人利益最大化的过程中难免导致不法，如对契约的违约、不给付，欺骗或者产生对所有权权原的争执，严重时将产生欺诈、犯罪、侵犯和谋杀。由于人人都以自己的特殊利益为目标，又由于法律和仲裁机构的缺乏，最后对于所有权的争执将情况从洛克最初所设想的人人和平共处、平等且自由的乐园一下子推入了霍布斯的起点"一切人反对一切人"的状况。

在第三节"不法"的开头，黑格尔描述到权利所有人之间对于权利的要求是任性而自私的，由于权利产生的不确定性以及"同其他种种个人的一种众多关联便有多种法权的根据"②，又"因为意志自在地是普遍物，所以只要他人承认，就可以成为权原。但是权原是相互外在和多种多样的，因而就同一权原可能属于各个不同的人，每个人会根据其特殊的权原而认该物为其所有。于是就产生了权利冲突"③。也就是说，由于一个东西可以在时空中属于不同的人，为不同的人所占有，这样当然会导致权原的纷争，而陷入争执之后就很有可能导致犯罪。所以根据黑格尔，人与物的关系从来不是最重要的，人与人的关系才是问题所在（承认：人—人）。④ 这种情况产生的原因是"当

---

① Seyla Benhabib, *Natural Right and Hegel：An Essay in Modern Political Philosophy*, Yale University, 1977, Chapter Five. Benhabib 认为黑格尔的财产理论与洛克等人的理论相区别的重要方面在于黑格尔将财产关系奠基在人人之间的承认上面，而不像洛克奠基在人与物的劳动关系上面。

② ［德］黑格尔：《哲学科学全书纲要》，薛华译，北京大学出版社 2010 年版，第 352 页。

③ ［德］黑格尔：《法哲学原理》，范扬、张企泰译，商务印书馆 2009 年版，第 93 页。

④ Seyla Benhabib, *Natural Right and Hegel：An Essay in Modern Political Philosophy*, Yale University, 1977, Chapter Five. Seyla Benhabib 认为个人对权利主张并不能成为权利的来源，个人权利来源不能从一个虚构的小说里"逻辑地"、"在先地"、"任意地"推断出来。

事人对法的承认是跟他们之间相互独立的特殊利益和观点有联系的。这里所存在的意志尚未从直接性中解放出来，以至于作为特殊意志它尚未以普遍意志为其目的"①。这种情况下发生的争执是属于"无过意的犯罪"，属于民事诉讼的范围。比如在一场争端中当事人根据各自的利益和诉求对物权提出各自以为正义的要求，个人站在自身的角度来考虑问题的方式正是典型的"抽象法式"的方式。所以："有限的和特殊的东西的本性在于为偶然性留余地。在这里我们既然处于有限的阶段，冲突的发生是势所必然的。"② 但是这里所发生的不法还是轻微的不法，是因为每个人希望从他自己的角度去承认法而已。

除了"无过意的犯罪"之外还有可能出现针对契约的不法，比如说违约和欺骗签约人，"该契约作为双方自由合意而就这个物按其直接单一性进行交换说来，固然十分正当，但在其中欠缺自在地存在的普遍物这一方面"③，但是"在契约中被贬低为意志的单纯外在共同性的时候，就发生了欺诈"④。虽然双方在签订契约时达成了某种一致，但是由于这里的意志还处于特殊的、任性的状态，还"欠缺自在地存在的普遍物这一面"，所以就有可能出现违约或欺诈。由于在欺诈里法遭到了破坏，因此就得追究责任。

最后，最严重的犯罪是强迫，将他人的意志或身体置于暴力占有或侵犯中。作为一个人，他的身体和他的所有物都是可以被他人侵犯的："自由人所实施的作为暴力行为的第一种强制，侵犯了具体意义上的自由的定在，侵犯了作为法的法，这就是犯罪，也就是十足意义的否定的无限判断。"⑤ 由于我的所有物或我的身体被人否定，这就进入了刑法的领域。

在洛克那里，"权利"是一种假设的、抽象的权利，它指的是从

---

① ［德］黑格尔：《法哲学原理》，范扬、张企泰译，商务印书馆2009年版，第93页。
② ［德］黑格尔：《法哲学原理》，范扬、张企泰译，商务印书馆2009年版，第94页。
③ ［德］黑格尔：《法哲学原理》，范扬、张企泰译，商务印书馆2009年版，第95页。
④ ［德］黑格尔：《法哲学原理》，范扬、张企泰译，商务印书馆2009年版，第94页。
⑤ ［德］黑格尔：《法哲学原理》，范扬、张企泰译，商务印书馆2009年版，第98页。

一个假定的环境（自然状态）中推演出来的项目。每一个自由的人所能要求的："确切地说，是指每个人可以按照自己的个人判断去追求和行动。由于在原初自然状态中个人的追求在社会上是不受限制的，所以它所致力于要达到的也正是别人所追求的，如一种东西或一个人。"① 原因很简单，好的东西人人都想要。但是从另一个角度来看这是不可能的。好的东西一个人想要，另一个人也想要，在这种情况下肯定就会产生上述冲突。种种问题都导致了一种"不法"的状况。我们说这正是由于假设的、抽象的自由自身带来的二律背反："最初假设的对一切的'权利'，即社会上不受限制的行为自由，最后表明什么权利也没有，也就是对任何东西都无权利。在缺乏社会约束的地方，没有对别人任性的任何限制，也不放任听命于某个人或某个团体，一切都委身于外来的力量。不仅是财产，就连生命、荣誉和各个人的自由空间也根本得不到保护。"② 这种情况下必定既存在着自由，也存在着对自由的侵害。所以无论人们对自然状态到底作何猜想都必须进入共同体。

洛克认为人们进入国家的主要目的是更好地保护个人财产："人们联合成为国家和置身于政府之下的重大的和主要目的是保护他们的财产。"③ "为了避免这些在自然状态中妨碍人们财产的缺陷，人类便联合成为社会，以便用整个社会的集体力量来保障和保护他们的财产，并以经常有效的规则来加以限制，从而每个人都可以知道什么是属于他自己的。"④ 这样的国家是为了"保护他们的生命、权利和财产起见"⑤。它是"最小"意义上的国家，这个国家"必须保护每个

---

① ［德］奥特弗利德·赫费：《政治的正义性：法和国家的批判哲学之基础》，庞学铨等译，上海译文出版社 2005 年版，第 233 页。
② ［德］奥特弗利德·赫费：《政治的正义性：法和国家的批判哲学之基础》，庞学铨等译，上海译文出版社 2005 年版，第 239 页。
③ ［英］洛克：《政府论》（下），叶启芳、瞿菊农译，商务印书馆 2011 年版，第 77 页。
④ ［英］洛克：《政府论》（下），叶启芳、瞿菊农译，商务印书馆 2011 年版，第 86 页。
⑤ ［英］洛克：《政府论》（下），叶启芳、瞿菊农译，商务印书馆 2011 年版，第 86 页。

人的财产"①。"它对于人们的生命和财产不是，并且也不可能是绝对专断的。他们的权力，在最大范围内，以社会的公众福利为限。"②并且这样的国家在征税和取得个人财产的问题上都要得到个人同意。我们认为洛克意义上的国家是有产者为了保护其财产而缔结的，它的主要目的是保护人们的财产。人与国家之间的关系是缔约人的关系，洛克认为国家一旦违约另一方就可以退出契约。国家只是个人的警卫的角色，其他的事情与国家无关。自然权利学说看待国家是以契约来看待人与人、人与物甚至人与国家之间的关系，各个方面执守于特殊利益的一方，这种方式必将产生很多问题。但是很明显，"最小国家"所担当的角色在一个大型社会里是完全不够的。

洛克勾勒出了"最小国家"的政治学说③，而"最小国家"的经济学说则由亚当·斯密勾勒出来，对于后者黑格尔是在市民社会一节里谈到的，黑格尔将斯密的经济学称为"政治经济学"。在斯密的设想中国家是不应该干预经济事务的，国家的存在是为了保证契约的执行和提供一个最基本的、稳定的经济场所，这样的国家设想与洛克的"最小国家"设想一拍即合。④ 下面我们将完整地勾勒出"最小国家"的脉络和主张。

---

① ［英］洛克：《政府论》（下），叶启芳、瞿菊农译，商务印书馆2011年版，第80页。

② ［英］洛克：《政府论》（下），叶启芳、瞿菊农译，商务印书馆2011年版，第84页。

③ 洛克的契约国家有三个要点：第一，由于在自然法下人人享有平等权利，任何人都不会屈服于他人的政治权威之下，除非他自己愿意这么做；第二，保护自然权利是政府的功能；第三，自然权利为政府确立了界限，破坏了公民权利的政府就丧失了要求人民服从的权利。参见［英］洛克《政府论》（下），叶启芳、瞿菊农译，商务印书馆2011年版，第84页。

④ 在现实中，辉格党执政后采用了洛克的"最小国家"加斯密的"自由市场经济"政策。这样的国家在现实中产生了当时欧洲最骇人听闻的贫困问题："但是某些工人家庭在1795年和1825年间所遭受的苦难、不公平和不应有的屈辱，又或从而在他们和英国农业社会结构的关系上所造成的变革，却是不容以任何差堪慰藉的统计数字加以掩饰的。"［英］克拉潘：《现代英国经济史》（上卷），第一分册，姚曾廙译，商务印书馆1997年版，第153页。

## 第五节　契约国家

在"抽象法"这一章里黑格尔展示了自然权利学说的发展过程，他肯定了以下权利：生命权、财产权、自由权。我们可以这样认为：黑格尔是在展示天赋权利理论的演绎过程，它的结论是得出了一个"契约国家"。

黑格尔在《法哲学原理》中多次谈到了"契约国家"，他在第75节谈道："'契约国家说'：近人很喜欢把国家看做一切人与一切人的契约。他们说，一切人与君主订立契约，而君主又与臣民订立契约……但就国家而论，情形却完全不同，因为人生来就已是国家的公民，任何人不得任意脱离国家……所以，国家绝非建立在契约之上，因为契约是以任性为前提的……毋宁说，生存于国家中，对每个人说来是绝对必要的。"① 如果像洛克等自然权利学说家那样把国家理解为由单个的、原子般的个人所任意订立的契约的话："如果把国家想象为各个不同的人的统一，亦即仅仅是共同性的统一，其所想象的只是指市民社会的规定而言。"② 黑格尔在这里指出，洛克式的国家充其量只达到了"准市民社会"的维度，或如同 Stern 所指出的那样，"契约国家"使国家变成了一个公司："洛克和霍布斯以形式法和抽象的、自然的人组成的国家是一个纯粹的合同国。"③ 这个国家的职责是非常狭隘的，其活动仅仅围绕着经济活动来展开，其他的事情国家一概不得介入。这种非常有限的国家职能立即遭到了黑格尔的批评："依照这种观念，国家的使命在于保护与保全每个人的生命、财产和任性，但以不损害别人的生命、财产与任性为限，所以国家只被

---

① ［德］黑格尔：《法哲学原理》，范扬、张企泰译，商务印书馆2009年版，第82页。
② ［德］黑格尔：《法哲学原理》，范扬、张企泰译，商务印书馆2009年版，第197页。
③ Peter G. Stillman，"Hegel's Critique of Theories of Right"，in Hegel：Critical Assessment，Robert Stern ed.，Routledge，1993，p. 315.

视为消除急难而成立的组织。"① 在黑格尔看来，"契约国家"不仅完全忽视了国家本身的伦理性维度，甚至会引发"混乱"："国家的本性也不在于契约中，不论它是一切人与一切人的契约还是一切人与君主的契约。把这种契约关系以及一般私有财产关系掺入到国家关系中，曾在国家法和现实世界中造成极大混乱。"② 因其总以一种"原子主义"的、抽象的方法来看待"个人"和"国家"及两者的关系。按照洛克和斯密的设计，这个国家已经跃然纸上，它的基本模式是"契约国家＋自由市场"。③

我们先来看洛克设立国家的目的和理由："人们联合成为国家和置身于政府之下的重大的和主要目的是保护他们的财产。"④ "为了避免这些在自然状态中妨碍人们财产的缺陷，人类便联合成为社会，以便用整个社会的集体力量来保障和保护他们的财产，并以经常有效的

---

① ［德］黑格尔：《法哲学原理》，范扬、张企泰译，商务印书馆 2009 年版，第 276 页。

② ［德］黑格尔：《法哲学原理》，范扬、张企泰译，商务印书馆 2009 年版，第 82 页。

③ 严格来说，黑格尔对"契约国家"的批判由两个面向组成：一个是洛克的政治学说；另一个是斯密等古典经济学家的经济学说。黑格尔对于前者的批判主要集中在"抽象法"一章，对后者的批判主要集中在"市民社会"一节。黑格尔在"需要的体系"一节里说道："这是在现代世界基础上所产生的若干门科学的一门。它的发展是很有趣的，可以从中见到思想是它的发展是很有趣的，可以从中见到思想（见斯密、塞伊、李嘉图）是怎样从最初摆在它面前的无数个别事实中，找出事物简单的原理（见斯密、塞伊、李嘉图）。"［德］黑格尔：《法哲学原理》，范扬、张企泰译，商务印书馆 2009 年版，第 204 页。Avineri 认为黑格尔在市民社会一章中借鉴和改造了斯密的诸多理论，对市民社会的批判即是对"契约国家"的批判。参见 Shlomo Avineri, *Hegel's Theory of the Modern State*, Cambridge University Press, 1972, 第七章《政治经济学和现代社会》。Wood 在《黑格尔论伦理学》中谈道："1804 年左右，黑格尔对亚当·斯密、穆勒、弗格森等人的著作已经熟悉了，在他们的影响下他将现代社会与早前的社会形式和国家区分开了，因在他看来现代社会是由独立的个人所组成的经济组织，后来他又将现代社会称为：'市民社会'。"载 Frederick C. Beiser ed., *The Cambridge Companion to Hegel*, Cambridge University Press, 1993, p. 215。而卢卡斯在《青年黑格尔》中谈到，黑格尔的政治经济学直接源自亚当·斯密："黑格尔的政治经济学建立在从霍布斯到爱尔维修的启蒙运动之上，特别是建立在亚当·斯密之上。"参见 Georg Lukacs, *The Young Hegel*, Rodney Livingstone trans., London: The Merlin Press Ltd., 1975, p. 481。还可进一步参考 Waszek 的研究：Norbert Waszek, *The Scottish Enlightenment and Hegel's Account of "Civil Society"*, Springer, 1988。

④ ［英］洛克：《政府论》（下），叶启芳、瞿菊农译，商务印书馆 2011 年版，第 77 页。

规则来加以限制,从而每个人都可以知道什么是属于他自己的。"① 这样的国家是为了"保护他们的生命、权利和财产起见"②,"它对于人们的生命和财产不是,并且也不可能是绝对专断的。他们的权利,在最大范围内,以社会的公众福利为限"③。

我们再来看看斯密设立政府的目的:"富人的阔绰,会激怒穷人,穷人的匮乏与愤怒,会驱使他们侵害富人的财产。没有司法官保障庇护,哪能高枕而卧一夜哩。富人随时都有不可测知的敌人在包围他,他纵没有激怒敌人,他却无法满足敌人的欲望。他想避免敌人的侵害,只有依赖强有力的司法官的保护。因此,大宗价值财产的获得,必然要求民政政府的建立。在没有财产可言,或顶多只有值两三日劳动的价值的财产的社会,就不需要设立这样的政府。"④"民政组织的建立,实际就是保护富者来抵制贫者,或者说,保护有产者来抵制无产者。"⑤ 但是这个政府所做的事情是非常少的:"按照自然自由的制度,君主只有三个应尽的义务——第一,保护社会,使不受其他独立社会的侵犯。第二,尽可能保护社会上的各个人,使不受社会上任何其他人的侵害或压迫,这就是说,设立司法机关。第三,建设并维持某些公共事业及某些公共设施。"⑥ 由此,"君主们就被完全解除了监督私人产业、指导私人产业、使之最适合于社会利益的义务。要履行这种义务,君主们极易陷于错误"⑦。而该国家的目的是:"第一,给

① [英]洛克:《政府论》(下),叶启芳、瞿菊农译,商务印书馆2011年版,第86页。
② [英]洛克:《政府论》(下),叶启芳、瞿菊农译,商务印书馆2011年版,第86页。
③ [英]洛克:《政府论》(下),叶启芳、瞿菊农译,商务印书馆2011年版,第84页。
④ [英]亚当·斯密:《国民财富的性质和原因的研究》(下),郭大力、王亚南译,商务印书馆2012年版,第272—273页。
⑤ [英]亚当·斯密:《国民财富的性质和原因的研究》(下),郭大力、王亚南译,商务印书馆2012年版,第277页。
⑥ [英]亚当·斯密:《国民财富的性质和原因的研究》(下),郭大力、王亚南译,商务印书馆2012年版,第253页。
⑦ [英]亚当·斯密:《国民财富的性质和原因的研究》(下),郭大力、王亚南译,商务印书馆2012年版,第253页。

人民提供充足的收入或生计。第二,富国富民。"①

由此我们可以总结出,"契约国家"是以保障所有人的生命和财产安全、实现所有人的权利和自由为其目的的国家。但这种国家只是"最小"意义上的国家,其功能仅限于维护社会稳定和保护现有财产权关系。因为:"国家没有责任去推测社会本质的那些问题,因为每一个个体都只对他自己负责,不论他是哪一个阶层;国家抵制懒惰、放荡的个体对所有权发动暴力攻击的根源,这就是有意义了。"② 在自然权利学说传统中,国家的确是应该最小化的,因为:"它必须不能干预现存所有权关系。"③ "自由主义传统倾向于把国家的角色'最小化',在某种意义上,他甚至于倾向于完全否定国家,把国家降低到私人权利的制度的地位,就像一个股份制公司。"④ "洛克和霍布斯以抽象的/自然的人组成的国家是一个纯粹的合同国。"⑤ 这个国家政府的职责是非常狭隘的,这个国家的活动仅仅围绕着经济活动来展开,而国家只要承担起经济活动守卫的工作就可以了,其他的事情国家一概不得介入。在这个国家里的每个人不言而喻地均享有"抽象法"中所演绎出来的各种抽象权利,其行为的限度是自由的、任性的、几乎不受任何限制的。

我们总结一下自然权利学说式国家的特点:1. 财产权绝对主义。其目的首先是以保护私产为前提的,甚至可以说这是自然权利学说的最基本的要义:"人们联合成为国家和置身于政府之下的重大的和主

① [英]亚当·斯密:《国民财富的性质和原因的研究》(下),郭大力、王亚南译,商务印书馆 2012 年版,第 1 页。

② [意]洛苏尔多:《黑格尔与现代人的自由》,丁三东、汪希译,吉林出版集团有限责任公司 2008 年版,第 99 页。

③ [意]洛苏尔多:《黑格尔与现代人的自由》,丁三东、汪希译,吉林出版集团有限责任公司 2008 年版,第 102 页。

④ [意]洛苏尔多:《黑格尔与现代人的自由》,丁三东、汪希译,吉林出版集团有限责任公司 2008 年版,第 101 页。

⑤ Peter G. Stillman, "Hegel's Critique of Theories of Right", in *G. W. F. Hegel: Critical Assessment*, Robert Stern ed., London: Routledge, 1993, p. 315.

要目的是保护他们的财产。"① 所以财产成为了缔约的理由："财产成为拥有权利和各种自由权的基本资格。"② 而针对财产权的经济原则是自由放任的经济原则,其强调财产权的绝对性和不可侵犯性,任何干预都是不公正的。2. 个人主义。传统政治哲学认为人生来是合群的、政治的动物。③ 而近代自然权利理论认为人生来就是自私的、不合群的动物。在霍布斯看来："人性会使人如此彼此相互异离、易于相互侵犯和摧毁。最糟糕的是人们不断处于暴力死亡的恐怖和危险中,人的生活孤独、贫困、卑污、残忍而短寿。"④ 3. 功利主义。在契约论者看来,人们加入国家是为了更好地保护人身安全和财产安全,国家并不存在先验的或高于个人权利的起源和目的。与其说国家高于个人,不如说国家的一切权力都来自个人。国家是一种用于实现个人目标的工具。4. 平等主义。霍布斯可能是将平等引入政治学的第一人:在自然状态下"我还发现人与人之间更加平等"⑤。当然,霍布斯这里讲的平等是指所有人在面对他人的侵犯和暴力袭击方面都一样平等。洛克对此也谈道:"这也是一种平等的状态,没有一个人享有多于别人的权利。同种和同等的人们既毫无差别地生来就享有自然的一切同样的有利条件,能够运用相同的身心能力,就应该人人平等。"⑥ 5. 契约论。霍布斯和洛克都认为国家是基于个人意愿而签订的,实际上就是代表众人意愿的"契约国家"。这里面没有高于契约本身的其他价值存在。⑦

① ［英］洛克:《政府论》(下),叶启芳、瞿菊农译,商务印书馆2011年版,第77页。
② ［英］安东尼·阿巴拉斯特:《西方自由主义的兴衰》,曹海军译,吉林人民出版社2011年版,第191页。
③ ［古希腊］亚里士多德:《政治学》,吴寿彭译,商务印书馆1997年版。
④ ［英］霍布斯:《利维坦》,黎思复、黎廷弼译,商务印书馆2008年版,第95页。
⑤ ［英］霍布斯:《利维坦》,黎思复、黎廷弼译,商务印书馆2008年版,第92页。
⑥ ［英］洛克:《政府论》(下),叶启芳、瞿菊农译,商务印书馆2011年版,第3页。
⑦ 对自然权利学说的特征参考了Smith的划分。Smith将自然权利学说的特征归结为五个方面:1. 平等主义;2. 个人主义;3. 唯意志论;4. 还原论;5. 普世主义。参考Steven B. Smith, *Hegel's Critique of Liberalism: Rights in Context*, Chicago: University of Chicago Press, 1989, pp. 61-65。

实际上黑格尔将这种的契约论式的国家称为"准市民社会"："如果把国家想象为各个不同的人的统一，亦即仅仅是共同性的统一，其所想象的只是指市民社会的规定而言。许多现代的国家法学者都不能对国家提出除此以外任何其他看法。在市民社会，每个人第一以自身为目的，其他一切在他看来都是虚无。"① 在黑格尔看来，"最小国家"充其量只是达到了"准市民社会"的高度。② 在市民社会中起作用的是知性的思维方式，即将各个部分拆解为一个个分离的状态，在这种制造出来的分离状态、原子状态中以其他原子为手段满足自己的特殊需求。黑格尔提醒我们"不要将这种自然权利的遗产——市民社会和国家的职责混淆起来"③。"黑格尔将这种国家模式称为契约论国家，它把自己等同于市民社会，在这里起作用的是知性的思维模式。知性是处在理性思维方式之前的一种较低级的思维方式，而理性的思维当时只有在国家当中才能看到。知性的思维方式仅仅把人外在的抓拢到一起，而意识不到它内在的原因。"④ "我们在社会契约论的国家理论中所看到的契约的基础是需要，是服务。这里理论的鼓吹者只能在知性层面上考虑问题，而不是在理性层面考虑问题。他们只能看到那些对于国家的存在来说是必要的、物质性的外在关系。正是因为这个原因，所以，他们提不出严格意义上的国家理论，而只能提出关于

---

① ［德］黑格尔：《法哲学原理》，范扬、张企泰译，商务印书馆 2009 年版，第197 页。

② 之所以说"抽象法"阶段只达到"准市民社会"，不仅是因为在黑格尔看来由"准市民社会"到国家还有漫长的"教化"的过程，还因为黑格尔的市民社会里有普遍性的法则起着调和作用。我们认为在黑格尔的市民社会环节里有两条线索：一条是特殊性线索，以追求个人的福利和需求的满足为限；另一条是普遍性的线索，它将特殊性的需求引导到普遍性的目的上去。但是在自然权利学说的"最小国家"中，我们既看不到高于市民社会的环节也看不到在其中有任何普遍性的环节。所以我们只能把它叫作"准市民社会"。具体参见 Peter G. Stillman, "Hegel's Critique of Theories of Right", in *Hegel*, *Critical Assessment*, Robert Stern ed., London: Routledge, 1993, pp. 312 – 321。

③ Shlomo Avineri, *Hegel's Theory of the Modern State*, Cambridge University Press, 1972, p. 142.

④ Shlomo Avineri, *Hegel's Theory of the Modern State*, Cambridge University Press, 1972, p. 143.

市民社会的理论。"①

但是如果我们继续追问到底什么是契约自由，签订契约的人之间是否享有同等砝码？如何保障契约的"现实的自由"而不只是"形式的自由"？我们能说一个童工和工厂主之间所达成的契约是平等的吗？一个人自愿签订的卖身为奴的契约是公平合理的吗？事实上，在今天看起来不合理的事情在洛克和斯密的时代被认为是理所当然的。契约人之间条件的不平等和契约国家的任意性等问题显然还没有进入洛克和斯密的视域，但很显然，这个问题已经进入黑格尔的考虑之中了。于是便有了黑格尔对自然权利学说"形式的自由"的批判。

## 第六节　形式的自由

当我们要回答到底什么才能算作一个人"自由的决定"这个问题时，我们会发现事情相当复杂。我们可以说自然权利学说的基地就建立在这个"自由"概念上，它强调人能自由地不受外物或任何人阻挠地作决定、下判断、签订契约或解除契约。在霍布斯和洛克看来只要这个决定是这个人"自由地"做出的就行了。但是这里的自由还只是停在"任性的"、"形式的"自由维度上。

黑格尔在《法哲学原理》导论中批判了三种流俗的自由构想模式：第一种自由观是只希求可能性的自由，是一种纯无规定性、纯抽象性、无区别的和不希求任何内容的空虚的自由。② 即："我能摆脱一切东西，放弃一切目的，从一切东西中抽象出来"③ 的自由。第二种是进入某个特定内容的自由。也就是说，我能自由地选择、"区分、规定和设定一个规定性作为一种内容或对象"④。我保有从事任何一

---

① ［美］希克斯等：《黑格尔与普世秩序》，邱立波译，华夏出版社2009年版，第145页。
② ［德］黑格尔：《法哲学原理》，范扬、张企泰译，商务印书馆2009年版，第5页。
③ ［德］黑格尔：《法哲学原理》，范扬、张企泰译，商务印书馆2009年版，第15页。
④ ［德］黑格尔：《法哲学原理》，范扬、张企泰译，商务印书馆2009年版，第16页。

种活动或追求一个特定目标的能力。这是对第一种自由的否定和扬弃。第三种是既能自由选择地进入同时还能自由地退出的自由："意志可以把已经决定选择的东西同意再予以放弃。"① 这种既能自由进入还能自由退出的自由也同样只是一种抽象："即无规定性——优柔寡断或无内容的抽象——只是意志的另一个同样片面的环节。"② 但是"我既然具有可能这样或那样地来规定自己，也就是说，我既然可以选择，我就具有任性，这一点就是人们通常所称的自由"③。

从上面三种流俗的对自由的构想中我们可以得到以下结论：首先，如果我要始终保持我的自由选择之形式不受损害，也就是说，不停留在任何"特定"选择当中，那么我只能始终保持在空想和冥想当中，因为我一旦行动就摧毁了任何潜在的选择。其次，如果我打算进入某一特定选择，那么我一定要下定决心使自己成为某种"短缺"的东西、成为某种特定的人。但是我始终不能确定我是否满意一直坚守在这种承诺当中。最后，所以我只能停留在不做任何决断的"为所欲为"的自由感觉中。但是由于"当下"的决断为各种冲突的欲望所挟持，"它们彼此阻挠，其中一个的满足必然要求另一个的满足服从于它，或者要求另一个牺牲其满足，如此等等。由于冲动除了它的规定性之外没有其他方面，从而它自身没有尺度，所以规定使另一个服从或牺牲，只是出于任性的偶然决断"④。这种传统自由主义对自由的构想最终将陷入它自身的矛盾当中，要么始终做不了决断，要么将遭受自身欲望的永无止境的冲突矛盾。在这里，传统自由主义对自由的构想的局限性就显示出来了："任性这一矛盾是作为各种冲动和倾向的辩证法而显现出来的。"⑤ 它并不能像自己先前所设想的那样"自由地"选择。根据它自身的逻辑，"因为它只是在形式上无限

---

① ［德］黑格尔：《法哲学原理》，范扬、张企泰译，商务印书馆 2009 年版，第 27 页。
② ［德］黑格尔：《法哲学原理》，范扬、张企泰译，商务印书馆 2009 年版，第 27 页。
③ ［德］黑格尔：《法哲学原理》，范扬、张企泰译，商务印书馆 2009 年版，第 26 页。
④ ［德］黑格尔：《法哲学原理》，范扬、张企泰译，商务印书馆 2009 年版，第 28 页。
⑤ ［德］黑格尔：《法哲学原理》，范扬、张企泰译，商务印书馆 2009 年版，第 28 页。

的，所以它的本性和外部显示的种种规定方面，它是受这种内容的束缚的"①。自然权利学说的自由观就有赖于这种对形式的自由的构想，并且它依赖于这种内部或外部的内容的规定。

在自然状态中，也就是在"抽象法"对自由的设想中，自由将始终遭受它自身内在逻辑的折磨，最后分崩离析。因为它所要求的只是"无法无天"的、"任性"的自由，而任性本身又是没有尺度的，所以它最后必然要陷入不法当中。"在现代曾经而且还在自命为哲学的东西，就可以垂手得到如下格式：人在自身中找到他希求的权利、财产、国家等等这一意识实施。在这里是以冲动的形态表现出来的。"②通过对自然权利学说"形式的自由"理论的分析，黑格尔准确地将洛克的自由构想定位于只是依赖于外物的、自然的、冲动的和任性的自由。这种自由观是一种最浅薄的自由观，还"处于直接的无教养状态中的人"③，而对处于这种状态的人需以教养去除其粗糙性和野蛮性。

我们发现，自然权利学说并不能将其大厦建立在其自由观上。根据我们的分析，一个人并不能像自然权利学说所许诺的那样"自由地"下决定、做判断。他的判断总是受各种外部或内部因素的影响：从外部来看是受环境、偶然、运气等因素的影响；从内部来看是受其本性的影响。因为从根本上来说，这个"自然人"还学不会自由，他所谓的自由是一种任性，而任性恰恰是离自由最远的东西。

分析至此，如果我们再来问问先前那个问题：到底一个人要怎样才能"自由地"做决断？我们就会发现洛克、霍布斯的自由学说根本不能胜任这个问题。一个人的确会做出某种决定，但是这个决定是任性的，他也受制于各种环境和外在因素的影响，还谈不上是自由的。

---

① ［德］黑格尔：《法哲学原理》，范扬、张企泰译，商务印书馆 2009 年版，第 25 页。
② ［德］黑格尔：《法哲学原理》，范扬、张企泰译，商务印书馆 2009 年版，第 29 页。
③ ［德］黑格尔：《法哲学原理》，范扬、张企泰译，商务印书馆 2009 年版，第 29 页。

## 第七节　形式的自由和实质的自由

在黑格尔看来自然权利学说所描述的国家只具有"形式的自由"，其"最小国家"的设想只是达到了"准市民社会"的层面，而市民社会只是一种社会制度、经济制度和法律制度的体系，而人们建立这样一种体系仅仅是为了追求这些人的福利，比如说，追求是生命、权利、财产、契约和快乐这些东西。在市民社会里人只是作为经济性的存在者而不是政治性的存在者，并将国家视为他的限制者，在他们看来国家的角色是很可疑的，国家要么是想要处心积虑地吞并个人财产，要么是想要干扰和妨碍个人的自由并设置市场壁垒、妨碍市场运转自由。

契约国家的职责只是保护自然状态中的个人权利。首先，其国家当中的"个人"只是抽象的、任性的个人，只是在市场中带上了"人格"的面具，他们只是拥有形式的自由；其次，对于这个抽象的个人来说，道德或历史都是无关的，他们可以做任何他们有权利做的事情；最后，"抽象法"中的个人所拥有的自由其实是狭隘的自由，因其意志是任性的意志，所以是没有内容的。在这一点上，无论是霍布斯、洛克还是密尔都认为自由的内容是不重要的。这种自由只是有限的自由，不是真正的自由："如果一个旅行者只能在以自己的行李去换取快要渴死之际能得到的救命的水中间作选择，这样的自由又有什么意义呢？如果一个在暴政统治之下的人只能选择是要以失去家庭和财产为代价去反抗暴君的权利或者选择被暴君统治的权利，这根本不能被算作真正的选择。对于霍布斯来说，这属于个人自由的选择……但是他们所选择的内容已经被给定了，在这个意义上来说他们是不自由的。"[1] 而洛克和霍布斯、斯密所构建的国家想要保存的正

---

① Peter G. Stillman, "Hegel's Critique of Theories of Right", in *Hegel*, *Critical Assessment*, Robert Stern ed., London: Routledge, 1993, p. 315.

是这种任性的、形式的自由。在"最小国家"中人人都能自由地与他人达成契约或协议，但是对于弱者来说虽然有自由签订契约的权利，但他根本没有议价的权利，他只有接受给定条件的权利；他虽然有选择自由的权利，但是他会发现他根本无从选择。契约人之间条件的不平等的问题显然还没有进入洛克的视域，因为洛克认为资源和土地是无限的，似乎所有人都能成为有产者。[①] 但是在黑格尔的时代，一切东西已经皆有主了，就连美洲也已经被人占据了。

　　在意志这个问题上，我们看到霍布斯、洛克、密尔等人似乎认为自由意志就是个人做出个人的选择，而不论这个选择是否出于任性的、冲动的或是偶然的原因做出的，也不论这个意志的内容是什么，更不论这个意志背后给定的条件是什么。[②] "一种交易，只要是一个人自愿的，就不算对他不公正。也许是这样，但是现在的问题是，一方并非自愿。交易是强迫的交易。弱者表示同意的方式，就好比一个十足掉进深渊的人同意把他的所有财产送给那个不肯按照弱者的条件扔给他一根绳子的人。这不是真正的同意。真正的同意是自由的同意，充分的同意自由意味着缔约双方的平等。"[③] 而一个人利用其有利条件迫使另一个人接受对其有利的条件不能算作真正平等的契约。在霍布豪斯举的这个例子里我们能看出，只有"形式的自由"、"选择的自由"、"消极的自由"本身并不能构成达到自由的真正条件。

　　对此，斯密已经看出了这个问题："劳动者的普通工资，取决于劳资双方所订的契约。这两方的利害关系绝不一致。劳动者盼望多得，雇主盼望少给。雇主的人数较少，团结较易，加之，他们的结合为法律所认可，也不受法律所禁止。但劳动者的结合却为法律所禁

---

　　① 洛克生活于地理大发现的时代，那时人们刚刚发现了美洲，英国的穷人完全可以去新大陆开垦土地发财致富。所以洛克断定穷人要为自己的贫穷而负责，因为他完全可以去其他新大陆发财致富，唯一使他贫穷的原因是他不肯挪动自己的脚。

　　② 参考 Peter G. Stillman, "Hegel's Critique of Theories of Right", in *Hegel*, *Critical Assessment*, Robert Stern ed. , London：Routledge, 1993.

　　③ ［英］霍布豪斯：《自由主义》，朱曾汶译，商务印书馆1996年版，第44页。

止。在争议中，雇主总比劳动者更能持久。地主、农业家、制造者或商人，纵使不雇用一个劳动者，亦往往能靠其继续维持一两年生活；失业劳动者，能支持一个星期生活的已不多见。"① 在这种情况下，劳动者"为求快速解决，他们老是狂呼呐喊，有时甚至运用极为可怕的暴力。他们处于绝望的境地铤而走险，如果不让自己被饿死，他们就得迫使雇主立刻答应他们的请求。而同时，雇主也喧呼呐喊，请求官府援助，要求严厉执行取缔工人结合的严峻法规"②。最后，"部分由于官府干预，部分由于雇主较能坚持持久，部分由于劳动者为了目前生计不得不屈服，往往以为首者受到惩罚或一败涂地而告终"③。斯密也认为在争议中"雇主常常居于有利地位"④，劳动者几乎没有议价的权利。斯密实际上已经提出了缔约人之间条件不平等的问题。也就是说，工厂主和工人之间的议价能力并不平等，工厂主对于工人有更大的伤害权和议价权，这使得工人最后不得不接受工厂主的条件。

在这种情况下如果坚持李嘉图的工资铁律："像契约一样，工资应该在公平自由的市场竞争中决定，不可加以法律限制。"⑤ 而对流离失所的贫民而言重要的是："以限制他们人数的增加，减少他们不谨慎的早婚。"⑥ 同时"开导人民，使知自立价值，教导贫民，使能

① ［英］亚当·斯密：《国民财富的性质和原因的研究》（上），郭大力、王亚南译，商务印书馆 2012 年版，第 60—61 页。

② ［英］亚当·斯密：《国民财富的性质和原因的研究》（上），郭大力、王亚南译，商务印书馆 2012 年版，第 61—62 页。

③ ［英］亚当·斯密：《国民财富的性质和原因的研究》（上），郭大力、王亚南译，商务印书馆 2012 年版，第 62 页。

④ ［英］亚当·斯密：《国民财富的性质和原因的研究》（上），郭大力、王亚南译，商务印书馆 2012 年版，第 62 页。

⑤ ［英］大卫·李嘉图：《政治经济学及赋税原理》，郭大力、王亚南译，译林出版社 2011 年版，第 48 页。

⑥ ［英］大卫·李嘉图：《政治经济学及赋税原理》，郭大力、王亚南译，译林出版社 2011 年版，第 49 页。

自给，告诉他们，谨慎远虑，这样才能逐渐达到比较健全的状况"①。显然单靠自救是不够的。在《英国现代经济史》的作者克拉潘看来，对于穷人而言，贫困可能并不仅仅被归功于穷人自身的懒惰，而是有着制度性的原因："由于供求的不平衡，贸易的周期起伏所加给手织机织工的痛苦比其他任何部分的工业人口都大。原料的五分之四既来自一个国家，而这个国家和英国的商业关系又是极重要而又不稳定的，其主要市场又在世界的彼端，完全视年成、税则、季候风和鸦片战争而定，所以棉布工业必须承担这种盲目变动的国外需求和特别不稳定的国内需求的日积月累的影响。官方调查员都能写出'所受痛苦是难以置信或难以想象'的话语。"② 而"所有各行各业都遭到了反复的失业和就业不足的情况"③。这些问题显然靠工人自救是不能解决的，它们是系统性的和制度性的问题。也就是说，在一个现代社会中存在着广泛的国家分工，风险都是系统性和不确定的。要求个人去抵御和防范这些风险都是不现实的。

又比如在劳动者为了争取 12 小时工作时间等问题上面斯密也曾表达了对劳动者要求的正义和同情之意，但尽管斯密看到劳动者跟雇主比较起来没有平等的议价权，他也没有要求政府干预。④ 在 18 世纪，工人阶级和弱势阶级都没有与雇主议价的权利，虽然照自然权利学说看来他们拥有无可置疑的选择权利和契约自由，但是"工人们很快就会发现根本没有任何自由"⑤。他们有的是接受雇主契约的自由，

---

① ［英］大卫·李嘉图：《政治经济学及赋税原理》，郭大力、王亚南译，译林出版社2011 年版，第 49 页。
② ［英］克拉潘：《现代英国经济史》（上卷），第二分册，姚曾廙译，商务印书馆1997 年版，第 749 页。
③ ［英］克拉潘：《现代英国经济史》（上卷），第二分册，姚曾廙译，商务印书馆1997 年版，第 752 页。
④ 华斯泽克认为斯密已经看到了这个问题并表现出了犹豫和担忧，但是最终斯密并没有完全倒向国家干预主义。但华斯泽克认为纵然斯密在这个问题上没有给出好的解决办法，他也在侧面激励了黑格尔去进一步思考这个问题。Norbert Waszek, *The Scottish Enlightenment and Hegel's Account of "Civil Society"*, Springer, 1988, pp. 218 – 224.
⑤ ［英］霍布豪斯：《自由主义》，朱曾汶译，商务印书馆1996 年版，第 41 页。

但没有提出自己条件的自由。这种情况清楚地展现了自然权利学说的局限：因其自由只是形式的自由，还停留在任性的、偶然的、抽象的自由上。所以在该条件下根本就不存在签订平等契约的条件。正如拉萨尔所观察到的："自由主义要求的权利……从不是为个人本身，而总是为了特定情境下的个人，一个纳税的个人，一个有资本的个人，等等。"① 约翰·斯威特夫重申了自由主义的财产权定义："在一个自由的国度，法律是或者应该是那些国内拥有财产的大多数人的意志。"②

黑格尔从来没有划定国家干预所有权的界限，这与自然权利学说维护所有权神圣不可侵犯的路径是不一样的。③ 按照黑格尔，自由有两种形式："一方面是关于自由的内容——它的客观性——事物的自身；另一方面是关于'自由的形式'，包括个人行动地认识他自己。"前一方面代表了自由的实质性的、普遍性的、现实性的一维，它通过国家的、伦理性的机制来实现人的自由；而后一方面是个人作为特殊性的主体，并由个人任意的追求他的福利和目的。黑格尔指出形式的自由并不与客观的自由相冲突，恰恰相反，形式的自由是客观的自由的基地，客观的自由唯有在形式的自由的基地上才能建立起自身，这即是说，抽象的法律环节是国家的必不可少的一个环节，我们切不可把二者对立起来。但是我们也要看到，在特定条件下，形式的自由与

---

① ［意］洛苏尔多：《黑格尔与现代人的自由》，丁三东、汪希译，吉林出版集团有限责任公司 2008 年版，第 154 页。

② ［英］安东尼·阿巴拉斯特：《西方自由主义的兴衰》，曹海军译，吉林人民出版社 2011 年版，第 218 页。

③ 阿维涅认为黑格尔的确持一种国家干预主义的立场："一旦发生某些国家必须干预的问题时，不能依照古典经济学家的建议那样坐等'看不见的手'（hidden hand）而是要通过可见的和有意识的监控和指导。"但是阿维涅同时指出这种干预是有限度的："黑格尔认为国家对市场只能通过税收干预（price controls）而不是直接干预经济本身……黑格尔的立场很微妙，如果让国家退出市场那将会使许多人失去保护，而如果让国家直接解决市场的问题又会取消国家和市场之间的界限。所以国家只能以中介的形式干预市场。"实际上，早在耶拿时期黑格尔就已经持国家干预主义的态度了。Shlomo Avineri, *Hegel's Theory of the Modern State*, Cambridge University Press, 1972, pp. 150 - 151.

客观的自由之间会产生某种矛盾和冲突。①

　　黑格尔在处理形式的自由的问题时脑子里想到的是英国的情况："英国的宪法乃是若干纯粹特殊权利的复合物：政府在本职上属于行政管理性质，那就是说，保护所有一切特殊阶层和阶级的利益；每一个特殊的教会、郊区、县、乡、社会都是自己照料自己，所以严格地说起来，英国政府在世界各国政府内，可以做的事情是最少的了。这就是所谓的英国自由的特征。"② 黑格尔认为，自从封建社会以来英国基本上没有在这上面取得什么进展，它的宪法也没有什么变化，它仅仅是建立在封建特权的基础上的。"由于封建特权，所以黑格尔认为英国的自由是形式的，他忽略了原则的普遍性。"③ 而坚持这种抽

---

　　① 例如，在封建制度下，某些国家虽然已经有了宪法和国会，但它们也只是被用作保护特权和特别阶级的工具而已。例如，黑格尔在《历史哲学》中所谈到的波兰的例子，波兰国会的讨论当然是形式自由的一维，但它却把这种自由用作肯定农奴制和地主权来使用，它将自身保持在一种非自由的抽象环节中，并没有从这个环节中走向客观的自由。［德］黑格尔：《历史哲学》，王造时译，上海书店出版社 2001 年版，第 43 页。除此之外，我们还应该看到有一种自然法是为现存的、实定的东西做辩护的："这种契约论把现状关联到一个过时的契约。"自然法概念自来就有一个内在的困难：如何将自然不用作为过时的、倒退的、实定的东西做辩护？如黑格尔在《法哲学原理》中所批判过的卡尔·路德维希·冯·哈勒就认为自然法是："自然界的法则是以丛林法则所支配的一个胜者为王、败者为寇的世界。"黑格尔的学生在后来有一次回答记者道："把自然概念抽象地应用于实践哲学，只能走向最有权势的人的权利。"黑格尔对自然法的这个内在困难做出了他的独到的补充，他将自然看作两个维度：第一自然（原初状况、暴力状况、弱肉强食、战争状态以及权力真空）和第二自然（人的实体性的、不可剥夺的本质）。第一自然的状况包含：奴隶制、专断的君主制即封建制；而第二自然是进步的结果，是由人自己斗争而来的结果，斗争的结果是人在第二自然中获得了他的自由的主体意识。所以，自由理论所应该援引的是第二自然而不是第一自然。黑格尔的反契约论反对的是封建的反动契约论（以契约论来捍卫其自然特权和倒退）。与此相反，黑格尔发展了一种进步的历史观念，第二自然显然是历史的结果，是人的自由的结果。对于黑格尔来说，历史进程的特征就是把所有的人——包括以前的奴隶——在他们都拥有不可剥夺的权利这个意义上，全都包括进这个范畴。洛苏尔多：《黑格尔与现代人的自由》，丁三东、汪希译，吉林出版集团有限责任公司 2008 年版，第 50—79 页。

　　② ［德］黑格尔：《历史哲学》，王造时译，上海书店出版社 2001 年版，第 448 页。

　　③ ［意］洛苏尔多：《黑格尔与现代人的自由》，丁三东、汪希译，吉林出版集团有限责任公司 2008 年版，第 116 页。对此，安东尼·阿巴拉斯特评论道："因此，与辉格党对自己历史的解释相反，1689 年辉格党的胜利以及 1715 年辉格党权利的确立都没有促进任何政治进步。事实上，他们的成功导致了政治的反动，并且在 1688 年以后决然地倒退了……甚至于被'理性的'经济学家和经济学史家经常解释为'进步'的许多方面，如大量沼泽的大范围开垦，对穷人来说没有任何收益，而使他们失去了食物的来源，并且这通常是圈地的真实所在。""辉格党与有钱人的联合只是反映了他们承认财产权与财富的形式在改变。"［英］安东尼·阿巴拉斯特：《西方自由主义的兴衰》，曹海军译，吉林人民出版社 2011 年版，第 216、218 页。

象的、形式的自由就是坚持所有权神圣不可侵犯，就是坚持所有权高于一切权利，甚至是生命权，它将自己绝对化，甚至高于生命权，最后背离了大多数人的利益："有产者——他会把另一个人的生命牺牲在他对财产神圣不可侵犯的固执坚守的祭坛中。有产者体现了抽象权利的狂暴。"①

## 第八节　抽象权利的狂暴

"在自然的盛宴上，没有为他准备的空位。自然命令他离开。所有来者都有食物这一传闻使得大厅里塞满了大量的请求者。盛宴的秩序及和谐被打乱，先前的丰盛如今变成了匮乏，宴会参与者的幸福被充满大厅所有角落的贫穷景象及局促所摧毁，被那些刚刚因为发现没有原先被告知可以得到的食物而愤怒的人们不合时宜的喧哗所摧毁。"② 马尔萨斯的逻辑是任何提高穷人境遇的方案都将促使穷人生更多的孩子，而不是给社会带来更多财富，而穷人又将因为孩子的增多而陷入悲惨境地的循环。根据马尔萨斯的判断这全都因为穷人自己不负责任，所以对于这些人政府和大自然都不可能怜悯他们，因为他们的下场是他们自我招致的。所以唯一有效的方式是让他们自生自灭不加任何干涉。这就是马尔萨斯的"科学规律"。马尔萨斯以这种"科学的必然性"宣告了穷人的自我招致的灭亡的合理性，李嘉图对此也说道："人道爱护者，希望世界各国劳动阶级的生活，都安适快乐，并愿以各种法律手段，鼓励他们去获得这种生活。然而，这毕竟是一种希望罢了。"③ 对于穷人而言，一切不幸都是他们自我招致的，

① ［意］洛苏尔多：《黑格尔与现代人的自由》，丁三东、汪希译，吉林出版集团有限责任公司 2008 年版，第 204 页。
② 马尔萨斯：《人口论》，转引自［法］M. 波德《资本主义的历史》，郑方磊、任轶译，上海辞书出版社 2011 年版，第 95 页。
③ ［英］大卫·李嘉图：《政治经济学及赋税原理》，郭大力、王亚南译，译林出版社 2011 年版，第 45 页。

而"富人没有能力,来向穷人提供职业和面包,因此穷人自然没有任何权利向富人要求职业和面包"①。

整个 19 世纪的经济学家都在提倡没有限制的放任自由。"这个运动的主要推动者是资产阶级,它由银行资本家、商人资本家、富起来的批发商和制造商组成,在英国,其成员还有一部分贵族。这个新的主导阶级到处致力于宣扬一个关键词:自由。"② 而黑格尔认为这种自由是:"当我们说我们要自由,这句话的意思仅仅是:我们要抽象的自由,因此国家的一切规定和组织便都成了对这种自由的限制。所以,义务所限制的并不是自由,而只是对这种自由的抽象,即不自由。"③ 黑格尔认为这种完全不受干预的自由只是抽象的自由,还仅仅是适用于市民社会的形式法而已。

于是我们发现有两种自由:富人的自由和穷人的自由,古典经济学家呼吁的是前者的自由,而黑格尔考虑的是后者的自由。前者要求的是少数人的自由:"对于萨伊来说,所有权、自由和繁荣是不可分离的,即生产性资本及从中取得的收入的所有权,及使用这些资本的

---

① 马尔萨斯:《人口论》,转引自〔法〕M. 波德《资本主义的历史》,郑方磊、任轶译,上海辞书出版社 2012 年版,第 93 页。但是实际上,马尔萨斯的模型是有其历史局限性的,工业革命后由于生产效率的极大提升,穷人生的孩子更多却过上了更好的生活,世界人口猛增了好几倍,这都是古典政治经济学家所未预料的。参见彭慕兰《大分流》,史建云译,江苏人民出版社 2004 年版。所以,我们的结论是斯密(只有掌握在私人手中的资产才会稳步增长,任何国家再分配将导致经济崩溃)、马尔萨斯(马尔萨斯陷阱)和李嘉图(工资铁律)的学说只能在工业革命之前有用。从这个角度上说,他们的理论是一种早期自由放任的经济学。但是他们的经济模型在工业革命之后却不适用了。在今天,北欧的福利国家模式证实了斯密理论的失败。格里高利·克拉克争论道:"如果从斯密的理论出发,那么令人想不通的并不是为什么中世纪的英国经济没有增长,而是为什么当今拥有高税率和大规模社会支出的北欧国家的经济没有崩溃。"〔美〕格里高利·克拉克:《应该读点经济史》,李淑萍译,中信出版社 2009 年版,第 9 页。今天各国中的不熟练工人都能拥有远远超出仅够维持其生计的工资和较富足的生活,但却没有导致马尔萨斯陷阱——人口下降,反而还上升了。这至少证明了早期经济学在解释现今世界的许多问题上已经不再适用。这也就是在今天,我们应该更重视黑格尔所设想的"有限制的市民社会"的原因。

② 〔法〕M. 波德:《资本主义的历史》,郑方磊、任轶译,上海辞书出版社 2012 年版,第 87 页。

③ 〔德〕黑格尔:《法哲学原理》,范扬、张企泰译,商务印书馆 2009 年版,第 13、168 页。

自由。"① 任何干涉所有权的行为都是不正义的, 于是: "在英国, 自由的问题首先是经济的自由: 贸易的自由、生产的自由、用最低价格偿付劳动力的自由……并且还有, 防范工人联合和阻止工人造反的自由。"② 而黑格尔认为不仅仅是资本家的自由还应该考虑到生产者和消费者的自由。黑格尔主张要对市场进行干预和调控, 他也是最早提出关于福利国家的人之一。③

我们发现在古典自由主义者看来最为要紧的是私有权的神圣不可侵犯性, 这是一切的根本。对此休谟说道: "义务和财产权是完全依靠正义和非正义的, 并且随其变化而变化的。在正义是完整的地方, 财产权也是完整的, 在正义是不完整的地方, 财产权也是不完整的。如果财产权不允许有那种程度的差别, 这种差别必然也是和正义不相容的。"④ 休谟论证了财产权的不可分割性, 根据休谟, 财产权要么全有要么全无, 没有什么性质和程度的差别: "权利是在一刹那间发生又在一刹那间消灭的。"⑤ 任何对财产权的不公正都不可能只是程度上的正义或非正义与否, 而就是不正义。很明显, 休谟不可能同意任何对财产权的非正义的"侵犯", 因为任何违背"根据当时人的同意而发生的转移"⑥ 都是不正义的。在这里我们看不到"紧急避险权"的地位, 因为根据休谟, 不管是来自国家的还是私人的对所有人财产的"侵犯"都是非正义的。但黑格尔认为这种正义是非常有限的, 这种将所有权置于人的生命权之上的做法本身就是一种不法: "生命, 作为各种目的的总和, 具有与抽象法相对抗的权利。"⑦

---

① 〔法〕M. 波德:《资本主义的历史》, 郑方磊、任轶译, 上海辞书出版社 2012 年版, 第 96 页。
② 〔法〕M. 波德:《资本主义的历史》, 郑方磊、任轶译, 上海辞书出版社 2012 年版, 第 88 页。
③ Shlomo Avineri, *Hegel's Theory of the Modern State*, Cambridge University Press, 1972.
④ 〔英〕大卫·休谟:《人性论》(下), 关文运译, 商务印书馆 1983 年版, 第 566 页。
⑤ 〔英〕大卫·休谟:《人性论》(下), 关文运译, 商务印书馆 1983 年版, 第 566 页。
⑥ 〔英〕大卫·休谟:《人性论》(下), 关文运译, 商务印书馆 1983 年版, 第 526 页。
⑦ 〔德〕黑格尔:《法哲学原理》, 范扬、张企泰译, 商务印书馆 2009 年版, 第 130 页。

围绕这个财产权的不可侵犯性产生了很多问题。我们发现自然权利说虽然也强调建立制度和国家，但其目的是保卫私产："用几个词概括起来就是：国会民主制、自由权、财产权。这些就是中农、富农、商户的呼声。"① 在自然权利说的国家里，国家能做的事情非常少，保护的人也仅限于有产者，至于大多数穷人只有听天由命。巴师夏写道："政府的行动基本限于保证秩序、安全和公正。越出这一限制，就是对人类意识和劳动的侵犯，简言之就是对人类自由的侵犯。至于其他，当然放任自由！对于本身无害的事物，比如劳动、交换、教学、联盟、银行……应由人们自行选择。如果政府听之任之，我们就是自由的，如果政府对各种行为加以限制，就是我们的自由和我们的钱袋的不幸。"② 巴师夏在这里为富人的自由放声疾呼，但是他想不到的是："这些贫穷的手工业者，这些工人，他们为大制造商、批发商工作，他们所要的不是自由和民主，而是法律保护，其目的总不外乎这些：提高他们的手工产品的价格或工资；减少日工作时间；保护其抵御外部竞争。"③ 也就是说，穷人更希望加强法律和国家的作用来保护他们。而富有的资产阶级则正好相反，他们希望尽量减少政府的功能和干预，最好完全放任自由。

顽固地坚持所有权不可侵犯使当时的英国成为欧洲贫困问题最严重的国家，而自然权利学说对此大多采取放任自流的态度。他们强调人的主动性，将贫穷的问题要么归咎于"看不见的手"，要么归咎于穷人自己懒惰。在自然权利学说所勾勒的契约国家中到底哪些人有自由？哪些人死也不能侵犯别人的自由？黑格尔请人们去考虑有没有这

① ［法］M. 波德：《资本主义的历史》，郑方磊、任轶译，上海辞书出版社 2012 年版，第 24 页。
② ［法］M. 波德：《资本主义的历史》，郑方磊、任轶译，上海辞书出版社 2012 年版，第 96 页。
③ ［法］M. 波德：《资本主义的历史》，郑方磊、任轶译，上海辞书出版社 2012 年版，第 27 页。

样一种法："要求人们不要全面成为法的牺牲品。"① 有没有一种高于"抽象法"的法，这种法不把人们当作它的牺牲品，也不会将所有权置于人的生命权之上？或者说，有没有这样一种国家，这种国家高于将所有权棒做最高权利的契约国家？

## 第九节　对英国现实问题的五个批判

黑格尔对自然权利学说国家的分析还深入到了当时英国社会中。黑格尔在《法哲学原理》"市民社会"一节中具体地提出了关于"契约国家"的五个问题。通过对当时英国现实问题的考察，黑格尔指出了自然权利学说的局限性和其所造成的灾难性后果。

根据我们前面的分析，自然权利学说勾勒的"最小国家"主张市场会自身调节以实现所有人的自由，用不着政府的干预，因为其任何干预都会侵害到这种自由本身。古典政治自由主义迅速同古典经济学结盟，后者以科学的"看不见的手"、"工资铁律"和"自由市场"等政治经济学原理为政治自由主义开路。洛克和斯密联手将英国的国家政策打造为"准契约国家"政策。"也许是个巧合，关于政治自由原则的陈述和对于经济自由主义的断言几乎同时出现。"② 但在黑格尔看来"契约国家"只是"准市民社会"，它还残留着大量自然状态的残余和严重的贫富差距。黑格尔注意到，英国是整个欧洲贫困问题最严重的地方，少数人的富裕是以大多数人的贫困为代价而实现的。在这个过程中"富人增强了实力，而穷人则陷入苦难"③，也就是说，有些人获得了自由，但有些人却要承受失去自由的代价。

"纵观整个 17、18 世纪的英国不论人民大众的生活标准事实上是

---

① ［德］黑格尔：《法哲学原理》，范扬、张企泰译，商务印书馆 2009 年版，第 130 页。

② ［法］M. 波德：《资本主义的历史》，郑方磊、任轶译，上海辞书出版社 2012 年版，第 30 页。

③ ［法］M. 波德：《资本主义的历史》，郑方磊、任轶译，上海辞书出版社 2012 年版，第 75 页。

提高了还是降低了，从广泛的政治视域来看，城市居民的贫穷和悲惨的明显程度和范围，以及少数生产商和所有者的财富与大部分雇员的悲惨状况之间鲜明的对比，这都给观察者留下了深刻的印象。"① 而面对这一切问题，自然权利学说却将它的问题塞给了马尔萨斯的宿命论，因为任何干预都是无用的，穷人也只能听天由命了。

休谟曾说过，人们发现金钱能实现欲望，所以金钱多少就直接决定了欲望的实现能力，② 从休谟的论断中我们可以推断出人的自由程度与金钱呈正相关，越有钱越自由；相反，穷人没有自由或权利。所以在这个"最小国家"中必然存在巨大的贫富差距，而这种状态又直接决定了妇女、穷人等劳工阶级是没有自由或权利的。"因此说工人是自由的，没有主人的，这是一个悲惨的讽刺……穷人并不自由，在整个国家都是奴隶。他们不是受某个个人命令的奴役，而是整体上受所有富人的奴役。"③ 对穷人鼓吹自由和财产的绝对性又有什么作用呢？这个自由反倒是可以用来为私人利益做辩护，为一种无法无天的抽象的、形式的自由做辩护。④

不仅仅在紧急避险权这一个案例上可以体现出形式的自由的残酷性，查阅史料我们可以找到大量的现实的例子。洛克将贫困的问题看作是个人懒惰的问题，但黑格尔不这么认为。通过对古典政治经济学

---

① 狄更斯的作品《钟声》反映了这一状况："与其说服他们没有权利或营生去结婚，倒不如希望说服他们没有现世的权利或营生降临世间。"［英］安东尼·阿巴拉斯特：《西方自由主义的兴衰》，曹海军译，吉林人民出版社 2011 年版，第 324 页。照狄更斯看来与其像马尔萨斯那样现实地劝说穷人没有权利结婚生子，还不如跟他们说他们的权利今生还不能实现。看来自然权利学说所允诺的那些普遍的、所有人的权利条目已经被狄更斯看穿，那只是给穷人所缝制的国王的新装。

② ［英］大卫·休谟：《人性论》（下），关文运译，商务印书馆 1983 年版。

③ ［法］M. 波德：《资本主义的历史》，郑方磊、任轶译，上海辞书出版社 2012 年版，第 62 页。

④ 比如根据洛克的看法，所有权的神圣不可侵犯正好体现在所有权在任何情况下都不得侵犯，无论是来自国家的还是个人的。我们应当注意这个"任何情况下"的抽象性。例如，一个快要饿死的人到底有没有权利侵犯另一个人的私产，比如说偷走富人的一个面包？洛克的回答是不能，因为洛克会说在这种情况下这个人仍然有被自由饿死的权利，他的权利还是得到了保存。

的考察分析，黑格尔认为发生在英国的大规模贫困的状况并不只是自然的或个人懒惰的问题，而是社会的、政治的、系统性的问题："我们可以看到贫困的政治，以及紧随其后的那些可以终结它的财产。但是在这两者之间存在着一个无法逾越的深渊。这个深渊是政治的和社会的，而不是自然的，而无限的阻力也不是自然本身提供的，而是由财产及它的所有者提供的。"① 穷人在这个社会里没有任何现实的自由或权利，正如斯密在《国富论》中所举的奴隶的例子所说明的那样②，穷人要求的并不是自由，而是政府的干预。就连托克维尔都观察到了这一机制"对穷人不利，对富人有利……这里是奴隶，那里是主人，那里是一些人的财富，这里是更多人的贫困"③。极端的贫困造成了大部分人只拥有形式上的权利和自由而失去了现实的权利和自由。

在下面几个问题上黑格尔认为传统自由主义的进路只是一种"形式的自由"。自由可以被用来为私人利益做辩护：

## 一 义务教育的问题

鲍比奥、康斯坦特等人认为儿童乃是父亲毋庸置疑的财产，父母拥有任意处置儿童的权利。康德对此甚至说："我之所以可以把一个妻子、一个孩子、一个仆役以及一般而言的个别的人格称为'我的'……仅仅通过我的意志占有他们，无论他们在何时何地实存……他们属于我的财产。"④ "依照康德的说法，家庭关系完全属于物权性

① ［意］洛苏尔多：《黑格尔与现代人的自由》，丁三东、汪希译，吉林出版集团有限责任公司 2008 年版，第 207 页。
② ［英］亚当·斯密：《国民财富的性质和原因的研究》（下），郭大力、王亚南译，商务印书馆 2012 年版，第 158—159 页。
③ ［法］托克维尔：《旧制度与大革命》，转引自［意］洛苏尔多《黑格尔与现代人的自由》，丁三东、汪希，吉林出版集团有限责任公司 2008 年版，第 151 页。
④ ［德］康德：《道德形而上学》，李秋零译，中国人民大学出版社 2013 年版，第 42—43 页。

质的人格权。"① 鲍比奥等人将主张国家接管对儿童进行义务教育，把他们送进学堂的情况描述为可怕的、对个人权利的侵犯。当时有人反对国家对家庭私权的介入："在自由主义者和反动理论家们之间存在一个危险的连贯，两者都认为和教育仅仅属于私人领域……同时也受到了普鲁士兴起的资本主义工厂的现实挑战。在这里，也出现了对此问题的争论，试图禁止或规范工厂童工使用的国家干预在自由主义观点的基础上被拒斥。"②

黑格尔不仅反对将儿童作为父母的私人财产，也反对家庭以私有权利为由拒斥国家干预。因为，首先"子女有被抚养的权利"③。其次"把子女当做奴隶，一般来说是最不合乎伦理的"④。因为："子女是自在地自由的，因此他们不是物体，既不属于别人，也不属于父母。"⑤ 之所以对他们加以教育是为了"破除子女的自我意志，以清除纯粹感性的和本性的东西……就是说，使子女超脱原来所处的自然直接性，而达到独立性和自由的人格"⑥。为他们将来进入市民社会做准备："子女经教养而成为自由的人格，被承认认为成年人，即具有法律人格，并有能力拥有自己的自有财产和组成自己的家庭。"⑦ 所以，依照黑格尔看来子女根本不是什么家庭的私有财产，正好相反，子女是市民社会的未来的、潜在的成员，也是国家的潜在公民，

① ［德］黑格尔：《法哲学原理》，范扬、张企泰译，商务印书馆2009年版，第49页。因为康德将婚姻和家庭关系放在"私权"的状态下讨论，而不是放在"公共权利"状态下来讨论的。与此相反，黑格尔将家庭放在国家、伦理、社会的状态下来讨论，说明对于黑格尔而言家庭关系并不属于"私权"或"物权"的领域，而是属于"自由"和"伦理"的领域。而在康德那里家庭关系被放在"私法"内来讨论，说明康德还是将家庭及其成员的关系看作物权和占有的关系。［德］康德：《道德形而上学》，李秋零译，中国人民大学出版社2013年版，第一卷"私人法权"。这一点黑格尔是不能接受的。

② ［意］洛苏尔多：《黑格尔与现代人的自由》，丁三东、汪希译，吉林出版集团有限责任公司2008年版，第276—279页。

③ ［德］黑格尔：《法哲学原理》，范扬、张企泰译，商务印书馆2009年版，第187页。

④ ［德］黑格尔：《法哲学原理》，范扬、张企泰译，商务印书馆2009年版，第188页。

⑤ ［德］黑格尔：《法哲学原理》，范扬、张企泰译，商务印书馆2009年版，第188页。

⑥ ［德］黑格尔：《法哲学原理》，范扬、张企泰译，商务印书馆2009年版，第188页。

⑦ ［德］黑格尔：《法哲学原理》，范扬、张企泰译，商务印书馆2009年版，第190页。

并不是谁的私人财产。

由此，黑格尔与自由主义传统相反，他主张一种强制教育权。因为"很难在父母的权利和市民社会的权利之间划分界限"①。黑格尔在当时受到了来自自由主义阵营和资本主义阵营的双重夹击。在这一点上不能说黑格尔是自由主义的，而是相当反自由主义的："父母们千万不能尽力剥削他们子女的劳动；因此国家必须保护儿童。在英国，六岁大的儿童就被用来清扫狭窄的烟囱；在英国的工业城市，少年儿童被迫工作，只有在星期天才给他们教育。国家绝对有义务去保护儿童接受教育。"② 黑格尔的这一看法得到了 20 世纪自由主义者霍布豪斯的回应："我坚决主张，国家是高一级的父母这一总概念既是真正社会主义的，也是真正自由主义的。"③

## 二 童工的问题

既然黑格尔主张强制将儿童送入学校去学习，我们就可以知道黑格尔对待童工会是什么态度。黑格尔的观点在当时遭受了无情的政治和社会抵制④，在这一点上我们可以从洛克主张私有权利的不可侵犯性上来理解：由于父母拥有对子女的绝对私有权，所以父母有权将子女送去工厂做工；又由于工厂主拥有自由处置和选用员工的权利，所以工厂主有权使用童工。在私有权利不得干预的情况下，儿童顺理成章地被广泛地雇用于工厂中。根据洛克的看法应该驱使人们尽可能早地去工作。洛克在 1697 年贸易会议上的报告中建议超过三岁的儿童"应该在纺纱和编制的技工学校学会养活自己"⑤，而不是被送去学

---

① ［德］黑格尔：《法哲学原理》，范扬、张企泰译，商务印书馆 2009 年版，第 242 页。

② 《法哲学》汪南曼笔记，85A，转引自 ［意］洛苏尔多《黑格尔与现代人的自由》，丁三东、汪希译，吉林出版集团有限责任公司 2008 年版，第 279 页。

③ ［英］霍布豪斯：《自由主义》，朱曾汶译，商务印书馆 1996 年版，第 18 页。

④ ［意］洛苏尔多：《黑格尔与现代人的自由》，丁三东、汪希译，吉林出版集团有限责任公司 2008 年版，第九章。

⑤ ［英］安东尼·阿巴拉斯特：《西方自由主义的兴衰》，曹海军译，吉林人民出版社 2004 年版，第 225 页。

校。而笛福则将雇用童工看作可靠的财富标志。“除了依赖它的双手以外几乎没有任何超过 4 岁的人可以自给自足。”① 雇用童工在当时几乎为所有进步资产阶级的理论家所接受，因其背靠的是“科学的”资本累积逻辑。这是由于：“在自由主义者和反动理论家们之间存在一个危险的连贯，两者都认为教育仅仅属于私人领域……同时也受到了普鲁士兴起的资本主义工厂的现实挑战。在这里，也出现了对此问题的争论，试图禁止或规范工厂童工使用的国家干预在自由主义观点的基础上被拒斥。”②

事实上，黑格尔的看法由于其“反自由主义”的倾向而更接近于今天人们的看法：“如果今天某个人要像洪堡、汉泽曼、康斯坦特等人那样应用自由主义的口号来捍卫父母不将其子女送往学校的自由，或是捍卫资本家把尚年幼的儿童送往他们的工厂工作的自由，这个人将被看做可鄙的反动派。”③ 历史证明了黑格尔在这些问题上的看法是正确的。

## 三　殖民地和奴隶的问题

黑格尔的时代正是欧洲到处开辟殖民地的时代。斯密谈到建立殖民地的目的是“保证它独占此等殖民地的贸易，限制它们的市场，牺牲它们以扩大自己的市场，因此，与其说促进它们的繁荣，倒不如说是加以压制”④。在重商主义的影响下宗主国全面控制了殖民地的一切进出口和贸易，这是“母国商人和制造者，由于无根据的恶嫉妒毫

---

①　［英］安东尼·阿巴拉斯特：《西方自由主义的兴衰》，曹海军译，吉林人民出版社 2011 年版，第 223 页。

②　［意］洛苏尔多：《黑格尔与现代人的自由》，丁三东、汪希译，吉林出版集团有限责任公司 2008 年版，第 276—279 页。

③　［意］洛苏尔多：《黑格尔与现代人的自由》，丁三东、汪希译，吉林出版集团有限责任公司 2008 年版，第 97 页。

④　［英］亚当·斯密：《国民财富的性质和原因的研究》（下），郭大力、王亚南译，商务印书馆 2012 年版，第 161 页。

无理由地加载他们身上的无礼和奴役标记"①。同时"禁止人民大众制造他们所能制造的全部物品，不能按照自己的判断，把自己的财资与劳动，投在自己认为最有利的用途上，这显然是侵犯了最神圣的人权"②。"这种专营的特权，显然是牺牲殖民地的利益，来顾全商人的利益"③。这种对殖民地的独占和垄断殖民地一切经贸往来的做法不仅使殖民地本身的经济难以发展，也成为了英国尾大不掉的包袱，对此，斯密认为为了英国的利益，英国应该放弃殖民地。在斯密看来无论是这种或那种独占都既不利于母国也不利于殖民地本身的发展："欧洲各国虽都企图用各种不正当方法独占所属殖民地贸易的全部利益，但没有一个国家，除了负担平时维持和战时保卫其对殖民地的统治权所开支的费用之外，能单独得到什么。由此产生的困难，应有尽有。"④ 所以，在斯密看来解放殖民地对宗主国和殖民地双方都是一件互惠的事情。

我们认为黑格尔显然在对殖民地的考虑当中受到了斯密的影响，黑格尔将其贸易互惠理论融入了自己的学说当中。但是黑格尔对殖民地的看法又不单单是从经济的、功利主义的角度来考量的。黑格尔认为解放殖民地固然有利于双方经济的互惠和互利，但是对于黑格尔来说，更重要的是建立殖民地本身就是一件不法的事情："在近代，殖民地居民并不享有跟本国居民的同等权利。"⑤ 而任何类似的割让人格、权利的事情都是不法的："割让人格的实例有奴隶制、农奴制、无取得财产的能力、没有行使所有权的自由等。"⑥ 殖民地的人们既

---

① ［英］亚当·斯密：《国民财富的性质和原因的研究》（下），郭大力、王亚南译，商务印书馆2012年版，第154页。

② ［英］亚当·斯密：《国民财富的性质和原因的研究》（下），郭大力、王亚南译，商务印书馆2012年版，第153页。

③ ［英］亚当·斯密：《国民财富的性质和原因的研究》（下），郭大力、王亚南译，商务印书馆2012年版，第155页。

④ ［英］亚当·斯密：《国民财富的性质和原因的研究》（下），郭大力、王亚南译，商务印书馆2012年版，第197页。

⑤ ［德］黑格尔：《法哲学原理》，范扬、张企泰译，商务印书馆2009年版，第247页。

⑥ ［德］黑格尔：《法哲学原理》，范扬、张企泰译，商务印书馆2009年版，第74页。

无完全财产权也无完全行使所有权的自由，由此我们可以判定，占有殖民地必然是件不法的事情。

在此情况下，洛克认为奴隶制当然是合法的，甚至认为人们可以经过自己的同意而委身为奴。① "洛克承认了西印度群岛上的种植园和卡罗莱纳的奴隶主们的绝对权利——他呼吁雇主对雇员建立起一种父母式的权威。"② 而黑格尔认为洛克对待奴隶的态度是由于他还将人看作"自然的"存在者；"一切关于主奴权利的历史上观点，都从这一点着想：即把人看做一般自然的存在，看做不符合人的概念的实存（任性亦是如此）"③。而任何"为奴隶制辩护所提出的论证（包括它最初产生的一切理由，如体力、做战被俘、拯救和维护生命、抚养、教育、慈善以及奴隶自己的同意等等），一切关于奴隶主作为一般纯粹支配权所做的辩护"④ 都是不能成立的。也就是说，洛克所指出的由于征战而"合法地"、"正义地"取得的奴役权都是不存在的，都是无视人根本的规定性所导致的。由于洛克仍然在"自然的"意义上理解人的存在，所以他才会自然地导向一种"合法的奴役制"的看法。黑格尔对此说道："所以，不仅仅使人为奴隶和奴役他人的人是不法的，而奴役和被奴役者本身也是不法的。"⑤ 黑格尔根本不会承认基于奴隶本身的同意而卖身为奴的说法。而且他还进一步指出不仅奴隶本身是不合法的，奴隶主本身也是不合法的。所以"奴隶有绝对的权利使自己成为自由人，谁都有权撤销这种契约"⑥。

---

① ［英］洛克：《政府论》（下），叶启芳、瞿菊农译，商务印书馆 2011 年版，第 120—121 页。

② ［意］洛苏尔多：《黑格尔与现代人的自由》，丁三东、汪希译，吉林出版集团有限责任公司 2008 年版，第 98 页。

③ ［德］黑格尔：《法哲学原理》，范扬、张企泰译，商务印书馆 2009 年版，第 64 页。

④ ［德］黑格尔：《法哲学原理》，范扬、张企泰译，商务印书馆 2009 年版，第 64 页。

⑤ ［德］黑格尔：《法哲学原理》，范扬、张企泰译，商务印书馆 2009 年版，第 66 页。

⑥ ［德］黑格尔：《法哲学原理》，范扬、张企泰译，商务印书馆 2009 年版，第 75 页。

## 四 贫困的问题

当时洪堡这样的自由主义者主张把贫困看作个人的问题："但是对于大众的贫困，它倾向于把社会问题转化为仅仅是个体的问题。由此，贫困并不是根据社会关系的客观构造而得到考虑的，而是成为了贫困个体的无能、习惯和精神状态的问题。"① 他主张国家对此只有消极的义务，即保障私人领域的安全和自主性。这样的看法将现存所有权僵化，变得不可挑战。对此，黑格尔则主张自由本身只是一个空洞和抽象的描述，他必须将自己现实化和物质化。个人自由如果没有物质保障必将沦为一句空话："在英国，尤其在苏格兰，这些对付贫困，特别是对付丧失廉耻和自尊心……等等的最直接的手段，结果只是使穷人们听天由命，并依靠行乞为生。"②

在洛克的时代，由于刚刚发现了美洲大陆，于是洛克主张自然总是能够给予人足够多的土地去开发，一个人只要足够勤奋便不会陷入贫困。根据这个思路自然得出所有贫困的人都是懒汉，贫困是他们自我招致的结果。这种观点不仅在洛克的年代很流行，在黑格尔的时代也是占统治地位的。由于自由主义并没有将大众的贫困纳入国家的调控范围，而认为贫困是个人的事情，所以当时的英国对贫困所做的事情是非常少的，对此黑格尔谈道："相较于其他国家，英国政府做的事情算是最少的了。"③ 在洛克看来贫困和社会、国家没有任何关系，但黑格尔则认为自然并非给了人无穷的土地和果实，在一个现代社会中所有的土地都已经被人占领了，所以根据自然权利，人应该生而具有的那些权利全都沦为了一句空话。

黑格尔认为贫困不能被当作一个偶然的、个体的问题，而是制度

---

① ［意］洛苏尔多：《黑格尔与现代人的自由》，丁三东、汪希译，吉林出版集团有限责任公司 2008 年版，第 171 页。

② ［德］黑格尔：《法哲学原理》，范扬、张企泰译，商务印书馆 2009 年版，第 245 页。

③ ［德］黑格尔：《历史哲学》，王造时译，上海书店出版社 2001 年版，第 448 页。

性的问题；贫困也不是因为资本主义运转失灵，而恰好是他正常运转的结果。"生活资料通过劳动而获得，生产量就会因之而增长。但是祸害又恰恰在于生产过多，而同时似乎缺乏相应比例的消费者——他们本身是生产者。因此，不论前一种方法或后一种方法，祸害只是越来越扩大。"①黑格尔指出，生产过剩是一个结构性问题而不是个人的问题，而贫困的问题也不能单单被归结为个人懒惰的问题。Cristi谈道："黑格尔在'需要的系统'中批评自由主义式的国家没有抵挡住社会崩溃。这种国家学说仅仅将注意力放在财产权保护和再分配上，而在这两方面都没有能提供一种稳固的、制度的'形式的普遍性'，最终也因此没能解决内在于需要的体统中的贫困问题。"②黑格尔认为如果将贫困看作是一个社会问题的话就要求国家的介入——介入所有权系统，这意味着国家有权重新分配和调整财产权关系。

## 五 紧急避险权的问题

如果贫困不是什么偶然的、随机的可以依靠市场自我调整的问题，而恰好是市场正常运转的结果时该怎么办？当情况变得像 18 世纪的英国那样产生出大量的贱民阶层，又该如何解决这个问题？因为国内的生产过剩问题而向外建立殖民地，但是殖民地是能无限供应的吗？另外，一个人漫长的一生中总会遭遇种种的匮乏、短缺和不幸的情况，又应该如何应对呢？对此，自由放任主义者们认为："无论工人阶级的状况悲惨到什么地步，解救他们的正确方法是相信个人的进取心，而按照某些思想家的看法，可能他要相信自愿联合。通过坚决取消一切外来援助，我们应该教会工人自立，在训练过程中吃点苦，将来就大有可为。"③对于自然权利学说理论家来说，最好的办法是

---

① ［德］黑格尔：《法哲学原理》，范扬、张企泰译，商务印书馆 2009 年版，第245 页。

② Renato Cristi, *Hegel on Freedom and Authority*, University of Wales Press，2005，p. 93.

③ ［英］霍布豪斯：《自由主义》，朱曾汶译，商务印书馆 1996 年版，第 79 页。

将体系自身的系统性风险和问题推给个人，求助于个人的自立。①

按照洛克的看法，所有权的神圣不可侵犯正好体现在所有权在任何情况下都不得侵犯，无论是来自国家的还是个人的。我们应当注意这个限定词，"在任何情况下"，在黑格尔看来这就是一种"抽象权利的不法"，它是一种典型的抽象和形式性的"法"。

比如，在当时："一个人因为偷盗一先令而被绞死，而一个 16 岁男孩因为偷了三个半先令和一把小刀，另一个姑娘则是因为一条手帕。一个 11 岁男孩因为使其主人的房子着火而被绞死。更多的是被判处流放。"② 对此，黑格尔则指出这种判决是一种彻底的不法。"当生命遇到极度危险时而与他人的合法所有权发生冲突时，它得主张紧急避险权。"③ 在这种情况下，"偷窃一片面包就能保全生命，此时某一个人的所有权固然受到损害，但是把这种行为看做寻常的偷盗，那是不公正的。一个人遭到生命危险而不许其自谋所以保护之道，那就等于把他置于法之外，他的生命既被剥夺，他的全部自由也被否定了"④。因为这个人现在紧要的目的是活下去，以财产权的不可侵犯性为由抗拒他活下去的理由本身就是彻底的不法："因为克制而不为这种不法行为这件事本身就是一种不法，而且是最严重的不法，因为它全部否定了自由的定在。"⑤ 也就是说，根据自然权利学说来看这当然是对私权的侵犯，但是黑格尔主张一个穷人为了活命而偷窃别人的面包不能被视作刑事案件，这本身就是财产权的抽象性所表现出来的一种"不法"，是抽象的财产权对生命权的侵犯，是将少数人的权利和自由建立在大多数人的权利和自由的丧失的基础之上的法。

---

① 在这个问题上，黑格尔主张建立普遍的社会保障体系来防止人们由于市场风险而沦为"贱民"。黑格尔的想法在今天的世界得到了回应。今天大多数国家都建立了社会福利和保障系统来应付资本主义社会的系统性风险。

② ［英］安东尼·阿巴拉斯特：《西方自由主义的兴衰》，曹海军译，吉林人民出版社2011 年版，第218 页。

③ ［德］黑格尔：《法哲学原理》，范扬、张企泰译，商务印书馆2009 年版，第130 页。

④ ［德］黑格尔：《法哲学原理》，范扬、张企泰译，商务印书馆2009 年版，第130 页。

⑤ ［德］黑格尔：《法哲学原理》，范扬、张企泰译，商务印书馆2009 年版，第130 页。

另外，根据黑格尔对于市民社会的分析，贫困在很大程度上是由于生产过剩导致的，但是生产过剩并不是资本社会的偶然或不正常的现象，相反，它是资本社会运转正常的表现。所以贫困不应该被归结为偶然的或是个人的问题，从根本上来说，贫困是一个社会性和机制性的问题。又因为"每个人在他的一生的自然循环中都要遭遇到匮乏"。这些理由都使得对于贫困的救助成为了国家的责任而不是国家不作为的理由。黑格尔主张国家要对市场和经济进行果断的干预，以避免这种"不法"的暴虐。"按照这些原则，一方面各种私有原则是被专制地违反了，但是在另一方面，这种违反正所以执行'国家'各种普遍目的。"① 在财产权这个问题上，黑格尔并没有坚持它的绝对不可侵犯性。

在这里我们发现了一个吊诡的现象：由主张父母对子女的绝对权利导致父母有可以任意把子女送入工厂或将子女卖身为奴的权利；由主张工厂主对工人的绝对权利导致工厂主拥有雇用童工的权利；由主张主人对奴隶的绝对私有权导致主人拥有政府不可过问的处死、售卖、虐待奴隶的权利。由自然权利学说所捍卫的财产权的不可动摇性导致了大多数穷人的自由和权利的丧失。这些吊诡的现象使我们看到了传统自然权利学说的局限性。这种学说一开始宣称自己将为所有人带来自由，而我们看到只有少数人拥有权利和自由，大多数人则失去权利。最终我们发现"最小国家"的主张与其结果背道而驰。

"自由主义政治经济学并不承认贫困和失业具有结构性原因，它们被视为通过个人的力量加以医治的不幸。"② 对此，黑格尔认为在今天的世界里，已经没有什么自然的贫困了，而只有制度化的、社会性的贫困问题。而自然权利学说则与此相反，反对任何国家干预，其结果我们已经看到了，它与自己的目的——"实现所有人的自由"背

① ［德］黑格尔：《历史哲学》，王造时译，上海书店出版社2001年版，第435页。
② ［英］安东尼·阿巴拉斯特：《西方自由主义的兴衰》，曹海军译，吉林人民出版社2011年版，第337页。

道而驰。从这些问题中我们反倒是看出："它揭示了社会的保守旨趣加在自由主义者们——它的起源已经与有产阶级结合在一起——身上的更大的影响。"①

"随着时间的推移，最坚定的自由主义者也不仅终于接受，而且还积极促进扩大政府对工业领域的控制以及在教育方面，甚至抚养儿童方面、工人住宅方面、老弱病残照顾方面、提供正常就业手段等方面实行集体责任。在这些方面，自由主义似乎是在走回头路，但我们必须深入探讨这种倒退究竟是原则改变问题，还是用途改变的问题。"② 我们发现黑格尔在上面所做的对古典自由权利学说的批判在今天统统变成了现实。正如霍布豪斯所说："因为经验明白地告诉我

---

① ［意］洛苏尔多：《黑格尔与现代人的自由》，丁三东、汪希译，吉林出版集团有限责任公司 2008 年版，第 110 页。关于洛克的真实立场，米歇尔·波德是这么说的："但别误解，洛克不承认劳工阶层具有治国的能力。洛克出生于商人和法律从业者家庭，1666 年开始成为艾希利勋爵的医生，1672—1675 年任英国商务部秘书。对于穷人，他鼓吹武力（以治之）。对于他来说，可以达成社会契约的自由民是贵族、神职人员、绅士、商人资本家和金融资本家，特别是那些有学识的有产者，那些在管理自己财富的过程中提升了自身能力的资产阶级。洛克所持的是一个知识渊博、经验丰富的大资产者的理念，他的这个理念在英国和荷兰统治阶层那里获得了成功。"［法］M. 波德：《资本主义的历史》，郑方磊、任轶译，上海辞书出版社 2012 年版，第 29 页。而约西亚·塔克认为洛克思想中有很多贵族和封建因素，如洛克对于古罗马的推崇就暗含了洛克对于奴隶制的赞成，因为："就像在'家政学'效忠于古典城邦那样，'土地'效力于罗马共和国，两者都离不开对奴隶的供养和使用，正因为有了奴隶从事不拿薪资的工作，土地贵族才得以可能脱离生产。"塔克认为在古代城邦和共和国这种经济十分不发达的情况下，有产者就是奴隶主，他们既不风雅也不开明。塔克本人十分厌恶奴隶制，他同样厌恶洛克对罗马的歌颂，认为洛克是在为奴隶制招魂："古典时期的公民理想和洛克的个人理想之间具有同一性：前一种理想中的公民拥有自己的土地和武器，因此能够参与统治，后一种理想中的个人和人身权、财产权高于政治社会。这两者之间的区分可能在于德行和权力。这种前文明的财产支配权，只有在拥有奴隶的庄园主或宰制农奴的贵族的前商业社会才是有可能的。"塔克还把洛克和阿尔格农·悉德尼和喀提林相比较认为："他们都是一帮熠熠生辉的自由的怀旧者；他们都是一帮绝望的贵族激进派宣传家，是那个时代的喀提林。"塔克认定洛克是"资产者的意识形态宣传家"、"是封建贵族的子嗣"和"有产者意识形态宣传家"。正是这位"驱赶着奴隶的人"在回答约翰逊博士的问题："听到那些驱赶着奴隶的人在为自由大声疾呼，我们该如何回答呢？"参见 Josiah Tucker, *A Treatise Concerning Civil Government in Three Parts*（London，1781），转引自［美］波考克《德行、商业和历史》，冯克利译，生活·读书·新知三联书店 2012 年版，第 259—263 页。
② ［英］霍布豪斯：《自由主义》，朱曾汶译，商务印书馆 1996 年版，第 16 页。

们：自由而无平等，名义上好听，结果却悲惨可怜。"① 黑格尔认为光有对于自由的形式性的构想还不够，还必须考虑实现自由的现实性和制度性条件。对此，黑格尔在第三章中提出了一整套实现每一个人自由和权利的现代法权国家。②

# 第十节　结论

"抽象法"这一章之所以是抽象的是因为它是从以下三个层面上来谈的：1. "抽象法"中所有的原则都是排除了人与人的关系来"抽象地"谈的；2. 它排除了道德反思；3. 排除了法律和政治机构。③ 根据自然权利学说的看法：所有权是最基本的人类的自由权，如根据洛克所有权对于所有人来说都是自明的。但黑格尔则指出所有权并不是自明的，而是建立在相互承认和国家的基础上的。④ 根据洛克，建立国家是为了保护自然状态中的天赋权利，但是在黑格尔看来这也正好证明了自然状态中根本没有任何现实的权利，与此相反，是国家给予了人们自由和权利。⑤ 权利和自由并不是自在的，也不是天赋的，权利和自由是人造的、后天创造的。权利和自由只存在于国家

---

①　［英］霍布豪斯：《自由主义》，朱曾汶译，商务印书馆 1996 年版，第 42 页。

②　根据 Shlomo Avineri，黑格尔是最早提出福利国家构想的人之一，也是最早提出税收是平衡和再分配社会财富的工具。参见 Shlomo Avineri，*Hegel's Theory of the Modern State*，Cambridge University Press，1972，p. 101。

③　Kenneth Westphal，"The Basic Context and Structure of Hegel's Philosophy of Right"，in *The Cambridge Companion to Hegel*，Fredrick C. Beiser ed.，Cambridge University Press，1993，pp. 234 – 270.

④　阿伦特也认为根本不存在任何"天赋的"或"自然的"权利："人人平等、人人拥有权利被证明并非一个事实，而是一个意见，并因此不被理睬。"所以，要说"自然权利"能够存在，它也只能存在于特定承认它的人群之中："'自然权利'只能存在于一个政治结构中，而且只有在人们一直准备着建立这样的一个结构并承诺彼此保证这样的权利的地方存在。"［英］卡诺凡：《阿伦特政治思想再释》，陈高华译，人民出版社 2012 年版，第 165、200 页。

⑤　当然，国家不是一种高于个人的实体，国家是由人们联合组建起来的，体现的是一种公意。

中，有国家的地方才有对于权利和自由的承认和保护。

黑格尔指出，仅仅占有某物并不能向他人宣告所有权在我，所有权是以他人的承认的方式来宣告的，这种承认需要引入一整套的承认机制来使其确定下来。黑格尔认为自然权利说的财产理论之所以是抽象的，是因为他们并没有构建出一套自足的行为原则，它并不足以解决它本身所产生的问题。对此，Westphal 则指出"抽象法"的限度在于："1. 自然权利学说不能使行为人在犯下偷窃、欺骗和敲诈罪时去承认它。自然权利说更容易使它的行为人去违反它而不是去习惯于遵循它，原因在于抽象法本身所产生的问题不能在它的内部消化，它的问题只能在教化、教育的系统中消化。2. 抽象法也不能区分惩罚和复仇的区别。复仇在抽象法中可以被非正式地理解为用以眼还眼以牙还牙来代替投之以桃报之以李。相反，惩罚则需要被普遍承认的公平的原则和普遍的对公平原则的期待为前提，而这就已经间接预见了法庭的存在。但是没有做出公正判决的法庭并不是真正意义上的法庭，公正的法庭需要个人忽略他的个人环境而诉诸普遍而公正有效的原则。而抽象法中的问题是身处其中的个人只以追求自己的个人利益和满足。抽象法的环境显然没有公正的法庭出现的条件，因为公正的判断可能要求忽视当事人的利益。真正能做出公正而普遍判断的行为人显然已经超越了抽象法的领域。事实上，这样的主体只能出现在道德领域中。抽象法的内在问题在于不能产生有效、普遍而公正的判断人，也不会出现能做出公正判断的法庭，而这种判断只会出现在更高领域的道德领域中，所以抽象法必须超越他本人的维度进入到更高维度的道德中去。"[①] 也就是说，Westphal 认为"抽象法"的问题必须过渡到道德中才能得到解决。

通过对于自然权利学说所勾勒的"最小国家"的梳理和发展，黑

---

① Kenneth Westphal, "The Basic Context and Structure of Hegel's Philosophy of Right", in *The Cambridge Companion to Hegel*, Fredrick C. Beiser ed., Cambridge University Press, 1993, p. 234.

格尔充分地证明了单凭"抽象法"所规定的权利基础根本不足以支撑它的大厦。如果它被真实地建立起来那也只能是以大多数人丧失他们实际的权利和自由作为它的结局。"最小国家"远远不能实现洛克等人的期待，因其进路只是"形式的自由"。如果单纯按照"形式的自由"去构想现实的国家，其原因是其混淆了契约和国家之间的界限，① 国家决不能当作契约的结果。如果真实地将国家当作单个人之间的契约结果，那最后国家只能是充当一小部分人的打手，还离现代国家的角色构想很远。

实际上，黑格尔虽然批判"契约国家"，但是他也没有完全否认"契约国家"，他只不过是通过指出"契约国家"的内在问题然后找出克服它的方法。② Cristi 这样谈到黑格尔对"契约国家"的批评："黑格尔对自由主义的批判并没有否定需要的体系的意义。他只不过是想指出由市场所自发形成的秩序可能会导致一种更深层次的社会崩溃和失调。比如说市场使其自身深陷于贱民阶层的泥潭中。市民社会的船可能最终会发现自己停靠在了贫困的码头上。为了证明这一点，黑格尔也没有依靠完全否定自由主义的逻辑，他只是想通过指出自由主义自身内部所无法克服的问题来给市场划定一个范围，在这个范围内是市场绝对不能踏足的。只有通过伦理国家自身才能克服市场的副作用。自由主义想要通过区分市民社会和国家以保护市场不受国家干扰。黑格尔在这一点上也同意他们。但是也许只有一个在执行力上更加霍布斯意义上的强力国家才能接受一种更自由的态度。"③

我们也必须看到，尽管黑格尔针对自然权利学说提出了一系列的

---

① 关于混淆市民社会和国家之间的界限的后果参见 Allen Patten. , *Hegel's Ideal of Freedom*, Oxford：Oxford University Press，1990，p. 110。

② 在阿维涅看来，黑格尔最终也没能找到这个办法。阿维涅认为解决国内市场过剩的问题只有走向殖民主义，但是黑格尔又不赞成帝国主义和殖民主义的解决办法。所以："智识的诚实使他一次次承认自己解决不了现代社会带来的问题。这是黑格尔第一次向我们提出问题而没有解决它。"Shlomo Avineri，*Hegel's Theory of the Modern State*，Cambridge University Press，1972，pp. 148，153，154。

③ Renato Cristi，*Hegel on Freedom and Authority*，University of Wales Press，2005，p. 94。

批判，但是英国毕竟是第一个成功地实现了现代国家的转型并建立了第一个真正的君主立宪制的国家。反观黑格尔所赞成的普鲁士君主国家反倒是在现实中和时间上都要落后于英国。① 对此，我们只能把我们的焦点集中放在黑格尔哲学的理论问题上。

我们的结论是：黑格尔通过对于自然权利学说"契约国家"理论的梳理和揭示，一方面从逻辑上揭露出其不自洽；另一方面通过对工业革命前后英国的现实情况的考察，揭示出其命题的虚假性，最终提出要扬弃和超越自然权利学"契约国家"向着唯一和真实的伦理国家进发。

---

① 比如，在韦尔默看来"与黑格尔的一厢情愿相反，不受其公民控制的普鲁士国家的权力依然是一种本质上不是对话的而是暴力的超越过程的表征"。［德］阿尔布莱希特·韦尔默：《后形而上学现代性》，应奇、罗亚玲译，上海译文出版社 2007 年版，第 43 页。

# 第二章　道德自由的原则及其现实化的困境

在"权利的领域"，我们关注的总是"外在的"、"现实的"权利，因为我们是在一个"自然的"状态下现实地考察这些问题，我们的出发点是现实世界。当一个人降生在一个现实的世界里他将会遇见一系列问题，这些问题是全部自然权利学说所考察过的。按照自然权利学说能够主张的是他与生俱来的：1."生命权"；2."自由权"；3."财产权"。自然权利学说由此主张人的权利是与生俱来的、一目了然的，并且是现实的。但是即便这个假设能够成立，它也终将会自我违反。也就是说，人所"生而"拥有的东西并不是"现实的"东西，这仅仅是一个假设而已。通过他人对他的权利的侵犯（犯罪），证明实际上人没有拥有过任何权利。我们说一项权利是现实存在的，那么无论是在时间上还是空间上任何人都不能未经我的允许而侵犯我的权利，但是在"抽象法"的领域中并没有这样的限定条件。

我们可以设想一下类似的保护天赋权利的条件有哪些：它们可以是暴力、法律或者国家机器。洛克和霍布斯都建议由后两者来担当这个工作，也就是说，个人让渡出一系列权利给一个中介机构，然后由这个中介机构来保护每一个人的权利，这时候任何人在这个中介机构面前都是弱小的，于是就取消了每个人之间的暴力情况，这就是利维坦的雏形。但是自然权利学说所构思的利维坦是一个"最小国家"。①
也就是说，一方面自然权利学说认为这个利维坦的存在是必要的，另
一方面又认为有必要将它的暴力维持在一个最小的程度范围内。这就
造就了自然权利学说的"最小国家"理论。我们认为这个国家在政
治上的原理是由洛克给出的"契约论"；在经济上是由斯密给出的
"自由放任经济"理论。这个"最小国家"原初的用意是保护每一个
人的：1."生命权"；2."自由权"；3."财产权"。但是通过我们前
面一章的分析，它最后并未兑现自己的承诺。

有必要反思自然权利学说的问题，它的问题出在哪里？我们认为
自然权利学说在论及责任问题时最后达到了它的界限，也就是说，它
碰触到了自由的问题。比如在"不法"一节里，缔结契约的自然人
为什么会自我破坏自己所签订的契约？而这种对契约的毁坏如何归
责？另外，针对人身的暴力行为中的不法又该依照什么来归责？违反
契约应该如何归罪？如果归因于双方因任意而签订的契约，那么我们
可以说：首先，这个契约本身是任意的，而对于"任意"的违背也
是不出乎意料的；其次，在涉及侵害人身安全的例子里刑法又依据什
么来作判定？"在有关刑法的不同理论中，如预防说、警戒说、威吓
说、矫正说等，都被假定为首要的东西；而刑法所产生的东西，也同
样肤浅地被规定为善。但是问题不仅仅在于恶，也不在于这个或那个
善，而肯定地在于不法和正义。"② 也就是说，在黑格尔看来，"抽象
法"缺乏普遍性的维度，也即正义（Recht）的维度。正义的维度不
是特殊的、任意的、私人性的东西，而是普遍性的东西。也就是说，
在"抽象法"里，犯罪这个问题涉及两个问题：1. 罪犯如何看待自

---

① 从理论上来讲，利维坦取消了人和人之间的暴力情况，但是对于利维坦本身的信任又
构成了自然权利学说的另一个话题。在自然权利学说传统中一直保持着一个警惕，即警惕利维
坦任意使用它的暴力，这也就造成了自然权利学说对利维坦的不信任。也正是因为如此，自然
权利学说一直在弱化利维坦的职权范围和作用，使它变成一个"最小"意义上的国家。

② ［德］黑格尔：《法哲学原理》，范扬、张企泰译，商务印书馆 2009 年版，第
101 页。

己的罪责，如何将罪归因于自己的问题（这里是罪犯能不能将自己看作"主体"的问题）；2. 对于罪犯的惩罚究竟只是恐吓、警戒、矫正、威吓，还是来自其他什么原因？这个问题超越了"抽象法"的范围而直接涉及正义、道德等普遍性维度的问题。

对此，黑格尔在《小逻辑》中这样谈道："一个罪犯受到处罚，他可以认为他所受到的处罚限制了他的自由。但事实上，那加在他身上的惩罚并不是一种外在的异己的暴力，而只是他自己的行为自身的一种表现。只要他能够认识这一点，他就会把自己当做一个自由人去对待这事。"① 但他怎么能把这加诸他身上的惩罚视作他自己的行为呢？在这一点上就必须回到康德，康德认为："人们看到，人通过责任被规律所约束，但他们没有想到他所服从的只是他自身所制定的却普遍的规律。"② 又因为："意志并非简单地服从规律或法律，它之所以服从，是由于它自身也被认为是个立法者，并且正由于这规律，法律是它自己制定的，所以它才必须服从。"③ 也就是说，在康德看来，这个"自然人"必须向"主体"转变，要通过反思由自然人变成理性人，这样一来他才能看到法律并不外在于他，而是他自身意志的规定。犯法因此就是违反自己的规定，所以主体自愿承担起一切后果。这样一来我们就由"抽象法"里的"自然人"过渡到了道德王国里的"主体"。

由此看来，权利之所以被赋予我们，绝不是因为根据某人的学说或某人的要求而被赋予我们，而是因为我们自己认为我们是自由的这一理由而要求权利。如果我们认为奴隶应该逃走，但是奴隶自己并不这么认为的话也没用。关键的问题在于奴隶没有意识到他是自由的，进而他也不会逃跑。所以对于奴隶而言他只是"自在的"、"潜在的"是自由的，他还不是"现实的"、"自为的"是自由的。奴隶是可能

---

① ［德］黑格尔：《小逻辑》，贺麟译，商务印书馆1997年版，第323—324页。
② ［德］康德：《道德形而上学原理》，苗力田译，上海人民出版社2005年版，第52页。
③ ［德］康德：《道德形而上学原理》，苗力田译，上海人民出版社2005年版，第51页。

自由的，但是这个自由别人不能给他，只能他自己给自己自由，他一日不意识到这一点他就一日不能自由。所以，奴隶制有可能是"现实地"存在着，但是它在"道德上"是不合理的，也就是说是不"应该"的，所以你不能送给奴隶自由。同理，所以黑格尔说拿破仑不能送给西班牙人自由的制度，因为你送给他自由他也不知道怎么用。①"应该"自由不属于"抽象法"的领域。问问洛克：人为什么是自由的？洛克也许会说人"本来"就是自由的。但是这个说法是不对的，人一生下来就是属于另外一个人的，属于父母的、属于部落的，我们完全可以说他一生下来就不是他自己的，他为什么生下来会是他自己的呢？② 这个"本来"是怎么发生的呢？这就要求我们抛弃"抽象法"进入一个更高的领域——道德的领域。

我们完全可以这样回答洛克的问题：人一生下来就是不自由的，是属于别人的。但是他"潜在地"是自由的，他也"应该"是自由的，但仅仅是"应该"而已，如果他一旦意识到这一点，他就已经进入了"反思的"、"道德的"领域。当然，另一方面，现实地看来这个"应该"自由是他通过自身反思达到的，至于他最后能不能"现实地"自由还是一个问题。道德的自由并不能保证一旦你反思到自己"应该"是自由的，你就立刻获得了"现实的"自由。你的确获得了你"本质上"是的东西，但即便是获得了属于人的"普遍形式"，你也没有"现实地"成为自由的人。③ 也就是说，一个人自己认为自己是自由的，和被他人承认为自由的并自由地对待他这两者之间还存在差距。一个人可以在思想中是自由的，因为没有人能够强制

---

① ［德］黑格尔：《法哲学原理》，范扬、张企泰译，商务印书馆2009年版，第291页。

② 比如，在中国的传统中，个人似乎是没有身体权的。"身体发肤，受之父母，不敢毁伤，孝之始也。"见汪受宽《孝经译注》，上海古籍出版社2004年版，《孝经·开宗明义章》。

③ 斯多葛主义走到了这一步，斯多葛主义在人类的意识经验中第一次通过反思在思想中抓住了自由的本质，并由此把自己理解为自由的。但是通过《精神现象学》我们也看到了，斯多葛主义者仍然在现实中是奴隶这一事实。

你的思想，但是一个人在行动中总是受制于自然律或他人的意志，这也是一个事实。但是即便一个人在现实中是自由的，而他自己并没有意识到这一点，我们说他仍然离自由还很远。在洛克的假设中，一个处于自然状态中的野人是自由的，但是按照道德的观点来看，他虽然在行动上是自由的，但他仍然不是自由的，因为他根本没有意识到这一点，意识到人"应该"是自由的，而这才是自由真正的起点。故黑格尔说："主观自由的法，是划分古代和近代的转折点。"① 所以洛克的自然人根本不是自由的。洛克从自然状态中人"本来"是自由的这一点出发要求人寻回他"本来"的自由，并以此为基础建立他的理论，这样的做法无异于缘木求鱼。因为自然状态中的人无所谓自由，也无所谓不自由，对于根本意识不到自己是自由的人怎么能说他是自由的呢？在 Westphal 看来，自然权利学说真正的问题就在于此："在这一点上，黑格尔同意康德的判断：因为功利主义将直接的自然规定性作为其理论的基地和目的，所以它无法阐明人类的自主性问题。"②

我们在这里想要指出的是，康德之前的自然权利学说中存在着严重的、根本性的理论难题，这个问题直到康德之前还没有被解决。关于人为什么应该是自由的，以及这个自由本身的规定是怎样，这样一些问题直到康德才被提出来和回答。这远远超出了"抽象法"的范围，上升到了自由的主观层面——道德的层面。康德通过对于自由的概念和基地的厘清为自然权利学说的发展奠定了重要的基础。也将现代性对于理解自身的工作推进到了一个全新的深度。本章第一节的任务就是要说明自由只能奠基在自由意志上面。

总结起来，自然权利学说必须向道德王国进展的逻辑是这样的：

---

① ［德］黑格尔：《法哲学原理》，范扬、张企泰译，商务印书馆 2009 年版，第 126 页。

② Kenneth Westphal, "The Basic Context and Structure of Heghl's Philosophy of Right", in *The Cambridge Companion to Hegel*, Frederick C. Beiser ed., Cambridge University Press, 1993, p. 243.

1. 在"抽象法"里，它只涉及人与物的关系而不涉及人与人的关系，所以人对自己的认识还停留在"人格"这一高度抽象的领域里。

2. 在"抽象法"里，由于这里的人还停留在跟物打交道的领域，他还未进入反思的阶段，他是一个"自然人"。也就是说，他的行动还处在受欲望和冲动等自然力量的控制之中，根本达不到自我意识，也就谈不上归因于自我了。"主体"、"自我"的问题还未进入"抽象法"的视野，所以也根本谈不上动机、责任、义务等问题。因为对于"自然人"来说一切都是他律的、被规定的、外在的和被决定的。

3. 在"抽象法"的阶段，人的规定性还停留在形式性、抽象性上，还缺乏更深层次的挖掘。所以"抽象法"必须向更高层次的道德层面运动。

所以，"道德章"先谈责任问题，也就是谈如何将责任归因于我？责任的承担者便出场了，这个承担者将这些行为视作由他自己发出的并承担他的一切后果。能将后果视作自己的行为结果，这里需要将目光聚焦在这个全新的"我"身上，这个"我"不同于"抽象法"里的"人格"，人格只是将事物外在地聚拢起来的一个抽象物。这里的"我"是一个反思着的自我、承担责任的自我、有自我意识的"我"。黑格尔将这个全新的自我规定为："把人规定为主体。"① 它涉及的是"自由规定的一个更高的基地"②。只有在这个更高的主观性基地上才谈得上主体的责任、义务等概念。由于"在抽象法中，还未发生什么是我的原则或我的愿望的问题，这一个关于意志的自我规定和动机以及关于故意的问题。现在在道德领域中才被提到日程上来"③。我们说这个工作是由康德奠定的，所以，本章第二节将谈"主体"的问题。

接下来的问题是：康德式的道德主体将根据什么来规定自己的行

① ［德］黑格尔：《法哲学原理》，范扬、张企泰译，商务印书馆2009年版，第110页。
② ［德］黑格尔：《法哲学原理》，范扬、张企泰译，商务印书馆2009年版，第110页。
③ ［德］黑格尔：《法哲学原理》，范扬、张企泰译，商务印书馆2009年版，第111页。

为呢？我们接下来将跟随黑格尔去考察和重构康德的道德学说。我们将康德道德哲学的问题归结为一个问题：主体仅仅根据普遍的、道德命令在世界中行动，这可能吗？换种说法是要考察康德的实践概念中能不能在世界中将自己实现出来的问题。根据本章的考察后，我们认为不可能。

本章将证明：虽然道德权利学说为自然权利学说提供了真正牢靠的根基，并实现了由"自然人"向"主体"的转变，解决了自然权利学理论中关键的理论难题。但是，由于道德权利学说只局限于思想和内在层面，它在面对现实世界时陷入了困境，最终走向了虚无主义。这是由于其始终是作为个人"内心的法律"和"私人的法律"而不是作为现实的、公共的法律而存在，它始终解决不了理念的应然化和现实化之间的两难。最终，道德哲学僵持在两个世界中，错失了对现实世界的解释能力。

## 第一节 康德对自然权利学说的重新奠基

在康德看来，自然权利学说的"权利的基础"还是一个问题。也就是说，由于自然权利学说的基地"自由"还停留在"任意的自由"的层面上，奠基在"任性的自由"上的权利学说是不能成功的。

霍布斯和洛克将权利的基地奠基于经验的、心理学的、自然主义的基础之上，根据所谓对"人性"的分析来规定权利的来源及权限，这在康德看来是一种经验层面和心理学层面的奠基，根本达不到"普遍性"的维度。按照康德，这种分析"只能由偏好（感性冲动、刺激）来规定的任性则是动物的任性"①。由于人的本性受自然冲动的驱使和约束，而听从于自然的、冲动的呼唤无异于动物的行为，在康德看来还是他律的、不自由的。所以自然权利学说的基地需要重新奠

---

① ［德］康德：《道德形而上学》，李秋零译，中国人民大学出版社 2013 年版，第 12 页。

基，这个基础不能建立在"任性"和经验性的基础上。"康德拒绝了古典自然法学家们通过心理主义、自然主义、功利主义论证'自然权利'的模式，认为这些论证实际上不可能建立起具有普遍必然性的'理论知识'体系的。"①

根据康德："经验概念虽然在自然中，亦即一切感官对象的总和中拥有自己的基地，但却并不拥有领地（而只有自己的暂居地，domicilium）：因为它们虽然合法地被生产出来，但并不是立法者，而是在它们之上所建立的规则都是经验性的，因而是偶然的。"② "在理论认识（自然知识）方面它只能（作为凭借知性而精通法律地）从给予的规律中通过推理而引出结论来，而这些结论终归永远只是停留在自然界那里的。"③ 康德明确地指出，在经验的基础上只能有一种根据自然的、因果性的法，而没有自由的法。根据自然规则行事的人并不能说是自由的，而是他律的、被决定的。因此，这个自由的基地不可能在外在于人的领域中去找，而要在内在于人的领域中去找。康德指出："反之，那些完全建立在自由概念之上，同时完全排除意志由自然而来的规定根据的道德上实践的规范，则构成了规范的一种完全特殊的方式：它们也像自然所服从的那些规则一样，不折不扣地叫做规律，但不是像后者那样基于感性的条件，而是基于某种超感性的原则，并且和哲学的理论部分并列而完全独立地为自己要求一个另外的部分，名叫实践哲学。"④ 康德指出自然权利学说的基地建立在一种心理主义的、自然主义的、感性条件的条件上，这种模式实际上是为自然所规定的，而真正的自由恰恰要在独立于经验和自然之外的人自身中去找，也就是要在实践领域中去找。

在实践领域中人为自己制定规则、为自己立法，从而真正摆脱了

① 赵明：《实践理性的政治立法》，法律出版社2009年版，第194页。
② ［德］康德：《判断力批判》，邓晓芒译，杨祖陶校，人民出版社2005年版，第8页。
③ ［德］康德：《判断力批判》，邓晓芒译，杨祖陶校，人民出版社2005年版，第9页。
④ ［德］康德：《判断力批判》，邓晓芒译，杨祖陶校，人民出版社2005年版，第7页。

他律的规定性。所以在康德看来自由、权利的奠基实际上是在超经验和超感官的先验自由中。它的基础正是在自由之形式当中，而不在行动的经验性、内容性的规定当中。所以康德摒弃了奠基在经验主义、心理主义上的所谓"人性论"、"自保论"、"享受论"等理论，而认为权利基础只有奠基在"先验自由"中才能找到自己的合法性根据。

由于人是自由的，能为自己立法，并遵从于自己的法则行动，所以才谈得上人的责任，才谈得上归罪于他自身的问题。"在康德看来，没有先验自由（自由意志）任何归罪都是不可能的。"① 因为，如果："这种规律不是从他自己的意志产生出来的，而他的意志被另外的某种东西所迫使，以某种方式做符合规律的行动。从这一切所作出的必然结论是，为寻求责任的最高根据所做的一切努力，都无可挽回地失败了。因为人们从未担当什么责任，他的行为不过是出于某种关切的必然性而已。这种关切可能是他自己的，也可能是外来的。"② 既然行为不是出于行为人自己的意愿而是出于"他律"的原因，自然谈不上归责的问题。而"道德上的人格性不是别的，就是一个理性存在者在道德法则之下的自由"③。因此，"行动者由于这样一个行为被视为结果的事主。而且这结果连同行动本身都可以归责于他，如果人们事先了解使它承担一种责任的法则的话"④。康德在这里说的"法则"就是实践命令的法则，遵从实践命令法则的人才可以被称为"主体"，因为这个"主体"是一个自由的人，他没有被来自自然的或他律的原因逼迫，他做这个决定完全是出于自己的判断，这样我们才能说"主体"能为自己负责，也只有这样我们才谈得上进一步的动机、原则、责任、规则等问题。正是因为"主体"的行为是出于"自由意志"即"实践理性"，所以"主体"（Agent）超越了自然的因果

---

① 赵明：《实践理性的政治立法》，法律出版社 2009 年版，第 177 页。
② ［德］康德：《道德形而上学原理》，苗力田译，上海人民出版社 2005 年版，第 52 页。
③ ［德］康德：《道德形而上学》，李秋零译，中国人民大学出版社 2013 年版，第 21 页。
④ ［德］康德：《道德形而上学》，李秋零译，中国人民大学出版社 2013 年版，第 21 页。

律，服从于实践的因果律。也就是说，"主体"得"基于内在的自由，亦即把人的一切能力和偏好都纳入自己的（理性的）控制之下，因而是对自己的统治的命令"①。只有根据理性的法则规定自己，并摒除自然的偏好的统治才能做自己的主人，成为自由的存在者。

在这个意义上康德重新为自然权利学说的基础奠基，将自然权利学说的根基建立于"自由意志"之上而非经验性的、心理主义意义上，由此，近代自然权利学说被康德往前大大地推进了一步。由此"主体"超越了"自然人"成为了"道德主体"。

## 第二节  由"自然人"到"主体"

康德在《道德形而上学》中区分了两种人："首先，作为感官存在者，也就是说，作为人（属于动物物种之一）；但然后，也作为理性存在者（不仅仅是有理性的存在者，因为理性按照其理论能力也完全可以是一种有生命形体存在者的性质），它不是任何感官能达到的，而只能在道德实践关系中被认识到。人作为有理性的自然存在者 homo phaenomenon（作为现象的人）可以被其理性作为原因来规定而做出感官世界中的行动，而在此尚未考虑到一种责任的概念。但同一个人按照其人格性，亦即作为赋有内在自由的存在者 homo noumenon（作为本体的人）来想，则被视为一个有能力承担义务的存在者，确切说来是对自己（其人格中的人性）承担义务。"② 也就是说，康德区分了两种人："自然的存在者"（自然人），这种人按照自然规律（因果律）行事，不具备思考或反思自己的能力，因为他还为自然规律和外在于他的力量所规定，所以康德说在这里他还谈不上承担责任的问题，也谈不上相应的义务问题。而只有当他上升成为第二种人："自由的存在者"（主体），他才能把自己看作不受外在规定的自由的

① ［德］康德：《道德形而上学》，李秋零译，中国人民大学出版社2013年版，第191页。
② ［德］康德：《道德形而上学》，李秋零译，中国人民大学出版社2013年版，第197页。

存在者，由此他才达到了自由的初步的规定性，并由此有了责任与义务的概念。

也就是说，只有从被自然、外界规定的"自然人"上升到自我规定的、由理性所规定的"主体"（Agent），这个人才进入了自由的领域，由此我们才能够说他能为他的行为承担责任。因为该行为是他自由地做出的，而不是像在"自然人"的境况中那样是被外在的、自然的力量规定的。如果一个人的行为不是自己发出的，也不是它所清楚认识到的，而只是为一些外在于他的力量所决定的，我们怎么谈得上让他为之负责呢？在这种情况下，我们只能说他是那种力量的傀儡而已。所以在康德的两种人的区分中我们可以看出为何自然权利学说的困境需要一个提升，但是这个提升不是来自外在的力量，而只能是来自内在的力量，是来自他自身的自我提升。

康德又进一步规定了这两种人各自的义务。"自然人"的义务是："就人的动物性而言，自然冲动是：a. 大自然想借以保持人自身的冲动；b. 借以保持物种的冲动；c. 借以保持人对舒适的，但毕竟仅仅是动物性的生活享受的能力的冲动。"而"主体"的义务是："说到人对仅仅作为道德存在者（不考虑其动物性）的自己的义务，它在于其意志的准则与其人格中人性的尊严协调一致的形式性东西；因此按照原则来行动，也就是不得剥夺自己内在的自由，不得由此使自己成为纯然偏好的游戏，因而成为物品。"① 我们可以看到根据康德的规定，前一种属性大致属于"抽象法"中"人格"（person）的规定性，而"主体"（Agent）的规定性大致属于"道德"篇里的人性。② 也就是说，在"抽象法"中的人，虽然毫无疑问拥有自由，但是他所拥有的只是"任性的自由"，是为自然的、感官的冲动所刺激发动

---

① ［德］康德：《道德形而上学》，李秋零译，中国人民大学出版社 2013 年版，第 199 页。
② 关于"person"和"subject"以及"personality"和"subjectivity"的具体差别可进一步参考 Allen W. Wood, *Hegel's Ethical Thought*, Cambridge：Cambridge University Press, 1990, pp. 134 – 135。

的行为，还属于自由谱系中最低档次的自由。自然权利学说的自由观就属于这种"任性的自由"，尽管在他们那里自由并不在于不受自然必然性的束缚，而在于不受他人意志的束缚，但是在康德看来不受他人意志束缚的行为也完全可以是为自然必然性所规定的，虽然他已经拥有了某种自由的雏形，但终归还是一种被规定的自由。

只有当这个人从"自然人"的境况中走出来，进入自我规定的"主体"的状态中，我们才能够论及这个人的责任以及义务的问题。在自然状况之下，我们虽然可以说人是自由自在的，但是这里的自由还只是停留在"任性"的层面。虽然看起来没有外在力量牵制他，他可以随心所欲地行动，但是他的行为还是"他律"的，为自然规律和冲动所决定的，时刻受感官偏好的约束。根据康德，这种任性的自由虽然也是属于自由的本质性的一环，但它还处在相当低级的层面。就此而言，"这是它的自由的消极概念"①，而与受自然法则支配的"自然人"不同，受自由的法则支配的主体才是积极的、自由的存在者。也就是说，"这种'自由'就意味着，是一种以理性的理由改变我们的原始冲动的方式"②。成为自由的"主体"即是将自己从受自然支配的冲动下解放出来，成为自我规定的人。

但是问题马上就来了，这个自由的主体将如何规定自己呢？按照康德的理论，自由的主体应该按照理性的命令去支配自己的行为，但是这里面牵涉好几个层面的问题：首先，只接受普遍理性所支配的人的行为是可能的吗？也就是说，行为人的行为一定是仅仅出于对道德律的尊重行事，这可能吗？这构成了我们下一节的内容；其次，仅仅出于普遍的善的要求而在世界上行动如何可能？又应该怎么去做？最后，我根据什么来评判什么是善的行为？这构成了本章第四节的内容。总的归纳为一个问题：仅仅出于普遍的、善的、道德的命令在世界中行动可能吗？我们认为黑格尔对于康德道德哲学的批判就来自对

---

① [德] 康德：《道德形而上学》，李秋零译，中国人民大学出版社 2013 年版，第 12 页。
② [德] 霍耐特：《自由的权利》，王旭译，社会科学文献出版社 2013 年版，第 161 页。

这个问题的回答。

我们认为从道德篇的第二节开始黑格尔开始了对康德的重构，他的方法是按照康德自身的逻辑来推进他的理论，看看康德的原则（普遍的善的原则）最后能不能在世界中实现出自己？

## 第三节　道德主体何以可能

道德主体的成立主要基于两个条件：1. 主体必须处于纯粹理性状态下（即为普遍意志所规定）；2. 主体的行动仅仅出于对道德律的尊重。问题是：a. 纯粹理性状态是否可能的问题（也就是要考察行动的原因的多样性）；b. 在现实世界的因果网络中将导致行动者意图不充分性的问题；c. 福利问题。下面我们将挨个来考察。

命题一：纯粹理性状态是否可能？也就是说，行为人要"由道德法则直接决定其意志"①。康德在这里区分了行为发生所依据的两种动力：1. 依据感性冲动、自然禀好出发，这种感情是人的自然感情，我们不需要诉诸理性的认识就能感觉到它的存在；2. 另一种动力来自由道德法则所决定的意志之本质："它作为自由意志，因而不但无需感觉冲动的协作，甚至拒绝所有这种冲动，并且瓦解那能够与上述法则相抵触的一切禀好。并且这个动力本身是能够被先天认识到的。"② 康德将前一种发动模式称为自私的利己主义，而后一种发动模式则奠基在对第一种模式的解构之上："纯粹实践理性只是瓦解自私而已。"③ 后一种动力法则是奠基于自由之形式的道德法则上，奠基于无条件的善的准则之上。它体现在清除种种感性冲动的障碍之上："清除障碍也就是等同于对因果性的一种肯定的促进。"④ 并由此

---

① ［德］康德：《实践理性批判》，韩水法译，商务印书馆 2005 年版，第 77 页。
② ［德］康德：《实践理性批判》，韩水法译，商务印书馆 2005 年版，第 79 页。
③ ［德］康德：《实践理性批判》，韩水法译，商务印书馆 2005 年版，第 79 页。
④ ［德］康德：《实践理性批判》，韩水法译，商务印书馆 2005 年版，第 81 页。

产生一种道德情感。在这种道德判断中，遵守道德法则的动力将致力于清除一切"主观的（本能的）原因"①。在这个道德准则之上由此产生了关于主体的三个概念："动力概念、关切概念、准则概念。"② 由此又催生了关于道德尊重的"敬重感"、"职责感"、"义务感"。由于遵守道德律是我应该做的事情，由此我产生了对我的行为的审视和义务感。也就是说，我做与不做一件事情的道理在于道德律、道德感，是出于职责的而非出于我的喜好和偏好："行为出于职责，亦即单纯为了法则的缘故才发生。"③ 所以道德主体做某件事情是出于职责和义务去做，是出于对法则的尊重。

但是问题在于道德律是一个理性理念，由于理性理念绝不可能完全实现，这样的理性的内容也不可能。所以说，这是一个近似性的问题，一个被不断逼近的问题。而人作为有限的存在者只能不断地去接近这个理念。康德也承认道："然而它作为没有一个创造物能够达到的神圣的理想，仍然是我们应当接近并且是在一个不断无限的进程中为之努力的榜样。"④ 因为："任何一个创造物绝不可能达到道德意向这个层次。因为它是一个造物，一向不是独立自足的，所以他就绝不可能完全除却欲望和禀好；因为后者依赖于身体的原因，所以不会自动地符合源泉与其迥然有别的道德原则。"⑤ 康德指出正由于人作为一个有限的存在者而达不到神圣的维度，所以有限者的存在者只能不断地接近于法则，而永远达不到与之合二为一的程度。所以："对于法则的爱成为他努力的恒常的、虽然达不到的目标……因为一条法则如何能够自为地和直接地成为意志的决定根据（这也是全部德性的本质所在），这是一个人类理性无法解决的问题。"⑥ 最后，康德承认人

---

① ［德］康德：《实践理性批判》，韩水法译，商务印书馆 2005 年版，第 86 页。
② ［德］康德：《实践理性批判》，韩水法译，商务印书馆 2005 年版，第 86 页。
③ ［德］康德：《实践理性批判》，韩水法译，商务印书馆 2005 年版，第 88 页。
④ ［德］康德：《实践理性批判》，韩水法译，商务印书馆 2005 年版，第 90 页。
⑤ ［德］康德：《实践理性批判》，韩水法译，商务印书馆 2005 年版，第 91 页。
⑥ ［德］康德：《实践理性批判》，韩水法译，商务印书馆 2005 年版，第 91 页。

无法做到直接地为普遍意志的法则所规定。

命题二：行动者能否只依据道德律行动？这个问题也就是在问行动者是否能在世界中完全实现自己的意愿。这个问题是由于人的双重属性的困难而带来的：人一方面作为经验的、自然的、现象的存在者要遵从属于自然因果律；另一方面又作为超感性世界的存在者而遵从于普遍的、自由的法则。也就是说："在存在者的行为是现象范围内，将他的一切行为看做以自然为条件的，同时在行为的存在者范围内将它的行为的因果性看做是不以自然为条件，从而使自由概念成为理性的规范原则。"[1] 然而这样的行为可能吗？也就是说，要论证属于两个世界的存在者有一种特别的困难："要在感觉世界发现一个事例，而这个事例当始终只从属于自然的法则之时，又允许一条自然法则应用于其上，并且一个超感性的德性善的理念也能够运用于其上，而这种善可以具体地呈现在这个事例之中，这就显得荒谬了。"[2] 在这种情况之下："实践理性法则治下的判断力似乎就陷入了一种特别的困难，这些困难来自于如下实施：自由法则应当运用于这样一种行为之上，这种行为是那些发生在感觉世界并因而在此范围内属于自然的事件。"[3] 也就是说，虽然康德认为"在概念上，有理性的东西的一切行动都必须以道德规律为基础，正如全部现象都以自然规律为基础一样"[4]，但是在自然法则和自由法则之间存在一种张力：一条法则如何既能适用于自然世界又能适用于自由世界呢？康德认为对于这个问题的处理办法是："在我们称他为自由的时候，却把他看作是自然的一部分、看作是自然规律的服从者。我们不但指出自然和自由能够很好地并存，并且必须把他们想成是必然地统一在同一主体之内。"[5]

---

① ［德］康德：《实践理性批判》，韩水法译，商务印书馆 2005 年版，第 51—52 页。
② ［德］康德：《实践理性批判》，韩水法译，商务印书馆 2005 年版，第 73 页。
③ ［德］康德：《实践理性批判》，韩水法译，商务印书馆 2005 年版，第 74 页。
④ ［德］康德：《实践理性批判》，韩水法译，商务印书馆 2005 年版，第 77 页。
⑤ ［德］康德：《道德形而上学原理》，苗力田译，上海人民出版社 2005 年版，第 81 页。

因为如果假设他们不能并存的话："若不然，我们就没有理由用一个观念来增加理性的负担，这个观念虽和充分设定下来的其他观念可以无矛盾地统一，然而却是我们无所适从，使理性在它的思辨运用中感到非常为难。"① 我们可以看出根据康德的表述，人作为两个世界的存在者，当他作为感性世界的存在者时遵从自然规律；而作为理智世界的存在者时又不受自然规律控制而遵循于道德律。

但其中的困难康德自己已经指出来了，难题就在于属于两个世界的存在者如何在同一个世界中存在？也就是说，我们可以设想，作为自由的存在者虽然在思想中不受自然规律的影响和控制，但一旦他的行为落实到现实世界中就会受到自然规律的影响。康德坚持认为两个世界的存在者是可以同一的，他们的行为是并行不悖的，但是这只是被"设想为"同一的。至于他在现实中是不是能够做得并行不悖仍然是一个问题。②

黑格尔已经看出了康德的两难，就行为的后果来说："这些后果，作为以行为的目的为其灵魂的形态来说，是行为自己的后果（它们附属于行为目的）。但是行为同时又作为被设定于外界的目的，而听命于外界的力量，这些力量把跟自为存在的行为全然不同的东西来与行为相综合，并且把它推向遥远的生疏的后果。"③ 黑格尔指出康德将人看作两个世界的存在者，受制于两个世界的规律，其结果是一个世界的行为在另一个世界中必将遭到失败："古谚说得好：'从手里掷出的石头，变成了魔鬼的石头。'"④ 我们完全可以假设这样一个场景：一个人看见绑匪绑架了另一个人，于是他掷出一颗石头想要砸绑

---

① ［德］康德：《道德形而上学原理》，苗力田译，上海人民出版社 2005 年版，第 81 页。

② 在 Wood 看来，黑格尔认为在道德哲学中重要的是两点：1. 我做了什么？我是否清楚明白地知道我的行为？2. 我的目的是什么？我是否清楚明白地知道我的行为和我的目的之间的关联？而不能仅仅依靠在思想中所"设想的一致"。Allen W. Wood, *Hegel's Ethical Thought*, Cambridge: Cambridge University Press, 1990, p. 151.

③ ［德］黑格尔：《法哲学原理》，范扬、张企泰译，商务印书馆 2009 年版，第 119—120 页。

④ ［德］黑格尔：《法哲学原理》，范扬、张企泰译，商务印书馆 2009 年版，第 123 页。

架者，从这个角度来看他发出这个投掷的意愿是完全合乎理智王国的规则的；但是另一方面，当这个石头离开他思想范围就进入了自然王国，受自然规律的支配，结果这个石头却砸中了被绑架的人。问题就在于这两个世界的规律是不一样的，意志在转变成现实的时候就有可能遭到现实的扭曲。康德也许会说不管结果如何只要这个人的动机是好的，那么他仍然是理智王国的一员。但是正如 Allen W. Wood 所指出的："所谓的道德纯洁就只有永远不将自己的想法诉诸实践才不会在世界中遭到扭曲，而这种纯洁是一种虚伪，真正道德的人不会将自己在世界中的行动看做一种扭曲。"① 而在 Dudley Knowles 看来："康德的问题在于它分裂了行为的主观方面和行为的客观方面。这种做法因为其区分了行为人'真正的动机'和'表面的动机'而带来了一种激进主义的理解方式。"②

我们可以看到，康德式的主体在思想中也许能控制事情的发展，但是一旦这个想法落实这就超出了他的控制。

命题三：福利的问题。福利也就是德福一致的问题，即是说一个按照纯粹实践理性的法则行事的人能不能实现他的福利或幸福的问题。

根据康德，"幸福"是作为理性存在者需要的和愿望的满足，而"德行"（作为得到幸福的配当）是所有值得向往的东西的无上条件，它就是无上的善；"但是它并不因此就是整个的和完满的善，因而作为有限的理性存在者的欲求能力的对象；盖缘为了成就至善，还需要加上幸福……因为需要幸福，也配当幸福，却仍然享受不到幸福，这可能与一个理性的而同时全能的存在者的完满欲望是完全不相符的"③。根据康德，至善等于德行加上幸福。而要成就"至善"（sum-

① Allen W. Wood, *Hegel's Ethical Thought*, Cambridge：Cambridge University Press, 1990, p. 143.

② Dudley Knowles, *Routledge Philosophy Guidebook to Hegel and the "Philosophy of Right"*, Routledge, 2002, p. 181.

③ ［德］康德：《实践理性批判》，韩水法译，商务印书馆 2005 年版，第 121 页。

mum bonum），理性行动者的幸福也是必要的，如果这个存在者不能幸福那他也称不上配享至善。但是问题的关键在于他如何能够配享幸福呢？因为："德行的准则与个人幸福的准则就他们的无上实践原则而论是完全各类，远非一致的；它们虽然同属一个至善而使之成为可能，却在同一个主体之中竭力相互限制，相互妨碍。"① 于是，至善何以成为可能便成了一个难题。这个问题的关键点还是在于两个世界的划分。

依据康德，理性存在者同时属于两个世界：感性的世界和理智的世界。而两者又分属两种不同的规律所管辖，前者受制于自然规律的管辖，后者受制于道德律的管辖，又因为两者的规律只能在各自的范围内而不得超出其界限，否则既是无效的也是越界的。"因为世界上一切原因和结果的实践连接，作为意志决定的后果，并不取决于意志的道德意向，而取决于自然法则的指示以及把它们用于这个意志的目标的自然能力，从而通过一丝不苟地遵循道德法则（而成就的）幸福与德行之间的必然和足以达到至善的连接，在这个世界上是无法指望的。"② 但是幸福与德行的连接对于至善的实现来说又是必要的，虽然这种连接在世界之中是偶然的："这种连接在系单纯感觉客体的自然里面无非是偶然地发生的，而不能达到至善。"③ 所以这种连接在康德看来只能是在思想中才能达到，只有有限的存在者坚持"作为纯粹实践理性必须不顾禀好，完全只按照它自己的关切"来行动，也就是说，要他放弃感性的满足——禀好的满足，而坚持理智的满足，只有这样，"德行意识和对作为其后果而与之比配的幸福的期望之间一种自然和必然的连接，至少可以思想为可能的"④。这样的连接是"完全属于事物的超感性的关系，并且绝不可能依照感性世界的

---

① ［德］康德：《实践理性批判》，韩水法译，商务印书馆2005年版，第124页。
② ［德］康德：《实践理性批判》，韩水法译，商务印书馆2005年版，第125页。
③ ［德］康德：《实践理性批判》，韩水法译，商务印书馆2005年版，第126页。
④ ［德］康德：《实践理性批判》，韩水法译，商务印书馆2005年版，第130页。

法则而被给予"①。只有按照实践理性的有限秩序来安排幸福和德行之间的关系，有限存在者方能配享至善。康德强调在这个世界之中无论如何也要按照道德律的命令去行动，而行动者的幸福和他的德性之间的必然关联是在思想当中被设定的，落到现实中只是有偶然的连接性，实际上康德认为在今生今世当中有限存在者的幸福和德行之间是没有必然关联的。所以："古代和现代的哲学家居然能够在今生（在感觉世界里）已经找到了与德行完全匹配的幸福，或已经能够让自己相信意识到了这种幸福，这就必定令人诧异了。"②

最后，康德给出的对策是行为人的德福一致要依靠三个实践理性的共设来完成：灵魂不朽、自由和上帝。这实际上证明了因为坚持道德律的绝对优先性而保证不了有限存在者的福利。康德说至善的实现虽然有赖于德福一致，但是这个一致在感性世界中是达不到的："道德法则并不独自预告任何幸福；因为依照一般自然秩序概念，幸福并不与遵循道德法则必然地连接在一起。"③ 结果只能依靠三个实践理性的共设来达到："道德的神圣性被指定为他们甚至今生的准绳，但是与道德相称的福利，即洪福被表象为在永恒中可以达到的。"④ "洪福在这个世界上，在幸福的名称之下，是完全不能够达到的（在其取决于我们的能力的范围之内），并且因此仅仅被做成了希望的对象。"⑤ 这在黑格尔看来是不可接受和失败的设定。

首先，黑格尔明确指出不应该在人的动机和目的上做康德式的严格和清晰的界定，依照康德，一切非出自对道德律的职责的动机都是非德行的行为。黑格尔不认同康德这样严格的区分："黑格尔认为康德的问题在于严格地区分出于义务的行为和出于禀好的行为。对于黑格尔来说这种区分方法是很老套的做法。他预设了在人的心智当中存

---

① ［德］康德：《实践理性批判》，韩水法译，商务印书馆2005年版，第131页。
② ［德］康德：《实践理性批判》，韩水法译，商务印书馆2005年版，第127页。
③ ［德］康德：《实践理性批判》，韩水法译，商务印书馆2005年版，第140页。
④ ［德］康德：《实践理性批判》，韩水法译，商务印书馆2005年版，第141页。
⑤ ［德］康德：《实践理性批判》，韩水法译，商务印书馆2005年版，第141页。

在着为各种崇高理由而斗争的冲突的想法。黑格尔并不这么认为。"① 黑格尔并没有有意地排除有限的存在者的欲望："这样说来，人有权把他的需要作为他的目的。生活不是什么可鄙的事，除了生活外，再也没有什么人们可以在其中生存的更高的精神生活了。"② 也就是说："对于黑格尔来说，自由的存在者并不是一个只会一味拒绝他的欲望、只会抗拒自己的自然禀好和需求，只能将自己从自身的自然的存在者这个规定中抽象出来的纯粹作为现象的存在者。"③ 黑格尔不同于康德，康德要求我们"作为纯粹实践理性必须不顾禀好，完全只照顾它自己的关切"④，要独立于任何我们的喜好，并且由于人根深蒂固的动物性，康德要求有理性者要持续不断地同自己的天性、禀好做斗争，虽然康德也明白无论如何有理性者也达不到完全与道德律合二为一的境界。黑格尔则认为有理性者的幸福问题必须在这个世界中实现出来："由于个人自己的主观满足（包括他的荣誉和声誉得到承认在内）也包括在达成有绝对价值的目的之内。"⑤ 个人的特殊的追求及欲望应该予以满足，而非"义务命令你去做的事，你就深恶痛绝地去做"⑥。这种观点在黑格尔看来同样是抽象理智的结果："所以要求仅仅有绝对价值的目的的表现为被希求或被达到的东西……两者都是抽象理智所做的空洞主张。"⑦

通过这一节我们证明了康德的道德主体不能在现实中按照他在思想中设定的规则来行动：首先，他做不到与普遍意志完全一致地规定自己的行为；其次，他的行为一旦离开他的思想就很有可能会遭到现

① Dudley Knowles, *Routledge Philosophy Guidebook to Hegel and the "Philosophy of Right"*, Routledge, 2002, p. 181.

② ［德］黑格尔：《法哲学原理》，范扬、张企泰译，商务印书馆2009年版，第126页。

③ Dudley Knowles, *Routledge Philosophy Guidebook to Hegel and the "Philosophy of Right"*, Routledge, 2002, p. 182.

④ ［德］康德：《实践理性批判》，韩水法译，商务印书馆2005年版，第130页。

⑤ ［德］黑格尔：《法哲学原理》，范扬、张企泰译，商务印书馆2009年版，第126页。

⑥ ［德］黑格尔：《法哲学原理》，范扬、张企泰译，商务印书馆2009年版，第127页。

⑦ ［德］黑格尔：《法哲学原理》，范扬、张企泰译，商务印书馆2009年版，第126页。

实的扭曲，进而行为的结果完全背离他的初衷；最后，他也不能实现至善的目的，以至于到最后需要假设灵魂不死、上帝存在来保证至善的实现。在黑格尔看来依赖于实践理性的公设是理论的偷懒和不成功。

## 第四节　普遍的善如何可能

现在，我们到了这个阶段：道德意志将自己确立起来，明确意识到他是在自身当中反思的，他在自我中发现了自由的更高的基地，即他是一个自为的存在者，是"主体"。这个"主体"意识到了什么是"他的原则"和"他的法则"以及"他的动机"和"他的福利"等问题。[①] 他达到了这个高度："道德意志是他人所不能过问的。人的价值应按他的内部行为予以评估，所以道德的观点就是自为地存在的自由。"[②] 这种道德的观点就是"主观意志的法"。意志只承认自己所承认的法，而不会承认外来的法（无论是倾向的、禀好的、习俗的或任何给定的法）。它自己给自己规定内容，并按照自己的规定和意愿去行动。在黑格尔看来这是近代哲学的最高成就："主观自由的法，是划分古代和近代的转折点和中心点。这种法就他的无限性所表达于基督教世界，并成为新世界形式的普遍而现实的原则。"[③] 而这是康德哲学的成就。

虽然道德意志发展了关于它自己的行为的意图、目的和福利等想法，但是他也涉及了意图的内容的问题。虽然道德意志现在知道自己是自我规定的，但是还是涉及他到底把什么规定是义务的、善的？他虽然希求一种普遍性，这种普遍性是善的，但是他现在还需要知道善的具体规定是什么。按照康德，我们应该按照普遍的善的、道德律去

---

① ［德］黑格尔：《法哲学原理》，范扬、张企泰译，商务印书馆 2009 年版，第 111 页。
② ［德］黑格尔：《法哲学原理》，范扬、张企泰译，商务印书馆 2009 年版，第 111 页。
③ ［德］黑格尔：《法哲学原理》，范扬、张企泰译，商务印书馆 2009 年版，第 127 页。

意愿和行为。现在的问题是这个普遍规律到底给我们的行为规定了什么内容。

所以，对善的进一步规定应该是：1. 我应该怎么去做？2. 我根据什么来评判什么才是善的行为？而根据康德：a. 我的行为应该出于为义务而义务。b. 我应该根据良心来判定。

（命题一）你要为义务而义务。按照康德，任何行为都应该是出于对于道德律、出于对善的希求和意愿。这是善的进一步的现实化，但它同时也只表达了一个抽象的公理："你在任何时候，都要按照那些你也想把其变成规律的准则而行动。这一原则是善良意志的最高规律。"① 而同时："你的行动所依据的准则，要同时使其自身成为像自然普遍规律那样的对象，因此这也是善良意志的公式。"② 这条准则是只与它自身相关，而不与任何外在于他的东西相关。道德自我认识到任何行为的出发点都应该以此出发，并将道德规律置于他的行为之上，这对他而言是责任。由道德责任而产生相应道德义务，这个义务也就是无论在任何时候、任何地点我都"应该"将道德规律作为我的行为的准则，而不将除此之外的任何理由或动机作为我的行为准则，我的行为应该是为了道德义务而义务。

到这里黑格尔还是欣赏康德所做出的贡献的："我应该为义务而义务，而且我在尽义务时，我正在实现真实意义上的我的自己的客观性。我在尽义务时，我心安理得而且是自由的。着重指出义务的这种意义，乃是康德的实践哲学的功绩和它的卓越观点。"③ 黑格尔虽然肯定了康德的成就，但是也随之提出了问题。问题是："任何行为都先让你要求一个特殊内容和特定目的，但义务这一抽象概念并不包含这种内容和目的；于是就发生了一个义务究竟是什么这样一个疑

① ［德］康德：《道德形而上学原理》，苗力田译，上海人民出版社 2005 年版，第 57 页。
② ［德］康德：《道德形而上学原理》，苗力田译，上海人民出版社 2005 年版，第 58 页。
③ ［德］黑格尔：《法哲学原理》，范扬、张企泰译，商务印书馆 2009 年版，第 136 页。

问。"① 在黑格尔看来义务应当是："行法之所是，并关怀福利，——不仅自己的福利，而且普遍性质的福利，即他人的福利。"② 可以想见康德对此也会表示同意，因为至善也必须包含德行和幸福的同时实现。也就是说，善的行为应该按照两个目标行动：1. 满足个人特殊的福利；2. 同时也关心其他人的福利。"这样说来，人有权把他的需要作为他的目的。"③ 另一方面："同时也是他人的福利，或者，在完全的但是十分空虚的规定上，可说是一切人的福利。"④ 因此，我的道德义务是行善，做对自己有利的事但同时也要对他人有利，且任何时候都不得做伤害他人的事情。只有当我的权利与福利相符合的时候才是符合善的要求的。但是问题在于善的内容是我自己放进去的，纯粹的道德准则并没有告诉我在什么情况下，又出于怎样特定的义务去做和怎样做才符合善的要求。

康德在《道德形而上学原理》中举了这样一个例子：一个人在他最困难的时候找别人借钱，但他明知他自己有可能还不上他还能找别人借钱吗？康德的回答是只要他诉诸道德律的普遍原则，任何时候都要遵循借债还钱的准则行事，那么结论是即使其全家都快饿死了也不能借钱。⑤ 对此，黑格尔针锋相对地举了另外一个例子：如果我们将任何时候都不得侵犯、损害他人财产作为一条最基本的义务的时候，那么在一个人生命遭受威胁的时候他打破自己的义务准则，他为了维持自己的生命，偷吃了别人的果子，那么这算一个不道德的人吗？⑥现在我们假设康德所举的那个人的确陷入极端的困难，如果他不去向别人借或者偷果子他们全家都有可能会饿死。我们认为，如果依据道

---

① ［德］黑格尔：《法哲学原理》，范扬、张企泰译，商务印书馆 2009 年版，第 136 页。
② ［德］黑格尔：《法哲学原理》，范扬、张企泰译，商务印书馆 2009 年版，第 136 页。
③ ［德］黑格尔：《法哲学原理》，范扬、张企泰译，商务印书馆 2009 年版，第 126 页。
④ ［德］黑格尔：《法哲学原理》，范扬、张企泰译，商务印书馆 2009 年版，第 128 页。
⑤ ［德］康德：《道德形而上学原理》，苗力田译，上海人民出版社 2005 年版，第 40—41 页。
⑥ ［德］黑格尔：《法哲学原理》，范扬、张企泰译，商务印书馆 2009 年版，第 130 页。

德准则："你应该在任何时候都以……为义务，且任何时候都要以此义务来行动"，那么这个人无论如何也不得违反他自己的义务和准则。因为依据康德，准则之为准则是在任何时候和任何情况下都不得自相矛盾和违反的。而这个人在侵害他人财产的时候只需扪心自问："如果一个人认为自己困难的时候，可以把随便做不负责任的承诺变成一条普遍规律，那就会使人们所有的一切承诺和保证成为不可能的，人们再也不会相信他所做的保证，而把所有这样的表白看作是欺人之谈而作为笑柄。"① 在康德看来，一切行为由于他在自己的目的和结果之间会陷入上述的自相矛盾所以他必然是自相矛盾和自我拆台的。② 如果要使自己的行为和准则不陷入自相矛盾那必然要严格依据准则来行为，并且将此作为自己的义务。而根据黑格尔，一个快要饿死了的人还在坚守自己的义务准则是典型的不法："当一个人遭到生命危险而不许其自谋所以保护之道，那就等于把他置于法之外，他的生命即被剥夺，他的全部自由也被否定了。"③ 在黑格尔看来现在最重要的是这个人："唯一必要的是现在要活。"④ 而紧急避险权所昭示的困难是："无论是法或是福利——法是自由的抽象定在，而不是特殊人的实存，以及福利是特殊意志的领域，是欠缺法的普遍性的——有限性，从而他们的偶然性。"⑤ 康德的为义务而义务理论在这里陷入了两难的境地。

正如黑格尔所理解的："问题在于，道德的意志坚持认为，它应该意愿义务所规定的东西，但这一坚持却剥夺了任何特定目标，剩下来的只是对为义务而义务的空洞形式的意愿，因为，我们更进一步地考察就会发现，维护权利与福利这个特定的义务根本就没有蕴含在纯

---

① ［德］康德：《道德形而上学原理》，苗力田译，上海人民出版社 2005 年版，第 41 页。
② ［德］康德：《道德形而上学原理》，苗力田译，上海人民出版社 2005 年版，第 42 页。
③ ［德］黑格尔：《法哲学原理》，范扬、张企泰译，商务印书馆 2009 年版，第 130 页。
④ ［德］黑格尔：《法哲学原理》，范扬、张企泰译，商务印书馆 2009 年版，第 130 页。
⑤ ［德］黑格尔：《法哲学原理》，范扬、张企泰译，商务印书馆 2009 年版，第 130—131 页。

粹义务的定义中。"① 虽然坚持不守信、不尊重他人财产是不道德的判断，但它并没有表明，做出不道德的判断为什么会是自我拆台、自相矛盾的。设想有一个人愿意毁灭别人，且愿意遭受别人的毁灭，这个判断虽然不道德，但却逻辑一致，这里面并没有自相矛盾的地方。② 所以正如霍尔盖特所指出的："可普遍化原则并没有表明，怀着破坏承诺的特定意图而做出错误承诺的行为，为什么会是不道德的，因为，我完全可以意愿，所有的承诺是普遍的自我拆台、自我瓦解的。"③ 也就是说，为义务而义务的命令是一个纯粹空洞的、形式的准则，将"什么"作为我行动的准则是有待我自己去填进去的。我可以将任何我愿意的东西填进去，只要我同时坚持它是一条可普遍化的准则，并且愿意承担相应的责任和义务。比如，如果我将我愿意将损害别人的财产和生命作为我的准则，并且任何时候我都以此行动作为我的准则和义务，这里面没有什么逻辑矛盾的地方，而并不像康德所指出的那样一定是自相矛盾或自我拆台的。对此黑格尔评论道："义务所保留的只是抽象的普遍性，而它之作为它的规定的是无内容

① ［英］斯蒂芬·霍尔盖特：《黑格尔导论：自由、真理与历史》，丁三东译，商务印书馆2013年版，第305页。

② 汉娜·阿伦特在《耶路撒冷的艾希曼》中也举到了同样的例子。艾希曼在法庭上为自己辩护称自己阅读了康德的《实践理性批判》，并且完全信服该书的理论，而且决定要根据"绝对命令"而行动。他声称自己正是出于"绝对命令"而执行命令，他没有觉得有什么做得不对的地方。当然，阿伦特指出艾希曼误解了康德的绝对命令，绝对命令的发号者应该是实践理性，而艾希曼处的发好者是元首。但是根据 Smith，虽然艾希曼对康德的道德律存在误解，但是里面却存在一个危险的连贯：绝对命令的发号者到底是谁，是元首还是实践理性？实际上最后还是取决于个人的主观判断（个人作为判官）。正是由于康德的道德令是一条完全形式性的法则，它遵循的仅仅是不矛盾律，那么，我们完全可以设想对于艾希曼而言遵循绝对命令（阿伦特会提醒这里有一个替换：元首的命令）而且在任何时候都不违背绝对命令是完全不矛盾的。Smith 以艾希曼的例子揭示了纯粹的道德律令的抽象性和形式性。这值得警惕。Steven B. Smith, *Hegel's critique of liberalism*, Chicago and London：The University of Chicago Press, 1989, p. 78；［英］汉娜·阿伦特：《耶路撒冷的艾希曼：伦理的现代困境》，孙传钊译，吉林人民出版社2011年版，第23—65页。

③ ［英］斯蒂芬·霍尔盖特：《黑格尔导论：自由、真理与历史》，丁三东译，商务印书馆2013年版，第306页。

的同一，或抽象的肯定的东西，即无规定的东西。"① 黑格尔虽然欣赏康德做出的贡献，但同时如果不给这个自我规定加上特定的内容的话，"就会把这种收获贬低为空虚的形式主义，把道德科学贬低为为义务而尽义务的修辞或演讲。从这种观点出发，就不可能有什么内在的义务学说"②。因为："从义务的那种规定，作为是缺乏矛盾的、形式上自我同一的（这无非是肯定下来的）抽象无规定性来说，不可能过渡到特殊义务的规定。"③ "相反地，一切不法的和不道德的行为，倒可用这种方法而得到辩解。"④ 黑格尔实际上已经指出了我上面所讨论过的例子，也就是说，一切不法的行为，都可以以我愿意它成为普遍必然的原则而被我视作准则而接受来实施不道德的目的。这里面没有什么不合逻辑的地方，仅仅是因为它符合我的主观意愿而已。坚持为义务而义务的准则只要不违反形式的同一律就可以了，就像说"所有权不存在这一句话，跟说这个或那个民族、家庭等不存在，或者说根本没有人生存一样，其本身都不包含矛盾。"⑤ 黑格尔指出真正的矛盾只跟其自身前提条件相关，而不跟特定内容相关。如果一个命题与其自身的前提条件一致，那我们看不出它有什么自相矛盾的地方。而"什么都没有的地方，也就不会有什么矛盾"⑥。康德哲学的问题恰恰在于它除了纯粹形式之外什么都没有，黑格尔批判："它完全缺乏层次。"⑦

　　黑格尔已经看到了康德的义务论仅仅依赖于主观性而已，它的抽象性使得它陷入了纯粹形式性的泥潭："义务这个概念本身似乎没有提供任何客观的标准来判定这个问题，因为，构想起来，犯下谋杀这

① ［德］黑格尔：《法哲学原理》，范扬、张企泰译，商务印书馆 2009 年版，第 137 页。
② ［德］黑格尔：《法哲学原理》，范扬、张企泰译，商务印书馆 2009 年版，第 137 页。
③ ［德］黑格尔：《法哲学原理》，范扬、张企泰译，商务印书馆 2009 年版，第 137 页。
④ ［德］黑格尔：《法哲学原理》，范扬、张企泰译，商务印书馆 2009 年版，第 137 页。
⑤ ［德］黑格尔：《法哲学原理》，范扬、张企泰译，商务印书馆 2009 年版，第 138 页。
⑥ ［德］黑格尔：《法哲学原理》，范扬、张企泰译，商务印书馆 2009 年版，第 138 页。
⑦ ［德］黑格尔：《法哲学原理》，范扬、张企泰译，商务印书馆 2009 年版，第 138 页。

个行为与克制住不去谋杀这个行为都是可普遍化的行为，与为义务而义务是相容的。因而，把义务视为行动指南的道德主体没有任何客观的方式来确定，他在一个给定的情境下是应该克制住不去谋杀还是应该犯下谋杀，依赖于我们如何理解他们。"① 也就是说，我愿意放入什么内容都听凭我的爱好，这在黑格尔看来是十分危险的信号。

　　而我凭什么判定我在特殊情境下的行为准则呢？这依赖于我如何去理解它："因此，黑格尔主张，除了自规定的、道德的个体自己的良知，没有任何东西可以告诉他在一个特定情景之下应该做什么。"② 因此遇到任何情景，他能做的是检查自己的良心（即自我确信）。

　　（命题二）根据良心来判断善的行为。"由于善的抽象性状，所以理念的另一环节，即一般的特殊性，是属于主观性的，这一主观性当它达到了在自身中被反思着的普遍性时，就是它内部的绝对自我确信（Gewissheit），是特殊性的设定者、规定者和绝对者，也就是他的良心。"③ 黑格尔首先充分肯定了良心的作用，赞美它："所以这是更高的观点。在过去意识是较感性的时代，有一种外在的和现在的东西，无论是宗教或法都好，摆在面前。但是良心知道它本身就是思维，知道我的这种思维是唯一对我有拘束力的东西。"④ 这实际上也是由道德哲学所建立起来的现代的道德主体。黑格尔赞美康德的成就，并称这是只有近代才出现的事情，以前的人们不是求助于宗教就是求助于习俗这些从外面来规定人的东西，直到现在，康德哲学要人们自己求助于自己，自己给自己立法并遵从。现在道德主体将自己确立起来，认识到自己是自己的主人，并且希求以善和普遍性的准则（maxim）来规定自己的行为，这条准则表达为"你应该为了义务而

---

① ［英］斯蒂芬·霍尔盖特：《黑格尔导论：自由、真理与历史》，丁三东译，商务印书馆 2013 年版，第 307—308 页。

② ［英］斯蒂芬·霍尔盖特：《黑格尔导论：自由、真理与历史》，丁三东译，商务印书馆 2013 年版，第 308 页。

③ ［德］黑格尔：《法哲学原理》，范扬、张企泰译，商务印书馆 2009 年版，第 139 页。

④ ［德］黑格尔：《法哲学原理》，范扬、张企泰译，商务印书馆 2009 年版，第 139 页。

义务"。但是应该如何判断自己的义务和责任呢？也就是说："真实的良心是希求自在自为地善的东西的心境，所以它具有固定的原则，而这些原则对它来说也是客观规定和义务。"①

仔细推究起来，问义务和准则到底适用于什么情况实际上只能是向自己发问、向你的良心发问，因为每个人都有良心："每一个人，以致最普通的人，都能够知道，每一个人必须做什么，必须知道什么。"②康德确信我们不必假求于任何人或者任何外物，而只能假求于我们自身的良知，因为良知是我们每一个普通人都有的。"良心表示着自我意识绝对有权利知道在自身中和根据它自身什么是权利和义务，并且除了它这样的认识到的善之外，对其余一切概不承认，同时它肯定，它这样地认识和希求的东西才是真正的权利和义务。"③但在黑格尔看来求助于良知就是求助于自我确定性，但实际上是求助于主观偏好，因为它是"自为的、无限的、形式的自我确信，正因为如此，它同时又是这种主体的自我确信"④。而它与客观的法和确定性无关，因为"权利和义务的东西，作为意志规定的自在自为的理性东西，本质上既不是个人的特殊所有物，而其形式也不是感觉的形式或其他个别的即感性的认识，相反地，本质上它是普遍的、被思考的规定，即采取规律和原则的形式的"⑤。黑格尔指出，判断特定的东西是否是善的应该去客观的、外在的法的领域内才有定论，而求助于良心还是一种自我同一的发问方式。而且"良心的意义是模棱两可的"⑥。黑格尔之所以说良心是一种模棱两可的东西，是因为黑格尔区分了两种良心：一种是形式的、抽象的良心；另一种是真实的良心。而形式的良心正因为它只要求一种简单的、形式的自身同一，自

---

① ［德］黑格尔：《法哲学原理》，范扬、张企泰译，商务印书馆2009年版，第139页。
② ［德］康德：《道德形而上学原理》，苗力田译，上海人民出版社2005年版，第20页。
③ ［德］黑格尔：《法哲学原理》，范扬、张企泰译，商务印书馆2009年版，第140页。
④ ［德］黑格尔：《法哲学原理》，范扬、张企泰译，商务印书馆2009年版，第140页。
⑤ ［德］黑格尔：《法哲学原理》，范扬、张企泰译，商务印书馆2009年版，第140页。
⑥ ［德］黑格尔：《法哲学原理》，范扬、张企泰译，商务印书馆2009年版，第140页。

我确信，而缺乏任何外在的、客观的标准，就这一点而言黑格尔说："良心如果仅仅是形式的主观性，那简直就是处于转向恶的待发点上的东西。"①

而抽象的良心正因为其坚持自己认为对的和善的事情，只向自己发问，只意愿它自己意愿的东西，它在这样做的时候其实就蒸发掉了一切客观性的东西。因为："这一主观性作为抽象的自我规定和纯粹的自我确信，在自身中把权利、义务和定在等一切规定性都蒸发了，因为它既是做出判断的力量，只根据自身来对内容规定什么是善的。"② 因为道德主体坚持自身正当的权利，也就是坚持自我判断。黑格尔当然同意这一点，并认为这是道德主体应当而合法的权利，但是黑格尔认为道德主体将什么东西都交由自己来作判定，也就是预先解构、瓦解了一切既定的、坚固的东西，于是一切坚定的东西也随之烟消云散了。"这一过程首先在于，所有一切被承认为权利或义务的东西，都会被思想指明为虚无的、局限的和完全不是绝对的东西。反之，主观性既可把一切内容在自身中蒸发。又可使它重新从自身中发展出来。"③ 这个程序是一切既有的东西必须得先经过主观意志的审查，在得到的审查之前，他们预先被判定为不牢靠的东西，而等到审查之后，主观意志有可能承认也有可能不承认他们的权威。总之，我们能看到主观意志的绝对权威，在它面前一切以前的权威、权利和义务都变成了次要的东西。我们说这是近代主体哲学的成就，黑格尔也认可这一点，但问题是"即使把权利和义务在主观性中蒸发是正当的，但是另一方面，如果不再使这种抽象基础发展起来，那就是不正当的"④。也就是说，黑格尔虽然也认可主观意志有这个资格和权利去审查一切既定的权利和义务项目，但是他不同意只破而不立。而"立起

① ［德］黑格尔：《法哲学原理》，范扬、张企泰译，商务印书馆2009年版，第143页。
② ［德］黑格尔：《法哲学原理》，范扬、张企泰译，商务印书馆2009年版，第141页。
③ ［德］黑格尔：《法哲学原理》，范扬、张企泰译，商务印书馆2009年版，第142页。
④ ［德］黑格尔：《法哲学原理》，范扬、张企泰译，商务印书馆2009年版，第142页。

什么原则来"又涉及特殊的、内容性的概念，良心作为主观确定性又只有纯粹抽象性的规定，缺乏建立起实在的、客观的东西的能力。于是"自我意识把一切有效的规定都贬低为空虚，而把自己贬低为意志的纯内在性时，它就有可能或者把自在自为的普遍物作为他的原则，或者把任性即自己的特殊性提升到普遍物之上……即有可能为非作歹"①。

由于良心的空洞性和纯粹性的本质，它唯一的立足点就是"自我确信"，而照黑格尔看来"自我确信"是一个模棱两可的东西，我既有可能确信善为我的原则，也有可能确信恶的东西为我的原则，② 因为特殊物的内容是外在于良心的，这样，我既有可能意愿普遍物——善，也有可能意愿的是特殊物——恶。因为："道德和恶两者都在独立存在以及独自知道和决定的自我确信中有其共同根源。"③ 所以我意愿的东西既可能是善的也可能是恶的，或者只是任性的东西，这种观点完全是虚无主义的，因为除了我自身的确信之外缺乏任何外在的和客观的参照物。于是求助于良心也就是求助于一种不确定性，它既有可能将人引向善，也有可能将人引向恶。因为善恶除了外在的内容上的规定之外，共享同一个根源——主观确定性。

实际上到了这一步，我们已经看到了普遍的善，作为一种纯粹抽象的和自我同一的东西，它不能从自身内部产生任何有效的、客观的规定。黑格尔认为它现在已经站在善这个出发点上急于向恶做转折。所以通过第三章"善和良心"的工作，黑格尔考察了康德的义务伦理学，发现他的哲学并不能实现普遍的善。

## 第五节　普遍的善的现实化及其困境

道德主体在现实中如果只依据纯粹的义务学说和良心论行事的

---

① ［德］黑格尔：《法哲学原理》，范扬、张企泰译，商务印书馆2009年版，第142页。
② 参见前一节的讨论。
③ ［德］黑格尔：《法哲学原理》，范扬、张企泰译，商务印书馆2009年版，第143页。

话，可能会面临一系列困难，最后演变为自己的对立面。下面，我们将跟随黑格尔去重构康德的义务学说，我们将证明：如果一个人单凭普遍的善的、良心原则在现实世界中行事，他可能会遇到很多的麻烦，甚至到最后会取消自己的普遍自由原则。

其逻辑是这样的：当我们面临多样化的现实和相互冲突的环境时，就会导致如下结果：1. 因无知而诉诸良心会导致无原则和无客观性的情况。2. 伪善（有了自我意识但缺乏对良心的真诚）。3. 陷入盖然论。这个人有自我意识，也有真诚和对良心的确信，但他会陷入主观良心的相互冲突。4. 面对相互冲突的情况主体要么走向自命不凡，要么继续坚持自我。5. 在面对相互冲突的状况下走向绝对主观主义或绝对虚无主义，其结果是消灭了客观性。

（1）首先我们假定一个人的确根据他的良心来做判断，但是问题在于他对问题还缺乏反思和自觉。这个时候，这个人虽然的确是按照他的良心来行动，但他对问题还缺乏反省，这个时候实际上起作用的是他将内心中任意的、偶然的东西当作行动原则。于是这种肤浅的哲学把无知、心情、灵感说成伦理性行为的真实原则。这种形态的哲学打着善的旗号，但实际上不去认识真实的法和善的知识而仅凭任性妄为和个人爱好行事，还声称这是善的行为。"关于真实普遍物的知识，不问它只是采取法和义务的感情这种形式，还是采取法和义务的进一步的知识和认识这种形式。"① 黑格尔主张认识行为和认识内容的客观规定是不可分离的："自我意识的法，即认识行为在规定上是否绝对善的或恶的，不可设想为与这种规定的客观性的绝对法相冲突，并认为两者是可以分离的，彼此漠不相关的，偶然地相对立的。"② 如果只主张对善的认识仅仅来自个人心性的体会或反思，那就是根本不顾善的客观的、绝对的规定性而胡作非为。黑格尔所批判的就是在缺乏对事情本身的反省和自觉仅凭良心行事，其结果会陷入实际上是以

---

① ［德］黑格尔：《法哲学原理》，范扬、张企泰译，商务印书馆2009年版，第147页。
② ［德］黑格尔：《法哲学原理》，范扬、张企泰译，商务印书馆2009年版，第147页。

自己的无知、心情和灵感作为判断的依据的情形。

（2）第二种主观主义的形式是"伪善"（hypocrisy）。如果在第一种形态中这个人依据自己的良心行事，但是实际上又缺乏对事情本身的认识和反省而陷入了以主观任意作为评判标准的境地。我们说在第一种情形中这个人缺乏的是对客观事实的认识和反省，但他至少是真诚的。而在第二种情形中，这个人有了对客观事情的认识，但他的问题是不真诚。明知事情的本质是这样的，却说成是那样的，这是一种对自己的真正动机的欺骗（Verstellung）或称伪善，因为一个人的动机是看不见的。所以黑格尔说如果一个行为仅仅是出于对恶的认识而做出的，那么这个人我们说他是个坦率的恶人："那些多少爱好美德的半罪人都将堕入地狱。但是地狱不收留那些坦率的恶人，顽强的恶人，彻头彻尾、不折不扣的恶人，由于他们委身于恶魔而欺骗了魔鬼。"① 在这里黑格尔借巴斯卡尔的话来说明一个坦率的、顽强的恶人是知道自己行为中只有否定性的、恶的东西，并且恶就是他所希求的东西，所以地狱是不收留他的。但是恰恰是那些打着行善的旗号却干着不道德行为的人才应该堕入地狱。因为这样的行为就是"伪善"："恶以及出于恶的意识的行为，还不是伪善。伪善须再加上虚伪的形式的规定，即首先对他人把恶主张为善，把自己在外表上一般地装成好像是善的、好心肠的、虔敬的等等；这种行为不过是欺骗他人的伎俩而已。"② 也就是说，一个伪善的人，不会像一个坦率的恶人那样直接承认自己的恶行，而是用善的目的将自己的行为包装起来。"总之在有利的理由中，为他本身找到替恶行做辩护的根据，因为凭借这种根据他就可以黑白颠倒变恶为善了。"③ 也就是说，伪善的人总是将拿他有利的理由来为自己的行为做辩护，以至于颠倒黑白，变善为恶，变恶为善，总之都是听凭他使用。问题的关键在于一

---

① ［德］黑格尔：《法哲学原理》，范扬、张企泰译，商务印书馆2009年版，第147页。
② ［德］黑格尔：《法哲学原理》，范扬、张企泰译，商务印书馆2009年版，第148页。
③ ［德］黑格尔：《法哲学原理》，范扬、张企泰译，商务印书馆2009年版，第148页。

个人的动机是从外面看不到的，我们不可能看见一个人的动机是什么，我们只能看到他所声称的东西。于是伪善的人正是利用良心的隐蔽性特征，将自己真正的动机包装在善的口号里，却大行不义之事。从而："当我们将道德价值归因于一个隐藏在现象后面的自我时，我们实际上是贬低了我们真实的自我的价值和能力，而此时那些高贵的行为和成就对我们而言反倒成了令人炫目的装饰品和服装而已。"①这里的问题实际上也是由良心的内在困境所带来的。

黑格尔认为这种主观主义的根源还是在于主观性本身："这种可能性的根源还是在于主观性，作为抽象的否定，它知道一切规定都属于自己，而且源出于己。"② 因为善和义务的根源在于自己信不信这个理由，又由于一切理由和规定皆出于我的主观确信，在高度的抽象中，除此之外并没有什么客观的依据，发生颠倒黑白的事情也就不奇怪了。所以，最后诉诸良心的逻辑的结果，就是使社会陷入伪善。黑格尔谈到往往当一个社会只会大谈良心道德的时候却是最危险的时候："但是关于德的言论，容易极近空话，因为这种言论净讲些抽象的和没有规定性的东西，并且这种言论中的论据和阐明都是对着作为一种任性或主观偏好的个人而提出的。"③

（3）第三种形式是盖然论。我们假设，一个人既具备出于良心的真诚性，也具备对于事情的认识和反省，这样一来他的行为就能做到正直而真诚了吗？事实上并不尽然。因为一个真诚而了解事情本身的人马上会陷入四分五裂的状况，根本无法做判断。我们以霍耐特在《自由的权利》中所举的例子为例：假设有一个大学教师无意间注意到他的另一个教师好友有论文抄袭的问题，那么这个时候他应该怎么做呢？④ 如果这个大学教师诉诸他的良心会认为自己应该揭发他的好

---

① Allen W. Wood, *Hegel's Ethical Thought*, Cambridge：Cambridge University Press, 1990, p. 153.

② ［德］黑格尔：《法哲学原理》，范扬、张企泰译，商务印书馆 2009 年版，第 148 页。

③ ［德］黑格尔：《法哲学原理》，范扬、张企泰译，商务印书馆 2009 年版，第 168 页。

④ ［德］霍耐特：《自由的权利》，王旭译，社会科学文献出版社 2013 年版，第 177 页。

友，因为他的良心告诉他，在任何情况下抄袭都是不对的，是一种不能被普遍化的行为。但同时他会发现事情很复杂，他感受到他与好友的友情对他有一种同样强烈的牵制作用，也就是他感受到了一种来自现实的伦理世界的义务的呼唤，呼唤他不要按照"应然的原则"来处理这件事情。他最后会发现自己处于一个两难的道德困境当中："大学教师在他的考虑中不可能简单地跳过这些关系模式的隐性规则，这个不能越过的步骤就会限制他，使他在他的道德冲突中根本无法找出可能的回答；不是作为一个随意的人，而是作为朋友和同事，他实际想得知，他应该怎样合适或正确地对待抄袭这件事。"① 霍耐特在这里实际上已经指出了形式化的道德原则在现实世界中会遇见另外的义务原则，两者之间有一种隐性的冲突，道德原则和现实世界既有的原则之间实际上是有冲突的。霍耐特评论道："在绝对命令的每一次运用中，我们都将在某个时候碰撞上我们所生活的社会形势的结构规范，我们无法从我们自身出发自动地来理解这些规范。"② 也就是说，在大学教师的例子当中，个人不能仅仅从道德的维度来考虑，他的行为实际上已经将他与另一个人的现实的伦理义务牵扯了进来，这件事情不仅仅是一个道德判断的问题。

那么我们进一步来看大学教师接下来会面临怎样的选择呢？我们说他面临的还是一个"盖然的判断"，因为揭发或不揭发他同事的抄袭行为都有足够的理由。也就是说，这个问题实际上是处于争议当中的，正方和反方的理由是同时成立的，你有可能在某一个理论家那里找到支持，而你知道其他理论家是反对这种观点的，但是行为人也就觉得够了，也能够心安理得了。因为支持这种盖然论的学说正是建立在所有行为和原因都有这样或那样的理由，关键在于你取哪一个理由。这样一来，他就完全取消了善恶的客观理由，因为这些理由又常

---

① ［德］霍耐特：《自由的权利》，王旭译，社会科学文献出版社 2013 年版，第178—179 页。

② ［德］霍耐特：《自由的权利》，王旭译，社会科学文献出版社 2013 年版，第179 页。

常是相互矛盾的，所以取哪一个理由全听凭个人自由。于是："做出决定的不是事物的客观性，而是主观性。这等于是说好恶和任性变成了善与恶的裁判员。"① 也就是说，由于善恶的理由经常是处在相互矛盾中的，一个行为你能在这个学者这里找到支持根据，但你也同样能在另一个学者那里找到反对的根据，其结果是你究竟选择哪种理由全凭你的主观爱好和任性。在这个过程当中，你实际上是取消了真正客观的善恶的界限，善恶的界限好像成了听凭你的意愿和爱好而采用的东西。

在上面这个大学教师的例子当中，我们认为无论他最后采取哪一种理由都是任意的，因为他随便怎么做都能找到足够好的理由。② 因为这种盖然论不将善恶的客观事实作为自己判断的依据，而将自己的主观性当作原则。问题的关键在于，在现实生活中个人因为他的伦理身份给出的指引和规则是不一样的，不同的个人的良知和其义务是相互冲突的。实际上在一个事件中可以有不同的理由：有遵守法律的理由，也有遵守习俗和法律的理由，但具体的个人接受什么理由是一个盖然的问题，理由不是绝对必然的，而是要受他的角色和地位限制。大学教师最后会陷入伦理悖论和伦理困境，也就是说，良心究竟是什么实际上取决于你所处的位置，到最后良知不得不诉诸外在的权威。③

（4）主观意志的下一个形态紧接着上一个形态的问题。主体在现实世界中面临的是很复杂的情况，而各种理由之间很可能是出于相互反对和矛盾的境地，这个时候主体要么像第三种形态当中那样选择某一权威而从之，要么就是听凭自己的自命不凡来做决定。

黑格尔说这种自命不凡的态度跟一种所谓的自命哲学相关，这种自命哲学否定哲学可以认识真理而只能认识现象："这种哲学把对真

---

① ［德］黑格尔：《法哲学原理》，范扬、张企泰译，商务印书馆2009年版，第149页。
② ［德］黑格尔：《法哲学原理》，范扬、张企泰译，商务印书馆2009年版，第149页。
③ 正如上文中所提到的，他或者诉诸某伦理学家的理论，或者诉诸某义务论学者的学说，但无论如何，问题还是处在争议当中。

理的认识宣称为越出认识范围的（照他们看来认识只限于现象方面）空虚的自负。从而把伦理性的东西设定在个人特有的世界观和他的特殊的信念中。"① 其逻辑进展是这样的：首先，自命哲学判定人们只能认识现象而不能直接认识真理本身，而此时伦理规范作为——精神的客观真理——一种真理本身就被否认了，从而"把伦理性的东西设定在个人特有的世界观和它特殊的信念中"②。由于这种自命哲学否认了真正客观的伦理规范的存在，于是人们只好凭借自身所"特有的世界观"和他自身"特殊的信念"来做判断。这种属于个人的特殊的信念其实是很不牢靠的，因为他所依凭的不是普遍性的、客观的东西，而是依据外在的、偶然的东西，实际上他是将判断抛入偶然性中。黑格尔警告说，这种自命哲学一开始还只是在学院之中传播的废话，可一旦他进入到伦理世界之中后，后果将不堪设想。

黑格尔认为这种形态的主观哲学带来的危害性甚至超越了"伪善"，而造成更大的危害，甚至连伪善自身和善恶区别都一并消除了："但是，如果好心肠、善良意图和主观信念被宣布为行为的价值所由来，那么什么伪善和邪恶都没有了，一个人不论做什么，他都可通过对善良意图和动机的反思而知道在做某种善的东西，而且通过他的信念的环节，他所做的事也就成为善的了。这样也就没有什么自在自为的罪行和罪恶了。"③ 也就是说，这里不是这个人是否抱着伪善的心态去欺骗别人的问题，而是"出现了凭借意图和信念而完全得到辩解的意识"④。仅仅凭借我对我的行为所抱有的信心这一点就让我觉得我的行为是善的，但是这样一来还有什么自在自为的、客观的善呢？

---

① ［德］黑格尔：《法哲学原理》，范扬、张企泰译，商务印书馆 2009 年版，第 152 页。实际上黑格尔这里所批判的还是康德哲学，由于康德哲学在物自体和现象之间划下了一个界限，从而使得对知性超出认识范畴的运用认定为越界，从而人们认识到的东西只能是现象，并不是物本身，也就是说否认人们能够直接认识物自体、真理本身。

② ［德］黑格尔：《法哲学原理》，范扬、张企泰译，商务印书馆 2009 年版，第 152 页。

③ ［德］黑格尔：《法哲学原理》，范扬、张企泰译，商务印书馆 2009 年版，第 153 页。

④ ［德］黑格尔：《法哲学原理》，范扬、张企泰译，商务印书馆 2009 年版，第 153 页。

依照这种主观哲学的看法，人人皆以对自己的坚定信心行事，而这种信念又是来自他"个人特有的世界观和他特殊的信念"，那么问题就从该信念是否符合自在自为的善的原则转变为了他是否始终坚持与他所抱的信念保持一致。也就是说，这里发生了一个焦点的转移：从对善的、普遍的原则的讨论转向了个人是否坚守他的信念。于是，"人在行动中是否一直对他的信念保持忠诚，这是形式的主观的忠诚，它成为义务的唯一尺度"①。此时问题就变成了主体和它自身的信念之间的问题了。"因为只有通过他的信念某种东西才能成为善的。这里的缺陷就在于一切但凭信念，自在自为的法已不复存在。"② 于是"真理就在完全不怀疑的人这一边了！这种宽容完全对于无理性有利，结果所届，殊属不堪设想"③。这种主观主义终于将自己所理解的义务和善当作它的行动指南，正如黑格尔所指出的，那样实属自负透顶。

　　或者根据一种观点所认为的那样，只要是出于对善的意志的希求的行为就是善的。④ "善的意志在于希求为善，对抽象的善的这种希求似乎已经足够——甚至是唯一要求——使行为成为善的。"⑤ 这种观点似乎认为一个行为只要它是出于对善的希求，而不是像上一个环节那样是出于自己自身的利益而颠倒黑白，就配得上是一个善的行为。但是这里的问题是由于善只是个抽象的概念，它的具体的内容有待我自己填进去。在上一个环节当中，特别的善的内容还是有待学者和神学家来规定的，虽然神学家们内部对特定的善有各自不同的看法，但我的行为还是通过诉诸某一个特定的学者的判断来得到支撑的。但是在这个环节里不一样，这里我已经不再诉诸任何学者或者权威的意

① ［德］黑格尔：《法哲学原理》，范扬、张企泰译，商务印书馆2009年版，第154页。
② ［德］黑格尔：《法哲学原理》，范扬、张企泰译，商务印书馆2009年版，第160页。
③ ［德］黑格尔：《法哲学原理》，范扬、张企泰译，商务印书馆2009年版，第153页。
④ 但它们实际上却处在相互冲突里的情况，而凭借真诚和反省的良心也可能是根据一种恶的理由。
⑤ ［德］黑格尔：《法哲学原理》，范扬、张企泰译，商务印书馆2009年版，第149页。

见，而自己成为了自己的权威："在这里，每一个主体都直接置身于这种尊严地位，把内容装入抽象的善，或者这样说一样，把某种内容归属于普遍物之下。"① 但是问题是什么才是善、普遍物之下的依据？

根据义务论的逻辑，还是诉诸我的主观感受和良心，也就是诉诸一种所谓的善良意志。但是需要注意的是，这里的"善良意志"还只具有形式性和抽象性的维度，它是"我对善的主观规定是在行为中我所知道的善"②。但是真实的情况却有可能是我认为我的看法是善的，但是在他人看来也有可能是错的，但是我不可能跳出我的主观性。或者说这里会发生另一种情况，在某个具体的条件下我将对于某物的诉求看作是善的，但是结果却造成了恶的后果，这个时候，如果依据康德的绝对义务论的观点来看，只要我的动机和出发点是善的，那么结果是不在我的关心之内的。因为定言命令只关心它的道德准则："它所涉及的不是行为的质料，不是由此而来的效果，而是行为的形式，是行为所遵守的普遍原则。在行为中本质的善在于信念。至于后果如何听其自便。"③ 这样说起来，一切出于善的动机的行为都可以依照这个思路得到辩解了："比如为了救济穷人而盗窃，为了自己对于家庭的义务而临阵逃脱等等。"④ 在这个例子中救济穷人无疑是一个善的动机，出于对家庭和对自己的生命的保存也无疑是一个善的动机，但是却客观地造成了恶的后果，也就是盗窃和临阵逃脱。那么在同一件事情里，我们说他既有善的因素，又有恶的因素，到底哪一个才是他的本质规定性呢？我们对他的行为判定到底是好的还是坏的呢？也就是说在这里面哪一个是更本质的东西呢？我们发现在这个例子里决定什么是本质的、普遍物的东西最后还是有赖于主体的评判："从这方面来说，本质的东西就应该在于，我的行为在我看来是

① ［德］黑格尔：《法哲学原理》，范扬、张企泰译，商务印书馆2009年版，第149页。
② ［德］黑格尔：《法哲学原理》，范扬、张企泰译，商务印书馆2009年版，第149页。
③ ［德］康德：《道德形而上学原理》，苗力田译，上海人民出版社2005年版，第34页。
④ ［德］黑格尔：《法哲学原理》，范扬、张企泰译，商务印书馆2009年版，第150页。

被规定为善的。"①

　　其次，正犹如抽象的善产生不了任何的内容一样，恶也是同样抽象的东西，他们同样都是从我自身中获得它的确定性和内容。从这个角度来说又产生了一种真心想要铲除我所认为的恶的东西的行为和欲望，也即："也就产生了一种道德的目的，即憎恨和铲除没有规定性的恶。"② 也就是说，行为人根据自己对于这个世界的见解和看法认为自己能在自己身上找到这种善的、普遍性的内容的支持，而出于这个善的或好的理由去铲除他自己认为邪恶的东西。总之，"就是为了满足对自己的权利和对一般的法所抱的自信以及为了满足他对他人的邪恶，对他人加于自己的或别人的、全世界的或一般人的不法所报的感情，因而消灭这种保藏邪恶本性的坏人，以期对杜绝邪恶至少有所贡献"③。在这里我们说这个人本来的动机是善的，但是他的手段却是恶的。这就牵涉到了"只要目的正当，可以不择手段"这个命题。但是黑格尔提出，手段本身是虚无的东西，它有赖其目的来规定它，它不过是"为他的存在"。如果说目的正当，手段当然也正当，这里不过是同语反复，而一切罪行反倒是假借这个命题来作恶，因为："为了某种善良的目的，把原来完全不是手段的东西用做手段，把某种本来是神圣的东西加以毁灭，总之，把罪行当做某种善良目的的手段。"黑格尔指出当人们按照目的和手段之间的关系去想问题的时候他实际上是以孤立的和抽象的观点在看待法和伦理，而不是出于对于权利和善的客观、真实的规定性去看待它。事物的边界和合法性早已经存在于事物当中了，这个人不去认识它，反倒一味地在自身中找答案，用自己脑子中已有的抽象的、模糊的、泛泛而谈的东西去看待事物。"这种情况同样就是意志死抱住抽象的善不放"④ 的行为，而按

---

① ［德］黑格尔：《法哲学原理》，范扬、张企泰译，商务印书馆2009年版，第150页。
② ［德］黑格尔：《法哲学原理》，范扬、张企泰译，商务印书馆2009年版，第150页。
③ ［德］黑格尔：《法哲学原理》，范扬、张企泰译，商务印书馆2009年版，第151页。
④ ［德］黑格尔：《法哲学原理》，范扬、张企泰译，商务印书馆2009年版，第152页。

照这种做法"一切关于善恶邪正、自在自为地存在的且有效的规定都被一笔勾销，而这种善恶邪正的规定都被归结为个人的感情、表象和偏好"①。

最后，我们可以看到这种所谓的出于自己的主观判定的结果同样是毁灭了一切客观的善恶之间的界限。而此时这种主观主义会向自己的下一形态运动。

（5）第五种形态是虚无主义。我们看到在"盖然论"的形态中实际上已经指出了主观主义的两难困境——在面对相冲突的情况时主体如何作决定？结果是要么求助于权威的判断；要么走向各自的固执己见自命不凡；要么是第五种的形态，面对相互冲突的困境走入虚无主义。

主观主义现在已经到了这一步：它想要凭借自己的良知真诚地行动，但是他认识到自己是一种"被抛"的存在者，有一些伦理规范和身份义务是先于他的存在而存在的，进一步来说，他认识到他自身被这种先在的规范所规范的东西。在这种情况下，他看到行动的道德原则和来自现实的复杂的、关系的、义务的原则同样重要。②他要么选择跟随某一个权威的判断行事③，要么听凭一己之见，继续坚持己见④；现在他只剩下最后一种选择——虚无主义。

---

① ［德］黑格尔：《法哲学原理》，范扬、张企泰译，商务印书馆2009年版，第152页。

② 就像我们之前所举的大学教师的现实困境的例子和安提戈涅的困境一样，他们都是同样类型的伦理困境，而单凭道德原则并不能解决。按照霍耐特的看法，来自现实的规定性原则还有："友谊的意义，宪法的规则，父母和孩子间的义务等原则。"［德］霍耐特：《自由的权利》，王旭译，社会科学文献出版社2013年版，第180页。这些现实的原则与道德原则都处于一个相互撕裂的状态。

③ 当然这些权威的意见总是处于争论当中的，因为问题本身就处于争论当中。比如，义务论与社群论之间的争论并没有结束。比如我们可以设想一个人就在罗尔斯的义务论和麦金泰尔的社群主义之间随意地选取了一个理由作为自己的行动理由。当他谈到自己为什么这么做的时候，实际上背后是有强大的学说在为他的理由做背书。可是这样一来，黑格尔会认为他实际上是将自己的决定权任意地交给了别人，这个判定无论是学术权威还是宗教权威都一样，都是一种他律的行为。但是实际上这个人既不缺乏良心，也不缺乏对现实的判断和反省，他之所以这样做是因为问题足够复杂和困难。

④ 这里黑格尔指出它的出现跟一种类似于康德的自命哲学有关，这里是笔者在上面已经论述过的第四种形态。

　　问题恰恰在于这个人发现自己面临的是如此纷繁复杂莫衷一是的局面。他既不想听凭某种外在于自己的权威意见，对自己的能力也不够信任，因为反正大家都只是各执己见，而任何理由又都既足够好也足够坏，那么这样一来实际上也就是取消了问题本身的严肃性。因为不论是听凭外界意见的左右，或者各个人继续各行其是都只能证明问题根本没有定论。既然如此，对于这个人来说可能根本就不存在什么确定的、严肃的理由。因为："一方面既然说，信念应该是伦理性的东西和人类最高价值的依据，从而被宣布为至高无上的和神圣的东西，另一方面又说一切问题都是关于错误，我的信念是一种微不足道和偶然的东西。事实上，如果我不能认识真理，则我之所谓确信是极其无聊而卑不足道的。所以我无论怎么想，反正都一样。存在在我的思考中的，只是那种空洞的善，理智的抽象。"① 在这里，这个人实际上已经意识到了所有的问题的复杂性，既然问题本身根本没有定论，而个人的判断也要么是偶然的，要么是取消了善与恶的客观性，这样看来无论他做什么决定都只是无所谓的了。于是他就陷入了虚无主义。

　　虚无主义者相信信念、善恶根本没有分别："信念并无善恶之分。信念始终是信念，只有我所不确信的东西才算是恶的。现在，这种观点是一种抹杀善的最高的观点。"② 在这种形态中，主体自认为自己已经洞穿了善恶的把戏，以为对于他来说善恶抉择但凭主观抉择。在这里占支配地位的实际上还是一种任性，这种主观哲学将自己封为真理的裁判员："那种自命为真理、法和义务的仲裁员和裁判员的主观性。"这种主观性的形态虽然说已经暗含在之前的几种形态中，但是与之前的形态不一样的是这种最高形态的主观主义是以"讽刺"（Ironile）的修辞手法来将真理玩弄于股掌之间，因为这种主观性虽然知道伦理的真实规定，但他还知道要不要根据这种伦理性的规定来

---

① ［德］黑格尔：《法哲学原理》，范扬、张企泰译，商务印书馆 2009 年版，第 155 页。
② ［德］黑格尔：《法哲学原理》，范扬、张企泰译，商务印书馆 2009 年版，第 160 页。

行动完全有赖于他的决定，实际上他将自己置于客观的伦理规定性质之上，将自己看作"裁判者"和"立法者"。他与伦理性的客观规定保持一种若即若离的关系，因为"它知道自己是如此希求和决定的主体，虽然它同样可以希求别的东西，做出别的决定"①。他知道普遍性的原则和义务都要通过自己这个特殊的存在物来使之实现，他知道自己的中介作用，他将这个真相加以玩弄。他认为他不但知道真相，还可以越过真相，做出其他的决定："事情说不上是优越的，我才是优越的，才是规律和事物的主宰者，我可以玩弄它们。如同我玩弄我的偏好一样，而且在这种讽刺的意识中，我使最高的东西毁灭，而沾沾自喜。"② 这种观点最终抹杀了善本身，将善降低到和信念一个层面上。"这样一种意识，即这种信念的原则一文不值，而在这种最高标准中占支配地位的只是任性。"③ 也就是说，在他将善降低到跟信念一个地位时，实际上占支配地位的只是他自身的任性而已。

黑格尔认为这种主观主义的最高峰源自费希特的哲学："这种观点严格的说是导源于费希特的哲学，费希特的哲学宣称自我是绝对的东西，即绝对确信，普遍的自我性，由此进一步发展而达到客观性。"④ 也就是说，费希特将康德所发展出来的主观性上升到了顶点，主观性最后将这个自我确立为最高的东西。"其结果，客观的善仅仅变成了我的信念的产品，只从我那里得到支持，而且我作为主人和主宰者，既可使它出现也可以使它消灭……这样，我凌空飘荡，俯瞰旷阔无垠的空间，唤出各种形态，而又把它们消灭。"⑤

最后我们重新回过头来梳理但凭善和良心来抉择实际上会经历的几个步骤：1. 无知但有良知（虽然诉诸良心但缺乏自我意识）。

---

① ［德］黑格尔：《法哲学原理》，范扬、张企泰译，商务印书馆 2009 年版，第 157 页。
② ［德］黑格尔：《法哲学原理》，范扬、张企泰译，商务印书馆 2009 年版，第 157—158 页。
③ ［德］黑格尔：《法哲学原理》，范扬、张企泰译，商务印书馆 2009 年版，第 160 页。
④ ［德］黑格尔：《法哲学原理》，范扬、张企泰译，商务印书馆 2009 年版，第 160 页。
⑤ ［德］黑格尔：《法哲学原理》，范扬、张企泰译，商务印书馆 2009 年版，第 160 页。

2. 伪善（有了自我意识但缺乏对良心的真诚）。3. 陷入盖然论（有自我意识，也有真诚和对良心的确信，但却会陷入良心的相互冲突）。采取某种理由仅仅因为他处于某种特定的关系当中，最后他不得不寻求外在的权威下判断。4. 面对相冲突的情况主体走向各自的自命不凡。5. 最后在面对相冲突的情况走入虚无主义。最终善恶皆听凭我的喜好，根本没有什么客观的善恶，有的只是我的主观确信。客观的善反过来成了我自己的副产品：a "我作为主人和主宰者，既可以使它出现也可以使它消灭。"① 如此一来，哪还有什么客观的善恶，我自己就是善恶的裁判者。② 总之，我可以在我需要的任何时候将善恶召唤出来，但我也同样可以使它消失，到最后，信仰和善恶的真挚性全都毁灭了。

　　总的来说，康德道德哲学的困境源于它的内在逻辑，也就是康德道德哲学的特点：1. 抽象性；2. 形式性；3. 主观性。

　　a. 抽象性。由于善的观点："是关系的观点、应然的观点或要求的观点。"③ 但它只是一种形式，而它的具体内容体现在具体的义务当中。"善作为普遍物是抽象的，而作为抽象的东西就无法实现。"④ 所以为了善能够实现出来它得借助于特殊物。这个特殊物就是"义务"。而义务还是抽象的："义务所保留的只是抽象普遍性，而它以作为它的规定的是无内容的同一，或抽象的肯定的东西，即无规定的东西。"⑤ 他只是表达了一个抽象的命题"为义务而义务"，它缺乏内容。

　　b. 形式性。"为义务而义务"的命令只是表达了纯粹抽象性和空

---

① ［德］黑格尔：《法哲学原理》，范扬、张企泰译，商务印书馆 2009 年版，第 160 页。
② 这个表述在康德那里体现为裁判员哲学，在费希特这里是某种绝对自我主义。
③ ［德］黑格尔：《法哲学原理》，范扬、张企泰译，商务印书馆 2009 年版，第 112 页。
④ ［德］黑格尔：《法哲学原理》，范扬、张企泰译，商务印书馆 2009 年版，第 136—137 页。
⑤ ［德］黑格尔：《法哲学原理》，范扬、张企泰译，商务印书馆 2009 年版，第 137 页。

洞性①，于是黑格尔说这种绝对的抽象的善只是一种"空虚的形式主义"②。因为善作为绝对同一物只有形式上的同一，而不包含任何内容。所以这种普遍形式会由于其内在的纯粹抽象性和形式性本能地排斥任何内容和规定。③ 也就是说，该命题为了保持它的纯粹形式性和命令性，不可能在自己身上添加任何特殊的东西。由此，它将自己一直保留在"应然的和要求的观点之中"而未能越出一步。④ 所以它只诉诸"不矛盾律"和"同一性"，只有这样才不会产生矛盾，"因为什么东西都没有的地方，也就不会有矛盾"⑤。

c. 主观性。由于善执着于思维中，并只有在思维中存在⑥，因此："反思我的判断不合乎理性的东西，我一概不给予承认，这种法是主体最高的法，但是由于它的主观规定，它同时又是形式的法。"⑦但主体能不能达到实然而有效的法却是不能确定的。它只能在形式上确定它只属于主体，是在其思想中意识到的东西，它对这种东西拥有一种主观信心："我根据好的理由来判断一种义务，并应对它具有信心。"至于这个理由到底是不是好的从主观方面没法判断。这种主观性处在最深奥的孤寂当中："一切外在的东西和限制都消失了，它彻头彻尾地隐遁在自身之中。"⑧ 它所诉诸的是"自为的、无限的、形式的自我确信"⑨。所以是否符合它自身的良心的判断成了它唯一的准绳，但良心也是同样空洞的呼声，是无内容的、形式的自我同一，

---

① 在 Wood 看来，空洞性批判是由于道德形式与道德内容之间脱离，也就是说，黑格尔认为康德未能提供"有着具体内容的道德内容"。另外，在普遍准则的抽象性和形式性的问题上，康德的批评者众多，还有来自 Mill、Gottlob A. Tittel 和费希特等人的批判。具体参见 Allen W. Wood, *Hegel's Ethical Thought*, Cambridge：Cambridge University Press, 1990, pp. 154 – 155。

② ［德］黑格尔：《法哲学原理》，范扬、张企泰译，商务印书馆2009年版，第137页。
③ ［德］黑格尔：《法哲学原理》，范扬、张企泰译，商务印书馆2009年版，第138页。
④ ［德］黑格尔：《法哲学原理》，范扬、张企泰译，商务印书馆2009年版，第138页。
⑤ ［德］黑格尔：《法哲学原理》，范扬、张企泰译，商务印书馆2009年版，第138页。
⑥ ［德］黑格尔：《法哲学原理》，范扬、张企泰译，商务印书馆2009年版，第133页。
⑦ ［德］黑格尔：《法哲学原理》，范扬、张企泰译，商务印书馆2009年版，第134页。
⑧ ［德］黑格尔：《法哲学原理》，范扬、张企泰译，商务印书馆2009年版，第139页。
⑨ ［德］黑格尔：《法哲学原理》，范扬、张企泰译，商务印书馆2009年版，第140页。

内在的确定性是它唯一的准绳，这样一来它就陷入了循环论证。

由于善的这几个规定性使它无法从自身中产生出任何特定的内容，而陷入同意反复："形式的命题的同意反复：规定性是规定性 A。或在命题中，'主语和谓语的同一性'，是某种绝对的东西，但只产生一个否定的东西或形式的东西，后者对于规定性 A 毫无涉及。"① 而"正因为实践理性绝对地舍弃意志的一切内容；一个内容设置任意的他治。现在，我们感兴趣的事恰恰是要知道，究竟什么是权利或者义务；要问到的东西是伦理法则的内容……但是纯粹意志和实践理性的本质是舍弃一切内容"②。所以绝对的善本身的规定性带来的后果就是"做出同意反复的命题：财产是财产，如此而已，而这同意反复的生产是这实践理性的立法：财产，如果财产存在，必定是财产。那么，通过同一个实践理性的立法产生出同意反复：非财产是非财产"③。如此一来，所有权、财产都在同一命题中被消解了。而恰恰因为绝对的善产生不出任何实在的内容和东西，他就得依赖外面添加给它的东西，这个从外面添加进来的东西又有赖于良心的审查，良心同样是一种纯粹形式性，它的审查方式是"自我确信"，也是一种"任性"，"所以良心的意义是模棱两可的"。④ 而这个"任性"的东西只具有偶然性，所以黑格尔说它带来的结果是模棱两可的，甚至是已经站在了向恶做转折的出发点上。

我们可以假设一下一个面临选择困境中的主体如何只根据道德命令来作决断，按照康德的假设：首先，这个人应该按照普遍的规则行事，也就是抛弃自己的欲望、爱好等经验性层面的东西；其次，主体应该将自己从特定的身份和关系中抽象出来，站在一个普遍的角度来思考问题，我这样做的原则要能够被所有人应用；最后，法庭被设立

---

① ［德］黑格尔：《论自然法的科学探讨方式》，程志民译，《哲学译丛》1997 年第 3 期。
② ［德］黑格尔：《论自然法的科学探讨方式》，程志民译，《哲学译丛》1997 年第 3 期。
③ ［德］黑格尔：《论自然法的科学探讨方式》，程志民译，《哲学译丛》1997 年第 3 期。
④ ［德］黑格尔：《法哲学原理》，范扬、张企泰译，商务印书馆 2009 年版，第 140 页。

在这个人的心中，该法庭就是良心的法庭。但问题是将良心上升到绝对的高度并且以良心来作为判别善恶的原则就有问题了。因为根据良心的原则，事情没有什么外在的原则，而只有符合不符合我的良心的判断的原则，这其实是取消了自在自为的善与恶之间的区别。"如果一切以信念的主观性和坚持信念为转移，那么重要和不重要事情之间的区别也就消失了。"①

比如根据一条绝对命令：你在任何时候都不得杀人，但是在一些特殊的情况之下，比如两军交战之时的杀人就违反了这个命令。单看这条命令本身，我们说它的优点是可普遍化，但是它的问题也是太普遍化、太抽象，完全没有层次。黑格尔当然会承认良心的权利、自我检查和反思的权利，并称这是我们时代才取得的一个进步。但问题也出在同一个地方，正是由于我们将判断是非曲直的标准落在个人的心间，落在个人的良心里，也就是取消了事情本身的标准，而将问题的取舍交给了个人好恶。"对于黑格尔来说，一个善的意志是这样一种意志，它把它认为是客观的善的东西置于它自己的主观偏好以及潜在的任性的倾向之上，它只意愿它理解为善的东西。从这个立场来看，把自己的关切凌驾于对义务的关切之上的意志，则要被视为坏的或恶的。"② 比如说在上面的例子里，一个在战场上的军人会面临直接的内心法庭与外在的军人的义务之间的对抗。这个军人如果在杀敌前诉诸绝对命令的话，那么绝对命令会告诉他，你在任何情况下都不得杀人，这是一条可普遍化的命令。③ 而与此同时，他又面临军人的外在义务（杀人），这时候他应该听从哪个命令呢？黑格尔谈到的问题就恰恰在于："诚然，法官和士兵不仅有权而且有义务杀人，但是，杀

---

① ［德］黑格尔：《法哲学原理》，范扬、张企泰译，商务印书馆 2009 年版，第155 页。

② ［英］斯蒂芬·霍尔盖特：《黑格尔导论：自由、真理与历史》，丁三东译，商务印书馆 2013 年版，第 309 页。

③ 因为根据义务论，一条认为你在任何时候可以杀人的命令不可能成立，因为它会自我拆台。

哪种人和在什么情况下杀人是许可的而且是义务，都有详确的规定。"①

也就是说，单凭道德命令本身并不足以支撑起现实生活世界的大厦，因为道德主体固然有反思和独立思考的权利，这一点是现代世界赋予他的，但他不能单凭这一点生活。因为每个人都生活在一个由不同的维度所组成的世界之中，这里面有法律人格的维度；也有道德内心生活的维度；还有伦理身份的维度。在法律的维度上要依法行事，在道德维度上他当然可以凭借良心行事，但重要的是良心的原则并不能单独存在，因为"我们总是身陷在一个由我们的特殊角色和行动义务所编制的紧密的网络之中，我们在我们的道德探讨中无法摆脱这个不由我们支配的出发点"②。霍耐特在这里讲的"不由我们自己支配的出发点"就是我们所生活在其中的已有的身份和我们所生存的环境。也就是说，身份以及与之相应的义务和我们生存于其间的世界的意义和规则是先于我们的道德反思而存在的，我们改变不了它。我们当然可以改变自己，但是当我们一意孤行的时候，黑格尔警告我们很可能会陷入上面所批判过的五种主观主义的误区，这也是仅凭良心行事的界限之所在。

上面我们勾勒出了主体凭借自身的善的、良心行为的逻辑，最后发现，单凭良心的逻辑在现实世界中要么举步维艰，处处陷入道德和伦理的两难困境，要么故步自封、一意孤行地将自己奉为善恶的主人，最后甚至取消了善恶的客观规定。通过本章我们发现，黑格尔实际上揭示了康德的道德哲学在实践中的不足。因为单凭道德哲学行事我们会发现，我们最终要么无法在现实世界中行动，要么最后取消了道德规定本身。我们发现道德准则到最后成了听凭主体任意决定的东西，这绝不是康德的初衷。康德自己也看到了这个问题，也就是说，普遍自由如何能现实地落实在这个世界当中？这就带出来了康德的进

---

① ［德］黑格尔：《法哲学原理》，范扬、张企泰译，商务印书馆 2009 年版，第 152 页。
② ［德］霍耐特：《自由的权利》，王旭译，社会科学文献出版社 2013 年版，第 188 页。

一步的工作《判断力批判》。我们认为《判断力批判》是康德试图解决在世界中实现实践理念的尝试，其目标是要解决实践理念的现实性问题。

## 第六节　拯救理念实在性的失败

起初，道德世界和现实世界的两分是为了保持主体的自由，但事实上它需要开辟一个特别的领域，也就是主体的道德世界。但两个世界的划分却造成了一系列的困难：一方面，理性的概念在认知哲学上遭遇到了二律背反，即先验观念没有经验实在性；而在道德哲学处，实践理念在现实世界中也同样没有经验的表达，而只是停留在"应该"的层面上，也就是说，在现实世界中自由和道德律都没有表达。这个困难是康德在写完第二批判之后才意识到的，所以康德在《判断力批判》中展开了拯救理念之实在性的计划。《判断力批判》的工作就是要证明理性理念（自由、道德律）在现实中的确能实现出来，所以，第三批判的工作就是要拯救理性概念的现实化（拯救自由和道德律令），证明道德理念和理性理念是实存于世界中的。

事实上对于自由的拯救是从卢梭开始的，我们认为康德对世界的二分应该是来源于卢梭对自然状态和社会状态的假设。① 卢梭在《社会契约论》中首先批判了格劳修斯等人的经验论做法："他最常用的推论方式，一贯都是凭事实来确定权利。"② 因格劳修斯和霍布斯等人从经验事实当中推论出奴隶制和强权的合理性，而卢梭则认为不应该由事实出发去推论而应该从约定中去推论：既然"强力并不构成权利……于是只剩下来约定才可以成为人间一切合法权威的基础"③。

---

① 但卢梭的两分并没有涉及认识论领域。另外参考 Steven B. Smith, *Hegel's Critique of Liberalism：Rights in Context*, Chicago：University of Chicago Press, 1989, pp. 26 – 27。

② ［法］卢梭：《社会契约论》，何兆武译，商务印书馆 2003 年版，第 6 页。

③ ［法］卢梭：《社会契约论》，何兆武译，商务印书馆 2003 年版，第 10 页。

这样一来，权利的基础不是被奠基在事实和经验中而是被奠基在约定之中，由此人们便从自然状态进入了约定而成的社会状态。前者是"生理冲动和奢欲"的领域①，后者是正义和理性的领域②。"由自然状态进入社会状态，人类便产生了一场最堪瞩目的变化；在他们的行为中正义就取代了本能，而他们的行动也就被赋予了前所未有的道德性。唯有当义务的呼声代替了生理的冲动，权利取代了奢欲的时候，此前只知道关怀一己的人类才发现自己不得不按照另外的原则行事，并且在听从自己的欲望之前，先要请教自己的理性。"③ 而从自然状态进入社会状态意味着："他永远脱离自然状态，使他从一个愚昧的、局限的动物一变而成为一个有智慧的生物，一变而成为一个人的那个幸福的时刻。"④ 实际上，卢梭在这里已经区分了两个领域：属于自然的自然领域；属于道德法的社会领域。他又进一步将欲望、本能、冲动与理性、权利、义务和正义对立起来，教导人们要走出前者进入后者。

在这里，我们能清楚地看到康德对于卢梭的继承关系。根据 Smith 的看法，卢梭将起源于斯宾诺莎和霍布斯的自然主义一元论贬斥为一种危险的倾向，相反，他持一种二元论："卢梭认为人是由两个方面构成的，物理层面和道德层面。前者是属于自然的一台精密的机器，这台机器由自然所规定的各种欲望和倾向所构成；后者是作为一个自由的主体，主体能自由地意愿和规定自己的行为。"⑤ 所以"物理学在一定程度上能够解释感官的运作机制和观念的形成，但对人的意志力，或者毋宁说人的选择力方面，以及对于这种能力的感觉方面却无能为力"⑥。卢梭认为人能够与动物相区分的一点在于，虽

---

① ［法］卢梭：《社会契约论》，何兆武译，商务印书馆 2003 年版，第 25 页。
② ［法］卢梭：《社会契约论》，何兆武译，商务印书馆 2003 年版，第 25 页。
③ ［法］卢梭：《社会契约论》，何兆武译，商务印书馆 2003 年版，第 25 页。
④ ［法］卢梭：《社会契约论》，何兆武译，商务印书馆 2003 年版，第 25 页。
⑤ Steven B. Smith, *Hegel's Critique of Liberalism：Rights in Context*, Chicago：University of Chicago Press, 1989, p. 27.
⑥ ［法］卢梭：《论人类不平等的起源》，吕卓译，中国社会科学出版社 2009 年版，第 13 页。

然它与动物一样拥有相同的自然所规定的欲望和倾向但是人能够选择执行或拒绝这些倾向，由此成为一个自决的主体，这一点动物是做不到的。"野兽根据本能决定取舍，而人类则通过自由意志进行取舍。这意味着野兽即使面对诱惑也不会去违背自然法则；但是人类却往往尽管面对损害，也会去违背这些规则……因此，将人类从所有动物中区分出来的特质不是人类的理解力，而是人类作为一个自由的个体的能力。"① 康德不仅继承了卢梭对人所作出的区分，还进一步深化了卢梭的主张。康德不仅赞成卢梭对于人的"尊严"的分析，也同样认为"遵从于他的欲望的人无异于奴隶，而遵从于他的理性的人才是自由的人"②。

我们能够看到，卢梭的两分是：自然—自由；自然界—道德界。康德的两分法是：自然—道德；现象—物自体。康德在这里做了一个实践世界和经验世界的切割。③ Smith 谈道："康德的先验哲学的出发点就是为了保护卢梭自然—道德的二元论。但是是以自然界（现象界）和自由界（本体界）的两分为代价。"④我们也可以将自然界或现象界看作是经验的领域，受制于自然因果律的控制；将自由界或道德界看作是受主体自身的规定性（实践理性）所规定的领域。随之而来的问题是自然界或现象界的权限纠纷的问题，也即"是"与"应当"之间的问题。黑格尔所面对的也正是卢梭和康德所留下的这个问题。⑤ 对于康德来说一个人既属于现象界，又属于自由界，康德没有

---

① ［法］卢梭：《论人类不平等的起源》，吕卓译，中国社会科学出版社 2009 年版，第 12 页。

② Steven B. Smith, *Hegel's Critique of Liberalism: Rights in Context*, Chicago: University of Chicago Press, 1989, p. 28.

③ ［德］康德：《道德形而上学原理》，苗力田译，上海人民出版社 2005 年版，第二章。

④ Steven B. Smith, *Hegel's Critique of Liberalism: Rights in Context*, Chicago: University of Chicago Press, 1989, p. 29.

⑤ 在这个意义上说，二元论也是康德留给所有后康德时代的德国哲学家的问题："康德的二元论及其伦理学的'形式性'和'空洞性'的问题是费希特、谢林和黑格尔所共同面临的问题。"具体参见 Allen W. Wood, "Kant's Practical Philosophy", in *The Cambridge Companion to German Idealism*, Karl Ameriks ed., Cambridge University Press, 2000, p. 57。

否定其中任何一个领域的规则，但他也看到了两个领域的规则始终处在相互矛盾和斗争中。

为了解决这个由卢梭开启的二元论问题——即消除自然和自由之间横卧的鸿沟——康德引入了第三批判："为了调和在前两个批判中所暴露出来的自然人和自由人的矛盾，他在人的审美活动中为超验自由找到感性（情感）的迹象，又从人的有机身体的合目的性推出一个终极目的。"① 也就是说"在自然界和超验的'人格'之间也还缺乏一个过渡"②。而这个过渡就是第三批判。康德为他的理性存在者描绘了一个"目的王国"的居所，他们居住在"目的王国"的同时也是一名"世界公民"，遵守由理性所制定的普遍的法律和规范而生活。但是目的王国自身有一个无法解决的悖论：由于人所应当实现的至善应当是德福一致，但对于目的王国的公民来说是不可能实现的。因为："一个有理性的东西，尽管他自身一丝不苟地按照准则行动，却不能指望其他人对此也同样地恪守不渝，也不能指望自然王国和它井然的秩序以及由他而可能的目的王国合格成员相一致，也就是说，不能指望他对幸福的指望得到满足。"③ 在这里，康德自己指出了目的王国的两个问题：1. 由于感性世界和理智世界的两分所带来的德福不一致问题；2. 由两个世界的区分所造成的动机和行为不能匹配一致的问题。

为解决这个问题康德引入了第三批判来连接这两个世界。我们知道，理性的概念在认知哲学上遭遇到了它的二律背反，也就是说，先验观念论（因果观念）没有经验的实在性（先验的观念无法在经验中实现）；同样，在道德领域处，实践理念在实践中也没有经验的表

---

① 邓晓芒：《康德哲学诸问题》，生活·读书·新知三联书店 2006 年版，第 140—141 页。
② 邓晓芒：《康德哲学诸问题》，生活·读书·新知三联书店 2006 年版，第 154—155 页。
③ ［德］康德：《道德形而上学原理》，苗力田译，上海人民出版社 2005 年版，第59—60 页。

达，而只停留在"应该"的层面上。① 这实际上是承认了在现实世界中自由和道德律都没有表达。② 在现实中人们根本就不是按照实践命令去行动的。康德自己也意识到了这个问题，于是他在《判断力批判》中对实践概念展开拯救。《判断力批判》的工作就是考察理性理念（自由、道德律）在现实中到底有没有表达。

简单来说，康德的设想是主体通过审美的愉快经验而发现自己是自由的存在者，另外通过面对自然时所产生的崇高感唤醒我们自身中的道德崇高感，康德分析到对大自然的美的沉思是一种道德性质："但这种兴趣按照亲缘关系说是道德性的；而那对自然的美怀有这种兴趣的人，只有当他事先已经很好地建立起了对道德的善的兴趣时，才能怀有这种兴趣。"③ 因此康德说："在纯粹鉴赏判断和道德判断中有一种类似性。"④ "用对于客体的敬重替换了对于我们主体中人性理念的敬重，这就仿佛把我们认识能力的理性使命对于感性的最大能力的优越性向我们直观呈现出来了。"⑤ 康德推论审美和崇高经验暗示道德经验的存在，由此，审美和崇高的经验心理学便提升到普遍的道德哲学的维度。也就是无论是数学的崇高还是力学的崇高，都不是在自然对象或自然力上寻求到的，而是想象力在评价自然界时借助于理性的理念在自己内心中激发起来的，或者是以自然界的伟大力量象征和加强理性的人格理性或道德精神。通过审美经验和对于自然界的崇

---

① 在《实践理性批判》中表现为主体必须时刻警惕自己的欲望和激情等非理性的东西，而执着地追求理性状态，而康德又指出绝对理性不是人类所能达到的状态，而是一种类似于神的状态。这实际上是等于宣布了绝对命令在经验中不可能实现出来。对于人类来说它最后只能体现为：虽然人绝对做不到但是还是"应该"坚持这样去做的命令而已。

② 首先，康德的实践哲学中的自由是一种"设定"，它源于"先验自由"，所以康德说对于自由的论证不可能按照《纯粹理性批判》那样来展开，而只能预先设定它的存在来展开。这种证明方式在有的学者看来是一种不可能成立的循环论证。阿利森：《康德的自由理论》，陈虎平译，辽宁教育出版社2001年版。其次，道德律在世界上也是不能直接存在的，它只能通过人的中介来实现，但通过我们前面两章的分析实际上证明了道德律在现实世界中的不可能实现，此处不再复述。

③ ［德］康德：《判断力批判》，邓晓芒译，杨祖陶校，人民出版社2005年版，第143页。

④ ［德］康德：《判断力批判》，邓晓芒译，杨祖陶校，人民出版社2005年版，第143页。

⑤ ［德］康德：《判断力批判》，邓晓芒译，杨祖陶校，人民出版社2005年版，第96页。

高感经验带来的是一种人的内在道德经验的追溯和反思，通过内在的反思和追溯倒推出道德感的实在。

也就是说，一方面，我们在审美经验中直观到一种先天的自由概念，又通过这一无利害关系和"共通地"存在于所有人类身上的这种能力看到了这种能力的"实存"；另一方面，在对自然界的观察中发现了一个隐含的目的：这个目的是一种潜藏的目的性，康德认为这个隐藏的目的是通往人的实践理性："确切地说，在构成我们存有的终极目的的东西亦即道德使命。"① 人面临现实世界中的无限东西的时候能直观到一种无限，而这种无限的东西就是自由的直接展示。由此一来，康德认为我们就能在世界中直观到两种理念的实现，从而证明道德原则的确能够在经验事实中体现出来。

虽然康德试图通过《判断力批判》来证明我们能够在自然中直观经验世界中的美和崇高等经验来暗示道德理念的现实性，但是康德的工作在黑格尔看来是不成功的。因为在黑格尔看来康德的论证全靠隐喻式和暗示来达到："但是理念也具有客观实在性，即大自然至少会显示某种痕迹或提供某种暗示，说它在自身中包含有某种根据。"② 所以，"他所找到的先验原则仅仅是一种主观心理上的'反思的判断力'，他通过美和内在的目的性从认识向人的自由和道德过渡仍然只是某种象征、暗示或类比，是某种说不出来的神秘的东西"③。黑格尔认为这种通过暗示来表达的统一仍然是一种抽象的和主观性的统一，是一种不能在世界中实现的统一，还是未能证明其拥有经验实在性。无论康德如何以美、目的论来填补这个鸿沟，结果却还是停留在"应当"和主观性中。一条鸿沟依然横亘在"是"与"应当"之间。

在黑格尔看来在"应该"里，总是包含了一种软弱性。也就是说，认为某事物是应当存在的，也应该被承认为正当的，但却始终不

---

① ［德］康德：《判断力批判》，邓晓芒译，杨祖陶校，人民出版社 2005 年版，第 144 页。
② ［德］康德：《判断力批判》，邓晓芒译，杨祖陶校，人民出版社 2005 年版，第 143 页。
③ 邓晓芒：《康德哲学诸问题》，生活·读书·新知三联书店 2006 年版，第 218 页。

能实现出来，这就是一种软弱性。"康德和费希特的哲学，就其伦理思想而论，从没有超出这种'应该'的观点。那无穷尽地逐渐接近理性律令的公设，就是循着这种应该的途径所能达到的最高点。于是又根据这种公设，人们又去证明灵魂不灭。"① 最后，"认为有限与无限有不可克服的对立的二元论……在这样的关系里，有限在这边，无限在那边，前者属于现象，后者属于他界……但二元论绝不使无限有接触有限的机会，而认为两者之间有一深渊，有一无法渡跃的鸿沟，无限坚持在那边，有限坚持在这边"②。所以，在黑格尔看来，康德的第三批判是失败的，它最终也未能拯救理论的实在性。

## 第七节　黑格尔对康德的批评

我们认为黑格尔对康德的批判从来不是对其普遍道德原则的批评，在这一点上，黑格尔无疑是追随康德的，并且称赞康德达到了一个全新的哲学高度：主体的内在性原则。那么黑格尔所批评康德的到底是哪一点呢？我们认为主要集中在两个问题上：一个是对于康德"先验主体"的批判；另一个是对其原则现实化困难的批判。

首先，对康德的"先验主体"的批判同时也是对他的道德哲学形式化、抽象化倾向的批判。康德在世界中划分出现实世界和道德世界，两个世界都各有其行为准则和法律。但是康德同时又强调道德世界的法高于现实世界的法，道德主体高于自然人，因为道德主体是"永恒的、不变的、无限的、普遍的在者"③。而黑格尔认为这是不成功的论证：首先，康德未能证明道德原则为什么高于自然原则；其

---

① ［德］黑格尔：《小逻辑》，贺麟译，商务印书馆1997年版，第208页。

② ［德］黑格尔：《小逻辑》，贺麟译，商务印书馆1997年版，第209页。黑格尔对于康德二元论的批判和思路参见 Paul Guyer，"Absolute Idealism and the Rejection of Kantian dualism"，in *The Cambridge Companion to German Idealism*，Karl Ameriks ed.，Cambridge University Press，2000，pp. 37 – 57。

③ Alasdair Macintyre，*A Short History of Ethics*，New York：Macmillan，1976，pp. 1 – 2.

次，康德也未能证明现实中的自然人能够严格根据道德律行动；最后，康德依靠第三批判试图论证普遍理念的实在性计划也已经失败。在黑格尔看来，"先验主体"是不存在的，并不存在一条永恒不变的、普遍适用的原则，而只存在历史性的、地方性的、社会性的原则。也就是说，在黑格尔看来，任何道德概念都是相适应于特定历史和社会环境的产物，它根植于社会的、政治的、经济的和历史的结构和框架中。①

其次，康德始终面对的是理念的现实化问题，或称普遍的善的现实化问题。② 他所面对的困难是如何将道德律和普遍理念在这个世界中现实化和客观化。在原则的层面上黑格尔对于康德的普遍形式性原则是持赞赏和接受态度的，他批评的是康德未能将他的普遍形式性原则"实现出来"，而只是停留在"应然"的层面上。的确，黑格尔接受康德得出的普遍形式性原则，但黑格尔同时认为："哲学从来不与这种空洞的单纯彼岸世界的东西打交道。哲学所从事的，永远是具体的东西，并且是完全现在的东西。"③ 康德实际上将他的理性存在者（道德存在者）一方面看作"目的王国"的成员，遵守的是由理性所制定的普遍法律和规范生活；另一方面又将其看作是自然世界的成员，遵循的是自然规律。里面的问题是纯粹的实践原则如何在生活世界中得到实现？虽然康德认为实践规则"应该"高于自然规则且必然将自己实现出来，他想要通过《判断力批判》连接实践规则和自然界，并且暗示我们在审美活动中人的确能够直观到实践理念从而证明道德理念的现实性。但是，黑格尔认为这种努力是不成功的。

黑格尔认为理念绝对不能以一种"暗示的"、"隐喻"、"应然的"的方式来表达。在黑格尔看来理念绝没有这么软弱，理念之为理念就

---

① Steven B. Smith, *Hegel's Critique of liberalism*, Chicago and London：The University of Chicago Press，1989，pp. 70 – 80.

② 我上一部分的工作已经说明：抽象的、普遍的善落实到现实世界中只能落入一系列主观任意性和伪善的行为中而与他自己的初衷背道而驰。

③ ［德］黑格尔：《小逻辑》，贺麟译，商务印书馆1997年版，第208页。

在它绝对会在世界中将自己实现出来，既不是停留在"应然"当中，也不是只停留在思想当中。那种认为此岸有一个世界，彼岸又有一个世界；或者认为此岸世界是现象，彼岸世界是本体，这些说法在他看来都不是真哲学："哲学的最高目的在于确认思想与经验的一致，并达到自觉地理性与存在于事物中的理性的和解，亦即达到理性与现实的和解。"① 所以"凡是合乎理性的东西都是现实的，凡是现实的东西都是合乎理性的"②，而"惯于运用理智的人特别喜欢把理念与现实分离开，他们把理智的抽象作用所产生的梦想当成真实可靠，以命令式的'应当'自夸，并且喜欢在政治领域中去规定'应当'。这个世界好像是在静候他们的睿智，以便向他们学习什么是应当的，但又是这个世界所未曾达到的"③。

我们说黑格尔和康德的区别就在这里，而不在于普遍形式上。在康德看来理性的概念在认知领域中的运用体现为越界或自我悖反，在实践领域内的运用又沦为一种"应当"和主观构想。虽然康德在《判断力批判》中试图拯救实践理念的实在性，但最终还是沦入主观性和神秘性的巢穴中。黑格尔对于康德的批评就在这一点上，黑格尔认为康德的理论太软弱，始终不敢跨过这一步："认为理念与理想为幻想，没有现实性，或太软弱无力，不易实现其自身。"④ 在黑格尔看来，"哲学所研究的对象是理念，而理念并不会软弱无力到永远只是应当如此，而不是真是如此的程度"⑤。

所以黑格尔对于康德道德哲学的批评要点是理念的现实化问题。康德不能证明道德理念能够在现实生活中实现出来，而只能表现为一种"应当"实现和无限接近于实现的状态，但这都不是真正的实现方式。黑格尔认为所有的理念都可以现实化，理念的现实化是由理念

① ［德］黑格尔：《小逻辑》，贺麟译，商务印书馆1997年版，第43页。
② ［德］黑格尔：《小逻辑》，贺麟译，商务印书馆1997年版，第43页。
③ ［德］黑格尔：《小逻辑》，贺麟译，商务印书馆1997年版，第44页。
④ ［德］黑格尔：《小逻辑》，贺麟译，商务印书馆1997年版，第44页。
⑤ ［德］黑格尔：《小逻辑》，贺麟译，商务印书馆1997年版，第45页。

的本性所导致的。自由作为终极因素并不是狭隘的,自由之为自由就在于它能够不受限制。如果说存在一个理念但又不能实现那么就说明这个理念不是自由的,它必须将自己实现出来。而理念的实现可以体现在各个层面,它不仅仅是体现在思想层面,而是要将自己实现在具体的历史、社会机制和伦理结构中,因为理念即是自由的精神。① 所以归根到底黑格尔所批评的是康德未能将自身的原则在世界中实现出来,而并非对其原则的批判,黑格尔的《法哲学原理》就是在描述自由理念现实地实现自己的过程。通过《法哲学原理》,黑格尔向康德证明了自由的理念是如何真正地在世界中实现出来的。

# 第八节  结论

根据我们以上的工作,我们已经证明了康德的普遍化原则在世界中只能落入主观任意性和伪善的巢穴之中。在这一点上康德与抽象权利的原则都遇见了同样的问题:抽象原则在实现自己的过程中总是会沦为自己的反面。

我们认为康德的功绩是:1. 为先验自由奠基。2. 提出了普遍的道德规律。这个普遍的道德规律是每个道德主体为在其行为时所提供的形式上的参照系。3. 提出了道德主体的理论。道德主体的核心内容是主体的自律,而自律是现代公民生活的先决条件。道德主体是能够根据普遍的道德律的要求而自我约束的道德存在者。②

但是在黑格尔看来,康德的问题只能归结为一个问题:普遍的道德原则和规律如何能在世界中实现?如何能现实地成为每一个人的行

---

① 而并非某一个特定的观念,如公正、善等。

② 在查尔斯·泰勒看来,现代社会的政治秩序之所以能够平稳地实现有赖于主体的自律和自我约束:"他们是老成的、受过约束的自我。他们的自我理解是建立在自由能动性的基础之上的。"[加] 查尔斯·泰勒:《现代社会想象》,林曼红译,译林出版社 2014 年版,第 16 页。

动原则而不是沦为一种"应当"的原则?①

我们说道德主体行事的原则是根据形式性的和普遍的道德规则，我们可以看出在康德的图式中只有两端：一端是普遍的道德规则；另一端是个人。② 但是根据康德的理论，只能假设在社会中行动的是一个个同质的道德主体，是一个个同一的、大写的道德自我，由这样的道德个人所组成的是一个理想的"目的王国"。但是康德自己已经说了，这个共和国是存在于思想当中的，在现实世界中是不存在的。而在黑格尔看来我们面对的始终是现实的世界，在现实世界中行动的个人决不可能只是一个个大写的道德自我而已。实际上，黑格尔针对康德提出了两个设想：a. 人不可能是直接按照绝对命令生存的、绝对的"先验主体"。他的兴趣和个人福利应该得到满足。b. 正因为人并不是同一的、一致的、大写的"先验主体"，所以我与你之间肯定存在着差别，这种差别也是"他人"的根源。因为如果我与你都只是简单地按照绝对命令行动的个体的话，那我和你之间是不存在差别的动物，我就是你，你就是我，我们是大写的、抽象的道德主体而已。而现在，既然我们不是一致的主体，那么我们肯定是存在差别的个体，对于我来说你肯定是不同于我的"他者"。既然我与他人不是直接同一的存在者，那么我怎么处理与他人的问题和关系呢？也就是说，在康德这里还存在一个如何由自我过渡到"他人"的问题。我们可以认为在《判断力批判》之前康德没能处理好"他者"的问题③，在康德那里有的是生活在一个"目的王国"中的无限个自我同一

---

① 或者按照邓安庆先生的解释，黑格尔是要"解决后期伦理学遗留下来的如何从伦理的自然状态过渡到伦理的共同体状态问题"。在邓先生看来，黑格尔实际上和康德分享着同一主题，也就是要阐明道德原则的普遍化、现实化和制度化的问题，也即"关于伦理的'社会'制度化课题"。也就是说，要解决"绝对伦理（自由和正义）如何通过制度化建制变成现实，这是黑格尔所有哲学的根本目标，即归宿"。参见邓安庆《启蒙伦理与现代社会的公序良俗：德国古典哲学的道德事业之重审》，人民出版社 2014 年版，第 358、362 页。

② 他们的关系类似于基督教的教徒与上帝之间的关系。

③ 康德后来意识到了这个问题，在《判断力批判》中提出了健全思维的三大原则：1. 自我思维；2. 站在他人的、普遍的立场上来思维；3. 一贯的思维方式。［德］康德：《判断力批判》，邓晓芒译，杨祖陶校，人民出版社 2005 年版，第 136—137 页。

的自我。但是黑格尔认为他者不能划归为与我同一的在者，他者和自我不同，自我与他者有着绝对差异，他者对自我有一个本质上的意义：我们的自由源于与他人的共在和他者对我的承认，而不是通过我与自我（纯粹理性状态）的自我对话而存在的。

通过这一章的工作，我们看到，在康德那里，一个在现实中碰见问题的人只跟自己的良心打交道，不断地在自身中去反思问题。这里的自我实际上不需要任何其他东西，它可以不向任何人求救，而只诉诸自我的纯粹理性和良心本身，因此道德的人就得时时刻刻与自我的非纯粹化做斗争。而普遍的道德规则实际上还缺乏层次和内容的规定性，它绝不足以给现实生活中的人提供判断的依据，因为它依赖的只是一条形式性的不矛盾律。所以黑格尔说："善是自由的实体性的普遍物，但仍然是抽象的东西，因此它要求各种规定以及决定这些规定的原则。"[1] 而执着于向抽象的善去寻求判断，实际上最后不是将事物的客观规律带到事物中去，而只是将自己的主观性带到事物中去，因为这里的"善"是依系于个人对于善的不同理解的。所以坚持要求按照普遍的原则行事最后只是在坚持按照自己的任性行事。

通过我们上面的论证，我们证明了只诉诸良心的人最后很有可能会堕落到伪善或其他形式当中，按照黑格尔的话来说简直就是站在向恶出发的悬崖上。也就是说，只向自身求助的道德个体面临的问题实际上有一种两面性：他在坚持自己良心的确信之时缺乏任何外在的判断和证据，而"通过决心让一个人更彻底地追求善，并不能防止这个危险"[2]，要防止这个人坠入深渊只有放弃执着于个人的确信而引入"他人"的维度。与此同时，"放弃一个人规定何者为善的专断权利，也就转变为一个伦理的意志，它认识到，善必须是某种真正地客观的

---

① ［德］黑格尔：《法哲学原理》，范扬、张企泰译，商务印书馆 2009 年版，第161 页。

② ［英］斯蒂芬·霍尔盖特：《黑格尔导论：自由、真理与历史》，丁三东译，商务印书馆 2013 年版，第 310 页。

东西，某种公开地被理解的东西"①。这样的做法与要求自己来判定什么是事物的规定不同，伦理的逻辑坚持："善是它在周围世界遭遇到的某种现实的东西。"② 道德哲学曾经认为自己能够认识普遍的和本质的东西，但是它将这种普遍的东西理解为"从未存在"和"应当存在"的东西，还有待我的劳动将它实现出来的东西。但是黑格尔说："国家不能承认作为主观认识而具有它独特形式的良心，这跟在科学中一样，主观意见、专擅独断以及向主观意见乞灵都是没有价值的。"③

在伦理世界中，自由的实现是通过与其他意志的共在而实现的。自由不是局限在思想中的东西，也不是自己与自己不断的对话。自由是通过家庭生活、社会生活，通过对物质的支配；通过与他人的交换劳动；通过在社会制度中与其他意志一起形成共同的意志；通过生活在具体的国家之中并在该国的法律和制度的保障之下而得到实现的。

---

① ［英］斯蒂芬·霍尔盖特：《黑格尔导论：自由、真理与历史》，丁三东译，商务印书馆 2013 年版，第 310 页。
② ［英］斯蒂芬·霍尔盖特：《黑格尔导论：自由、真理与历史》，丁三东译，商务印书馆 2013 年版，第 310 页。
③ ［德］黑格尔：《法哲学原理》，范扬、张企泰译，商务印书馆 2009 年版，第 140 页。

# 第三章　法权哲学

前两章实际上是对近代以来所发展出来的两种权利/法模式的考察和扬弃。黑格尔一一诊断了两种权利学说各自的优缺点，对之既有保留又有舍弃。总的来说，黑格尔的现代国家首先要受基本人权（自然权利学说的三权利项目）的约束；其次要充分尊重康德哲学发展出来的主体的道德权利。黑格尔式的伦理国家首先是在充分肯定和接受了两者的主张和遗产的基础上，同时又扬弃了两者的不足的情况下发展起来的。在这个基础上才有黑格尔自己对伦理国家的进一步考虑和主张。

总结起来，自然权利学说所主张的"契约国家"还存在着市场失灵、巨大的贫富差距，以及由此所导致的个人事实上的权利丧失等问题，黑格尔认为在这些问题上应要求国家的介入。甚至可以说市场天然地要求国家/公权力的存在，而非相反。按照自然权利学说，人人都天然会和其他人做交易、人人都知道自己的利益所在并自觉地维护自己的利益。所以按照自然权利学说的逻辑看来肯定是市场在先，国家和法律在后。但是通过"抽象法"一章的考察最后发现，市场不能存在于权利真空的状态下（即自然状态下）。交易和市场的前提都是：首先，明确共同的交易规则（契约规则）；其次，要有执行交易、契约（偿付）的能力；最后，要求有判定、裁决和强制执行契约的第三方机构的存在。综上所述，自然状态自身要求走出自然状态，市场自身要求建立公权力。如果缺乏以上条件，首先就会有对契约的诈骗；其次有对契约的不偿付、不执行或违约；最后甚至发展到针对人身的暴力和不法。这都告诉我们，法和国家是市场存在的逻辑前提，而非相反。①

道德哲学所依赖的"自律"原则又不足以应付现代社会复杂、异质性的情况，也就是说必须把"应然的"道德权利变成"现实的"的个人权利。黑格尔认为需要解除"内心的法律"和"私法"进入"实证法"和"公法"。这里不是说人们不应该持有私见，而是说要让属于"内心的法律"写入公开宣告的实定法中，从而可以消除"私人立法"的不确定性。将"道德"的准则并入现实的"伦理"规范中去，正是在这个意义上黑格尔说在真正的伦理世界里道德会式微。

通过前两章的解读，我们发现进入文明就是进入国家和秩序状态中。只有设立长期、稳定、公正的公权机构才能真正实现和保障"个人权利"。"法伙伴必须解除武装。所有形式的自我立法、私人立法、私人执法和私人司法都得取消。"② 从而建立起国家来保护"私人权利"。"为了现实的正义性，法伙伴都有义务将自然的或私人的法状态转变为公共的法状态。为了实现正义，得建立起公共权力的总和，即（法）国家。"③

这些问题都有赖于对现代世界的新特征"市民社会"的理解和剖析，黑格尔认为对于市民社会的理解将决定现代世界的新特征。④ 市民社会是在最近几个世纪才出现的新事物，它有着自身的特点和发展

---

① 当然，事实上的确存在过没有法和国家的无政府地区和市场，但是我们要明确的是不存在"法"的地方也不存在任何"权利"。

② ［德］奥特弗利德·赫费：《全球化时代的民主》，庞学铨、李张林、高靖生译，上海译文出版社 2007 年版，第 87 页。

③ ［德］奥特弗利德·赫费：《全球化时代的民主》，庞学铨、李张林、高靖生译，上海译文出版社 2007 年版，第 88 页。

④ 里德认为黑格尔是德国哲学家中第一个抓住市民社会的人。而 Rosenzweig 则认为："市民社会这一用语虽非来自黑格尔，但由黑格尔明确了它的含义……黑格尔所做的就是通过充分的理解给出了界定严密的含义。"转引自［日］植村邦彦《何为"市民社会"：基本概念的变迁史》，赵平译，南京大学出版社 2014 年版，第 66 页。而按照华斯泽克的看法，苏格兰启蒙运动家对于自由市场经济、市民社会等方面的讨论和问题意识已经给黑格尔"市民社会"的问题打下了基础并产生了深刻的影响。参见 Norbert Waszek, *The Scottish Enlightenment and Hegel's Account of "Civil Society"*, Springer, 1988, Chapter Five。

规律。① 继斯密描述了它的运作规律和特点之后，黑格尔也敏锐地注意到了市民社会的问题，并在《法哲学原理》中详细地讨论了市民社会的问题。我们认为对于市民社会的理解将直接决定对于现代世界的特征的理解。市民社会的最大特征是陌生人的聚居和共在的问题。如何实现大规模的陌生人的聚居是一个现代性的问题。它是一个包含多层次和多维度的命题。对于这个问题的最后的回答也就是对于前两章的问题的回答。我们注意到，黑格尔将前两章的问题带入了第三章，也就是说前两章的问题只有引入市民社会和国家中才能够得到解决。我们也将在本章展示黑格尔对于这些问题的处理和回答。

---

① 市民社会（Bürgerliche Gesellschaft）：一般认为，市民社会这个词的使用是随着意大利人文学派的影响而在 16 世纪末的英格兰被普及开的。霍布斯在《法之原理》中首次使用了这个词："如此形成的这个联合体，我们在今天把它称为政治体或国家＝市民社会。"Thomas Hobbes, *The Elements of Law*, *Natural and Political*, Routledge, 1969, p. 104. 在霍布斯那里市民社会的含义还与国家紧密联系在一起。卢梭在《论人类不平等的起源》中也使用了这个词："把一块土地圈起来，并想到说'这是我的'，同时找到一些头脑简单的人去相信他，这样做的第一个人就是国家＝市民社会的真正奠基者。"卢梭虽然也将市民社会和国家联系在一起，但他赋予了市民社会以"文明的社会"的新含义，在卢梭看来生活在"自然状态"中的人是"未开化的人"，而生活在"市民社会"中的市民是"文明人"。[法] 卢梭：《论人类不平等的起源和基础》，李常山译，东林校，商务印书馆 1997 年版，第 111 页。随后，弗格森充实了市民社会的概念。弗格森首次在《文明社会史论》中谈到了人格、法律与财产权等问题。弗格森的文明社会既有文明的、有教养的社会的含义也有公共意识和公共的善的含义。实际上，弗格森的文明社会指的是有教养的商业社会（"治理得很好的社会"）。[英] 亚当·弗格森：《文明社会史论》，林本椿、王绍祥译，浙江大学出版社 2010 年版。在斯密这里，市民社会指的是商业社会，因为在斯密的用法中市民社会跟劳动、分工、分配、财富等商业活动紧密地联系在一起，它指的是从事商业活动的经济社会。[英] 亚当·斯密：《国民财富的性质和原因的研究》，郭大力、王亚南译，商务印书馆 2012 年版。有研究指出，斯密本人并没有直接使用"市民社会"一词，斯密使用的是"社会"（society）、"文明社会"（civilized society）和"商业社会"（commercial society）。但是斯密的德国翻译者加尔夫将所有斯密谈及"商业社会"的地方翻译成了"市民社会"。所以植村邦彦等人认为加尔夫的译法"有可能"影响了黑格尔的考虑，因为黑格尔看到的是"市民社会"而不是"文明化的商业社会"。[日] 植村邦彦：《何为"市民社会"：基本概念的变迁史》，赵平译，南京大学出版社 2014 年版，第 82、89 页。但是，在华斯泽克看来，黑格尔看的并不是加尔夫的译本，而是直接看的英语原本，因为"黑格尔的英文水平甚至超出当时的一些译者"，所以华斯泽克认为黑格尔在"市民社会"的定义问题上并没有受到翻译的影响。另据华斯泽克考证，黑格尔"很有可能"看过弗格森的《市民社会史论》从而影响到了其对"市民社会"的定义。参见 Norbert Waszek, *The Scottish*（转下页）

　　现代世界的特征是大规模陌生人聚集在市民社会（城市）当中，这与前现代社会（农业社会）的特征是非常不一样的。本章第一部分将从厘清现代世界与古代世界的区别入手。首先需要界定什么是现代社会，什么是古代社会？现代社会与古代社会的区别和特征分别是什么？现代人区别于古代人的又是什么？现代人拥有哪些不同于古代人的权利和自由？

　　我们认为，前现代社会是一种基于某一特定人群所拥有的特定历史和传统的社会形态。也就是说聚居在前现代社会中的个人都是高度同质化的，他们共享某一特定群体的文化和传统，其社会是高度同质化的。前现代的世界观认为：人生下来就有自己的位置，试图改变自己的位置是不对的。韦伯谈道："传统社会和现代社会之间有严重断裂。传统社会的特征是：广泛的亲戚关系，宗教或亲戚的约束对市场交易设限，缺乏个人社会流动性，基于传统、宗教、超凡魅力的非正式社会规范。而现代社会是个人主义的、平等的、以优秀和市场为导

---

（接上页）*Enlightenment and Hegel's Account of "Civil Society"*，Springer，1988。总之，卢卡奇认为黑格尔在1803—1804年期间的确读过了《国富论》。［匈牙利］卢卡奇：《青年黑格尔》，王玖兴译，商务印书馆1963年版；Norbert Waszek，*The Scottish Enlightenment and Hegel's Account of "Civil Society"*，Springer，1988；Shlomo Avineri，*Hegel's Theory of the Modern State*，Cambridge University Press，1972；Frederick C. Beiser ed.，*The Cambridge Companion to Hegel*，Cambridge University Press，1993，p. 215。但是黑格尔"市民社会"的含义跟以上所有人的含义都不同。本书认为黑格尔的市民社会是建立在对洛克和斯密的契约国家（准市民社会）的批判之下并受到古典经济学家的影响而得出的产物。在黑格尔那里市民社会是伦理的一个环节，隶属于国家。黑格尔的市民社会分为三个环节：第一个环节是经济环节（需求的体系）；第二个环节是规范经济关系的法律环节（司法）；第三个环节是与经济政策相关的执行与行政环节（警察和同业公会）。所以，我们认为黑格尔的市民社会归根结底还是经济社会。但是，黑格尔强调市民社会是一个受限制的、有条件的、处在国家管控之下的经济领域，所以我们认为黑格尔对于市民社会的定义是独特的。植村邦彦建议将黑格尔的市民社会理解为卢梭和斯密的混合体："站在这种'国家'的高度上，将其与卢梭所批判的洛克'国家＝市民社会'和《国富论》的'文明化的商业社会'重合，得到的便是黑格尔独创的新'市民社会'概念。"［日］植村邦彦：《何为"市民社会"：基本概念的变迁史》，赵平译，南京大学出版社2014年版，第87页。

向的、流动的，并以法理型合法性权威组织起来。"① 而现代社会的特征是："梅因有个著名概念：现代化涉及从'身份到契约'的过渡。换言之，早期社会地位赋予个人，安排一切，从婚配、职业到宗教信仰。相比之下，现代社会的个人可随意与人签约，走进不同的社会关系，其中最重要的是婚姻合同。"② 我们可以设想，前现代社会会如何对待异质个人和人群？前现代社会对待异质人群的态度是要么排斥异质个体（个体层面），要么以流放和驱逐等形式维护阶级差别（国家层面）。③ 因为前现代社会容纳不了主观性原则和异质性人群。所以，我们认为现代意义上的"个人"并非天然存在的，而是到了近代才被人为地制造出来的。"个人"不可能存在于古代社会，也不可能存在于任何现代国家之外的社会，事实上"个人"只能存在于现代社会。

现代人大多生活在市民社会中。在市民社会里最重要的活动是人的经济活动和私人生活。而在市民社会中生活的居民彼此之间是完全的陌生人，而前现代社会里人们生活在由熟人所构成的圈子里。所以，生活于市民社会中的人是完全没有血缘关系的异质人群，如何使这些彼此之间没有天然的纽带的人们生活在一起则成了现代世界的新问题。我们认为现代世界的特征是主观化、陌生人群化、商业化和世俗化。现代世界是一个全新的世界，它能够包含和容纳这些新的特质，而古代社会则不能容纳这些特征。也就是说，现代社会是由异质人群所构成的，是异质人群的共在和承认。

在现代社会中，其居民来自不同的群体和不同的信仰，而现代生活是如何使这些异质人群聚集在一起又是如何处理异质人群之间的冲突（男女、民族、阶层、信仰之间的冲突）的？这种社会如何可能？

---

①　［德］马克斯·韦伯：转引自弗朗西斯·福山《政治秩序的起源》，毛俊杰译，广西师范大学出版社 2012 年版，第 228 页。

②　［德］马克斯·韦伯：转引自弗朗西斯·福山《政治秩序的起源》，毛俊杰译，广西师范大学出版社 2012 年版，第 227 页。

③　例如古代希腊控诉苏格拉底，认为其引入新神、败坏年轻人而杀死了他。

这不仅要求个体对自我与他者之间有一种新的认识，同时也要求在国家制度层面实现现代化。也就是说，要在国家制度的层面去适应并实现人与人之间的新的承认关系。

现代制度首先要求一种形式上的分离，也就是说要分离政治和宗教、法律和传统，以及分离特定信念和普遍信念。现代生活要求以制度的高度形式化来容纳大量异质人群，而容纳所有人的异质性也就是承认所有人的自由和权利。现代国家是对所有人的承认，不是仅仅承认某个人或某一些人的权利和自由，而是要承认所有男女、阶级、民族、种族、信仰等所有异质人群的权利和自由。现代性就是容纳异质性，而并非简单否认"他者"的异质性。从某种意义上来说，一个国家能在多大程度上容纳"他人"的异质性和自由就成为评判其制度是否现代化的标准。黑格尔认为正是从这个意义上来说，各种文明和制度之间可以存在一种比较，即比较何种文明和制度能最大限度地实现人们的自由。① 制度比较的评判标准不再是以人群之间的高下，或以人群之间的等级差别来判别，而是问一种制度能够给个人或异质人群提供多大范围的自由空间。而任何一个社会要想实现现代化就都要面临如何处理异质人群的共在的问题。②

黑格尔所设想的现代国家考虑的是如何能在每一个领域都既能保证每一个个体的独立性，又能保证这些异质的个体能够在一起共同生

---

① 在黑格尔看来，"世界历史无非是'自由'意识的进展"。［德］黑格尔：《历史哲学》，王造时译，上海书店出版社2001年版，第19页。而对自由的意识又按照其清晰程度分成几个阶段，对自由认识得越清晰就离真相越近，而国家一方面是清楚地意识到了这一任务的存在者（神），另一方面国家也是实现自由的手段和工具。［德］黑格尔：《历史哲学》，王造时译，上海书店出版社2001年版，第19页。所以，从这个意义上来说："因此存在着一个评估不同文明相对价值的尺度，这就是，它们在何种程度上意识到了自己是积极的、自我规定着的。"即在文明对于自由的容忍程度上这一点是可以比较的。［英］斯蒂芬·霍尔盖特：《黑格尔导论：自由、真理与历史》，丁三东译，商务印书馆2013年版，第18页。

② 例如在家庭层面，现代家庭模式就不同于以往的家庭模式。现代家庭是由两个异质的个人所组成，要面临的是如何处理两个具有平等人格的人的共在的问题。夫妻双方都具有独立人格，他们通过婚姻形成共同体，并在对方当中实现自己、获得相互承认。在现代家庭里，夫、妻、成年子女都是具有平等人格的存在。同样，市民社会也是由不同的、异质的个人所组成。他们有着平等的人格，他们在劳动分工中建立起某种相互平等的承认关系。

活。本章第二部分将揭示出这种现代个体的诞生过程。这种现代个体的诞生有赖于从承认的逻辑来理解。通过承认的逻辑我们将看到：自我一开始将"他者"看作自我实现的障碍物而要消灭他，或只是迫使他者承认自我的自由和权利。最后逐渐演变为自我认识到只有通过和他人建立平等的承认关系才可能真正地实现自我。比如在市民社会中陌生的个体之间通过经济活动就建立起了广泛的承认关系，最终实现自我与他者的共在。这种共同生活要求一种新的个体的诞生，新的个体有别于自然权利学说的原子式个体，也有别于康德式的只关心内在生活的先验主体。这种新的个体将自我看作与他人共在的个体，个体既与他人共在，又在他者中实现自己，同时还保持着与他者的种种差别。自我看到他者并不是自我实现自己的障碍物，而是自我实现的必不可少的中介。自我只有在与他者的共在中才能真正地得到承认和自我实现。也就是说，新的个体在理解自我和他者的关系时并非抱着非此即彼的态度，而是看到自我只有在他者中才能成就自己。所以这里涉及对一种新的个体以及个体与他者之间的关系的构想。本章第二部分将这种现代生活解释为交互承认的逻辑。

　　为了实现这种全新的人与人之间平等承认的关系需要在国家制度层面做出相应变化。黑格尔要求去除历史上曾经出现过的特殊的权利构想，也就是要求去除前现代社会的制度构想，因为前现代社会都是以排除一些人或多数人的权利为代价来实现一个人或某一些人的自由和权利的。而现代国家则是要承认所有人的自由和权利。现代国家对于这一点——即以实现所有人的自由和权利为其使命——是完全自觉的。[①] 道德、抽象权利、自由这些高级范畴只有在现代国家中才能够得到实现和包容，并使平等的承认关系建制化、制度化，同时使这些自由和权利得到公开的描述和表达。本章第三部分将通过家庭中的承认、市民社会中的承认以及国家制度中的承认这三个制度层面来谈现代国家是

---

① ［德］黑格尔：《历史哲学》，王造时译，上海书店出版社2001年版，第47页。

如何将自己对所有人的自由和权利的承认建制化和制度化的。

我们应该注意到，自然权利学说所要求的抽象权利和康德所发展出的道德权利和反思自由都只能在现代国家中得到实现和包容，同时现代国家也是对前两者的扬弃。对此，伊尔亭评论道："法律和道德理论必须被理解为一个方法论上的假设，也就是说人必须被抽象地构想为拥有自发性人格和道德主体的存在者，但同时他也生活在复杂的社会关系中。黑格尔认为个人的法律维度和道德维度当且只当其在共同体和机构的内容中才能实现出来。在这个意义上法律和道德理论在'伦理系统'中被扬弃了。"① 也就是说，在个人应该拥有什么权利的问题上黑格尔没有与洛克、斯密或康德持反对意见。黑格尔反对的是他们未能给出实现个人自由与权利的现实的机制条件。这些范畴在契约国家中是不可能实现的，而只有在现代国家中，国家才首次清楚、明确地意识到了自己的使命就是要将这些概念现实地实现出来，并将这些范畴建制化以保障其永久性地实现。正是在这个意义上，黑格尔称现代国家——第一次完全自觉地意识到了自己使命的国家——为地上的神物。②

我们可以看到，黑格尔所构想的国家实际上面临着现代性所提出的非常严苛的要求。也就是说，现代"法治国"面临着既要满足自然权利学说所提出来的抽象权利又要满足康德所提出来的道德权利，最后还要面临如何使陌生人群得以共在的问题。这对制度设计和机制设计提出了非常高的要求。总的来说，它们可以浓缩成一个总命题：如何使所有人的自由和权利都得到承认？我们可以想象：首先需要承认的是个人权利（消极权利及主观权利）；其次需要承认的是"他人"的权利；最后的问题是如何使得所有人共在。黑格尔的方案是建

---

① K. H. Iilting, "The Structure of Hegel's Philosophy of Right", in *Hegel's Political Philosophy: Problems and Perspectives*, Z. Pekzynski ed., Cambridge: Cambridge University Press, 1971, pp. 98 – 99.

② 但是，我们在这里需要注意的是黑格尔称能够符合国家概念的国家为神物，而能够符合国家概念的国家还从未存在过。所以，黑格尔所描述的只是概念中的国家，并不是指任何现存的国家。

立"法治国"（即现代国家）并以法律（普遍原则）来统治。法律是最抽象和最具有普遍性的原则，法律清楚、明白、公开地规定了每一个人的基本权利，法律承认这个国家中每一个公民都拥有同样的权利和自由。也就是说，通过普遍性原则来达到每一个人的自治，同时每一个人都承认"他人"是和自己一样拥有相同权利和自由的存在者，这就是陌生人共同生活在同一个普遍原则之下的唯一方式，也是现代国家得以出现的原因。陌生人的大规模聚居既是前现代国家的危机（即是由工业生产方式和城市化带来的问题）也是现代"法治国"得以出现的契机和理由。只有在现代"法治国"中才能实现每一个人的权利，同时也实现每一个"他者"的权利。

　　本章将证明：只有现代"法治国"才能同时满足自然权利学说所提出的抽象权利（消极权利）和道德权利学说所提出的道德权利。同时，现代国家清楚、明白、公开地承认每一个个人和异质人群的权利和自由，并通过使其制度化——家庭中承认的制度化；市民社会中承认的制度化；国家中承认的制度化——的方式实现大规模异质人群的共在。最后，在黑格尔所构想的现代国家中将实现所有人的自由和权利。

## 第一节　现代世界与古代世界

　　按照亨廷顿的说法，现代世界①和古代世界的区别在于："现代化引导社会更加广阔、更具多样化，然而这样的社会就缺乏大家庭、村庄、民族或者部落原有的那种'自然的'共同体。由于现代社会规模较大，其疆界又往往是由地理和殖民历史上的偶然事件所划定

---

　　①　关于什么是现代世界的特征有各种说法。托克维尔认为现代世界的特征是："一种有分寸的宗教，一种有节制的家庭，一种有限制的政治权力，一种有界限的经济。"在斯密看来，现代世界有三要素："和平、便利的收税，以及适度的司法。"而麦克法兰则认为现代世界有五要素：1. 恰到好处的人口结构；2. 政治自由；3. 公民社会；4. 新生产方式（工业革命）；5. 世俗化、发展科学。［英］艾伦·麦克法兰：《现代世界的诞生》，管可秾译，上海人民出版社2013年版，第19—20页。

的，故而现代化社会往往是'多元的'社会，兼容并蓄的宗教、肤色、种族和语言群体、此类群体在传统社会中也可能存在，但低度政治参与冲淡了它们给社会的统一所形成的问题。"① 因此，在亨廷顿看来："现代化带来的政治意识和政治参与的扩大。"② 也就是说，在亨廷顿看来，现代与传统社会之间的分别在于谁能参与政治活动。在传统社会中，权利和财富都被把持在一小撮人手中，广大的人群根本不能有政治参与机会。但是我们也不能把这种情况看作一种强制，因为根据亨廷顿，这种绑定和限定（不承认）是与一种前现代的世界观绑在一起的。前现代的人们将自然和政治、社会环境都看作是自然的、神的意志的体现。任何企图破坏这种和谐、平衡的人都是大逆不道的。③ 因为"在传统社会中，人们将其所处的自然与社会环境看作是给定的，认为环境是奉神的旨意缔造的，改变永恒不变的自然和社会秩序，不仅是渎神而且是徒劳的。传统社会很少变化，或有变化也不能被感知。因为人们不能想象到变化的存在"④。也就是说，前现代世界的人们相信人处在"秩序"、"天意"、"命运"中。例如："安那西曼德把任何偏离自然规律的事物都看成是不公正的，并认为，凡是抵抗自然界的事物，终究要'根据既定的实践，各自为其不公正付出代价，受到惩罚'。赫拉克利特对事物的秩序也有类似的叙述，他提出，即使太阳偏离了其运行的轨道，复仇女神也会抓住它把它拖回其运行的位置。"⑤ 也就是说，在前现代社会，等级秩序被古人看作这个世界本然的秩序，而并非不公正的秩序。"这种古老的秩序观

---

① ［美］萨缪尔·P. 亨廷顿：《变化社会中的政治秩序》，王冠华、刘为译，上海人民出版社 2008 年版，第 332 页。

② ［美］萨缪尔·P. 亨廷顿：《变化社会中的政治秩序》，王冠华、刘为译，上海人民出版社 2008 年版，第 333 页。

③ 例如希腊人的天命观和印度的种姓制都是这种世界观的一种。

④ ［美］萨缪尔·P. 亨廷顿：《变化社会中的政治秩序》，王冠华、刘为译，上海人民出版社 2008 年版，第 82 页。

⑤ ［加］查尔斯·泰勒：《现代社会想象》，林曼红译，译林出版社 2014 年版，第 7 页。

是'正常'和'正确'的，就像脚应该长在头之下一样。"①

而现代社会正好与之相反，它完全抛弃了等级制度和命运、天意、神意等说法，而认为并没有什么天然的秩序和位置，个体之间应该是平等的。"当人们意识到他们自己的能力，当他们开始认为自己能够理解并按照自己的意志控制自然社会之时，现代性才开始。现代化首先在于坚信人有能力通过理性行为去改变自然和社会环境。这意味着摒弃外界对人的制约，意味着普罗米修斯将人类从上帝、命运和天意的控制之中解放出来。"② 在这里，亨廷顿实际上是在谈现代性是主体或个体的觉醒的问题。也就是说，在现代社会中个体发展出了他的主观意识，并意识到世界并非一个有秩序的、先定的整体，而是有待主体改造的世界。同时，自我的位置也并非固定不变的或已经预先给定了，而是有待主体去创造和实现的。这种新的世界观被黑格尔表述为"主观性原则"。黑格尔甚至说"主观性原则"是我们这个时代中最重要的原则。觉醒的主体意识到命运、神、自然对自己的束缚都不在了，才可能去主动积极地改造社会。新旧世界的交替也就是"脱魅"的过程，是指旧世界里的魔法力量和神灵的世界的消失。③

另外，现代世界最重要的特征就是"市民社会"的出现，"市民社会"具有城市化、世俗化、民主化、多元化、异质性等一系列特征。"现代化是个整体，包括资本主义市场经济、随之而生的大规模分工、强大极权官僚国家、亲密的村庄群体变为不近人情的城市群体、公共的社会关系变为个人的社会关系。"④ 用汤姆·G. 帕尔默的

---

① ［加］查尔斯·泰勒：《现代社会想象》，林曼红译，译林出版社 2014 年版，第 9 页。

② ［美］萨缪尔·P. 亨廷顿：《变化社会中的政治秩序》，王冠华、刘为译，上海人民出版社 2008 年版，第 82 页。

③ "脱魅"也就是去除对自然、天意、命运、宗教、国家等概念对个人的控制，脱离这些概念对个人的控制、监护和引导。所以康德说"启蒙"就是"人类脱离自己所加之于自己的不成熟状态……要有勇气运用你自己的理性（Sapere aude!）"。［德］康德：《历史理性批判文集》，何兆武译，商务印书馆 1997 年版，第 22 页。

④ 转引自弗朗西斯·福山《政治秩序的起源》，毛俊杰译，广西师范大学出版社 2012 年版，第 449 页。

话来说就是"现代的自由观念跟宗教信仰、生活方式及意见的多元化相适应。在现代自由中,'各色人等均会出现',都是不可预知的"①。城市化、工业化、世俗化、民主化、普及教育等层面的扩展与现代性的多元化维度、自由化维度以及现代性的包容性是分不开的,越包容、越多元,越会出现各色人等、各种价值观,而这些特色又主要是出现在城市当中的,城市化是现代化的最主要结果。现代人大多生活在城市中,城市是陌生人群的大规模聚居。如此众多的没有血缘关系的陌生人生活在一起必将带来很多问题。

而上面所讨论的现代化的新特征全都集中在市民社会里,这就是为什么黑格尔会在第三章谈市民社会的问题。当然,黑格尔时代的市民社会还没有后来的福山或丹尼尔·勒纳所讨论的城市化那样复杂,但是黑格尔已经抓住了现代社会最重要的特点。在黑格尔看来,由于现代生产方式的转变而导致大量异质人群聚居在城市里,而这些大城市将面临由各种陌生人所带来的承认问题。现代国家所面临的问题就是既要使这些异质人群生活在一起而又同时承认他们的权利和自由,这就是为什么黑格尔要讨论市民社会的问题。

市民社会中的陌生人之间是一种相互平等的承认关系,而这种承认在前现代的社会中是不可想象的。前现代社会是一种主奴承认关系,这种关系总是一方承认另一方的权利。而现代国家要实现的是所有人的自由和权利,这种承认是相互承认。前现代国家既不能承认"个人"的自由和权利也不能承认"他者"的权利。对于前现代国家来说无论是个人的思想自由或主观权利都被视为一种"异质性"。不仅主观性对于前现代国家来说是一种异质性,"他人"或异质文化对它而言也表现为一种异质性。现代国家要求实现所有人的权利和自由,就不仅要求承认个人的主观权利和思想自由而且也要承认异质人群的权利和自由。黑格尔所设想的现代国家就是以实现所有人的自由

① 〔美〕汤姆·G.帕尔默:《实现自由:自由意志主义的理论、历史与实践》,景朝亮译,法律出版社2011年版,第26—27页。

为目标，而实现所有人的自由和权利也就是承认所有人的自由和权利，他们是同一个命题。本章就是要带着这样的问题去考察黑格尔所设想的现代国家到底有没有实现它的承诺。

## 第二节　承认的逻辑

本书的总命题是在理论上如何现实地实现所有人的自由和权利。而实现所有人的自由，也就是承认所有人的自由和权利。这个总命题涉及两个步骤，首先明确承认的逻辑：承认可以是单方面的承认（主奴承认），也可以是相互的承认（交互承认）。而在交互承认中"个人"和"他人"的权利都得到了承认，剩下的是进一步明确和描绘双方的权利，所以该命题又分为三个小命题：1. 明确个人的权利和自由；2. 明确"他人"的权利和自由；3. "个人"和"他人"互为"交互主体"。其次涉及如何将这种交互承认关系制度化的问题（现代国家理论）。

首先涉及由谁来承认谁的问题：不可能是我自己承认我自己的权利，因为如果只有我自己承认我自己的权利，而别人并不承认，那么我们之间的权利界定只能通过暴力的手段来达到。这也是自然状态理论所讨论的问题，在自然状态中，由于不存在权利的公正界定和相互承认，所以自然状态是普遍的战争状态。① 所以，要么是他人单方面承认你的自由和权利，这是主奴关系的逻辑；要么也可以是你们相互承认对方的自由和权利，这是交互承认的逻辑；最后，也可以是所有人承认所有人的权利。而达到最后一步我们就达到了现代国家的原则和深度。也就是说，只有在现代国家才可能实现所有人承认所有人的自由和权利。

如果想要摆脱自然状态的困境那我们只能让别人承认我的权利，这样我的权利才能成为真正的权利。比如没有我的许可，任何人不得随意占有、使用我的身体、财产和物品，等等。但是我如何让别人承

---

① 这也就是《利维坦》的由来。也就是说无政府、无国家便无权利。

认我的权利呢？一开始还是得通过暴力和生死斗争，确定主人和奴隶的身份和地位。这样一来，主人的权利便得到了奴隶的承认。但是在主奴关系中只有主人的权利是得到承认的，奴隶一方是完全没有任何承认和权利的，而人类历史上大部分时间都处于这种主奴关系中，这一套伦理观是被所有主人和奴隶都承认的自然秩序，或称天理秩序。①但是进入近现代以来，由于主观性原则的出现，人们已经不再接受前现代的伦理或法则。② 也就是说，进入近现代之后，人们不再接受单方面的承认逻辑，而是要求相互承认双方的对等权利和自由，这是只有我们这个时代才有的变化。从这个意义上讲，我们可以将自文艺复兴和启蒙运动以来的近现代历史理解为人们为了获得普遍的承认和对等权利而斗争的故事。最后，我们可以将自由人之间所获得的普遍和平等的承认理解为现代国家的根本原则。也就是说，我们也可以将现代国家理解为近几百年来人们为取得平等承认而斗争的胜利果实。现代国家与古代国家的最大区别也就在这里，只有现代国家才承认它的每一个公民人格平等、拥有平等权利的人且将之写入了宪法。也就是说，在一个现代国家里没有谁拥有特权，所有人在法律面前一律平等。

现在，根据承认的逻辑首先需要明确的是"个人"、"他人"到底拥有什么权利和自由，以及建立在交互承认关系上的新主体"交互主体"有什么特征。下面分为三节来谈：1. "个人"在原初和核心意义上指的是单个的"个人"的权利和自由，所以我们首先需要定义"个人"拥有哪些权利和自由。2. 作为交互主体的个人是对传统主体哲学的扬弃和超越。这里的"个人"不能做原子主义的理解，也就是说不能做自然权利学说或康德的先验主体来理解。黑格尔处的"个人"是超越了原子式的个人的"个人"，是一种交互主体的"个人"。这个"交互主体"

---

① "这种不平等在传统社会里被公认为是自然形成的生活格局的一部分。但是社会动员却增强了对这种不平等的意识并可能增加对这种不平等的愤怒。"［美］萨缪尔·P. 亨廷顿：《变化社会中的政治秩序》，王冠华、刘为译，上海人民出版社 2008 年版，第 44 页。

② 由基督教、文艺复兴、宗教改革和启蒙运动带来了自由和平等的新观念。

的自我存在和实现是以"他者"的存在和实现为其前提条件的。也就是说，单个人单凭自己是不能得到承认的，"个人"只有在社会中、在人群之中才能得到承认。"个人"必须被纳入一个普遍化的、整体化的机制中去，方能得到承认。"个人"并不能"自在"，个人真正的存在方式是"和他人共在"（通过市场交换、参与工会和组织、政治参与）。3. 最后一个维度是指"他人"的维度。"他人"既可以指所有异于我的"个人"也可以指所有异于我的观念（不同的想法、观念、信仰、文化、价值观、传统），而如何承认和容纳"他人"的自由和权利是现代国家的新问题。接下来我们将一一界定以上概念。

## 一　"个人"的权利

"个别的人，作为这种国家的市民来说，就是私人，他们都把本身利益作为自己的目的。"① 然而个人虽然出于利己的目的却已经处于一种普遍性的机制（即交换体系）中，建立起来了一种在一切方面都相互依赖的制度。我们发现黑格尔处的"个人"包括几个层面：1. 个人是作为特殊性原则的一面，社会需要是普遍性的一面。② 2. 个人始终是作为"为他的"存在，反之亦然，他人也是"为我的"存在。也就是说，在市民社会的经济活动中，每一个人都是另一个人满足其需求的手段，但同时别人也同样是满足我的需求的手段。我与他人相互满足、相互承认。3. 我与他人是一种人格上的平等的存在。因为无论是在人格规定上，还是在交换系统中都没有哪一个享有高于其他人的地位。4. 个人的异质性。这个异质性是指个人有不同的需求，即每一个人都是作为与他人不同的特殊的人。个人拥有自己的主观自由、反思自由、道德自由，但个人同时也是无尺度的和无节制

---

① ［德］黑格尔：《法哲学原理》，范扬、张企泰译，商务印书馆 2009 年版，第 201 页。

② "其实，特殊利益不应该被搁置一边，或竟受到压制，而应同普遍物符合一致，使它本身和普遍物都被保存着。"［德］黑格尔：《法哲学原理》，范扬、张企泰译，商务印书馆 2009 年版，第 263 页。

的，他只将自身利益当作自己的目的。

在黑格尔看来，市民社会中的"个人"是自然权利学说的"个人"（任性的、自利的个人）与康德式的道德主体的混合物："但是这种私人利益的领域可以视为留给形式上自由的环节的一种领域，它是个人特有的认识、特有的决定即其执行的角力场，也是无聊的激情和幻想的角力场，它们在其中各显身手。"① 也就是说，市民社会中的个人是一个任性的、无尺度的、无节制的、抽象的"个人"；也是逐利的理性人；同时，个人还是康德意义上的拥有道德权利和反思自由的道德主体。仔细看来，市民社会中的"个人"是一个现代混合物。我们发现黑格尔把之前所批判过的洛克式的"个人"和康德式的主体的特征都吸收了进来，而不是将他们一劳永逸地抛弃了。市民社会中的个人实际上拥有了前两者的特征，黑格尔是想将自然权利学说所论证的天赋权利或称形式的自由现实化。在黑格尔看来人的确应该拥有天赋权利，但仅仅是"应该"而已，它还停留在形式的层面上，如何将人的权利具体地实现出来则是另一个问题。我们能够看到，黑格尔想要将自然权利学说所设想的天赋权利学说现实化。当我们去考察黑格尔的国家和市民社会，我们要带着这些问题去考察他到底有没有把这些权利落实。同时，我们还要带着康德的道德主体去检验黑格尔到底有没有将道德主体实现出来。

实际上，市民社会中的"个人"的确是拥有各种权利。"个人"既作为追求自身利益最大化的经济人，也是拥有无可置疑的道德和反思自由的道德主体；同时个人拥有无限的任性去追求任何他想要追求的东西，个人是拥有绝对自主权的。如果要给这种个人划定一个界限，那么这个界限也只能是法律所规定的范围，在法律之外个人实际上享有无限的自由，并且这种自由是受到警察和法律保护的自由。②

① ［德］黑格尔：《法哲学原理》，范扬、张企泰译，商务印书馆2009年版，第309—310页。

② Pekzynski 将这种个人自由表述为："不要做实定法所禁止的事情，如蓄奴、侵犯财产权、强迫宗教信仰。" Z. Pekzynski ed., *The State and Civil Society：Studies in Hegel's Political Philosophy*, Cambridge：Cambridge University Press, 1984, p. 265.

但这样说起来黑格尔为什么还要费尽心思地批判洛克、斯密和康德等人呢？

黑格尔不同于他们的是如何定义"个人"与"他人"的关系，而非个人应该拥有什么权利。黑格尔对于天赋权利的批判并非认为人不应该拥有这些权利，而是批判它没有进一步讨论和设置使这些权利和自由具体地实现出来的制度土壤。黑格尔对于康德的批判也并非认为，个人不应该拥有道德权利，而是在于批判康德不去讨论现实的、物质的、具体的、历史的生活而是凭空将人的道德自由建立在一个内省的、私人的空间里。黑格尔认为，任何对于自由与权利的设想都必须要放在现实世界中、物质生活中、具体的历史过程中、在个人与他人的交互关系中，才有可能真正而现实地实现人的自由和权利。

所以，黑格尔说对于现代国家的设想有两种方式：一种是原子式的方式，也就是不站在他人角度或承认他人的立场来看问题；另一种是与他人建立一种交互承认的关系，承认他人与我拥有同等地位、权利和自由的立场。黑格尔发现，市民社会正是这样一种交互承认的场所。在市民社会里，没有一个人单靠自身就能满足自己的需要，每一个人都为着他人而工作、劳动。每一个人都在他人身上实现着自己的需求。每一个人都是靠着与他人分工和合作现实地实现自己。于是："需要和手段，作为实在的手段，就成为一种为他人的存在，而他人的需要和劳动就是大家彼此满足的条件。"我与他人就在这种相互配合与合作中建立起一种承认关系，即我承认他人是与我一样拥有现实的、平等的人格权利、法律地位、道德权利和自由权利的人。我与他人是一种共存和共在的关系，而非孤立的、原子式的、封闭的关系。

总结起来，市民社会是异质的"个人"与"他人"基于平等人格的合作和承认关系：首先，市民是具有独立的人格的个体、是具有法律维度上的人格、是道德观点上的主体、是市民社会中的有产者，同时从需要的观点上看是经济人;① 其次，"他人"也是与我平等的人格、主体、市民和经济人；最后，我与他人处在密切的合作当中，在市民社会中没有一个人能够仅靠个人的劳动满足自己的需求，每一个人的需求和满足都要依靠他人来完成。于是我们可以发现，我与他人处在一个平等的地位上，相互合作，相互承认。

黑格尔说的这种"个人"是我们这个时代才取得的成就，这种个人是以往时代所不能容纳的。"特殊性的独立发展是这样一个环节，即它在古代国家表现为这些国家所遭到的伤风败俗，以及他们衰亡的最后原因。在这些国家中，有些是建立在家长制的和宗教的原则之上的，另有一些是建立在比较富有精神的，但仍然比较简单的伦理原则之上的。因此，它们抵抗不住这种精神状态的分解，抵抗不住自我意识在自身中的无限反思。"② 也就是说，个人自由和个人权利只有在我们这个时代才成为可能。

总结起来，在《法哲学原理》中所讨论的"个人"究竟拥有哪些权利和自由呢？在《法哲学原理》中"个人"能拥有的权利有：人格权③、财产权④、人身自由和安全权⑤、道德权利、婚姻自

---

① ［德］黑格尔：《法哲学原理》，范扬、张企泰译，商务印书馆2009年版，第205—206页。

② ［德］黑格尔：《法哲学原理》，范扬、张企泰译，商务印书馆2009年版，第199—200页。

③ "因为在市民社会中所有权和人格都得到法律上的承认，并且具有法律上的效力。"黑格尔：《法哲学原理》，范扬、张企泰译，商务印书馆2009年版，第228页。在市民社会中，人格权是为法律所确定和保护的东西。任何犯罪和对他人身体、财产的侵害都将受到法律的制裁和消除。

④ "因为在市民社会中所有权和人格都得到法律上的承认，并且具有法律上的效力。"［德］黑格尔：《法哲学原理》，范扬、张企泰译，商务印书馆2009年版，第228页。特殊性，在自身中含有自在自为地存在的普遍性，即自由的普遍性，但它还是抽象的，从而是所有权法。不过在这里，所有权法不再是自在的，而已达到了它的现实性，因为有司法保护着所有权。我的财产和占有的东西在市民社会中不再作为抽象的东西存在，而是作为"所有权"存在。"我的意志是一种合理的意志，它是有效的，而这种效力应得到别人的承认。这里，我和别人的主观性现在必须消灭，意志必须达到确定性、固定性和客观性。"参见黑格尔《法哲学原理》，范扬、张企泰译，商务印书馆2009年版，第227页。也就是说，在这里，黑格尔将财产权纳入法律的保护之下，使之拥有了"确定性、固定性和客观性"。

⑤ "对所有权和人身的侵害，通过司法而被消灭了。"也就是说，在市民社会中，法"要求把阻挠任何一个目的的偶然性予以消除，以策人身和所有权的安全而不受妨碍"。［德］黑格尔：《法哲学原理》，范扬、张企泰译，商务印书馆2009年版，第238页。

由权①、教育权②、职业选择的自由③、信仰自由④、选举议员的权利⑤、言论自由权⑥、出版自由权⑦、结社权⑧。经过我们的列举发现，黑格尔处的"个人"所拥有的权利项目已经近乎囊括了所有自由主义"个人"的权利。黑格尔的个人是一个在各方面和各维度都拥有毋庸置疑的自治权利的"个人"。

而这样高度自治的"个人"及其所拥有的自由是古代社会所不能

---

① "婚姻、爱、宗教……等较高级的关系……因为他们完全属于内心生活……事情全凭良心决定。"［德］黑格尔：《法哲学原理》，范扬、张企泰译，商务印书馆 2009 年版，第 222 页。

② "市民社会在它是普遍家庭这种性质中，具有监督和影响教育的义务与权利……其次，市民社会可以尽可能地举办公共教育机关。"［德］黑格尔：《法哲学原理》，范扬、张企泰译，商务印书馆 2009 年版，第 242 页。也就是说，在市民社会中国家还对个人有教育权。

③ "在柏拉图的理想国中，主观自由还没有被承认，因为个人的职务是由官府来分配的……但是必须得到重视的主观自由要求个人进行自由选择。"［德］黑格尔：《法哲学原理》，范扬、张企泰译，商务印书馆 2009 年版，第 264 页。但在市民社会中，个人能自由选择任何职业担任公职："他首先在他的同业公会、自治团体等领域达到他的对普遍物来说是现实的和有生气的使命，这些领域的大门对他是开着的，他也可以按照自己的才干进入他有资格加入的任何一个领域，包括普遍等级在内。""所以个人之担任公职，并不由本身的自然人格和出生来决定。决定他们这样做的是客观因素，即只是和本身才能的证明。"也就是说，在国家中个人都可以任意选择自己想要从事的职业，公职向所有公民开放。［德］黑格尔：《法哲学原理》，范扬、张企泰译，商务印书馆 2009 年版，第 326、311 页。

④ "但是教义本身则在良心中具有它的领域，它属于自我意识的主观的权利范围，即内心生活的范围。"参见［德］黑格尔《法哲学原理》，范扬、张企泰译，商务印书馆 2009 年版，第 275 页。在这里黑格尔明确地将宗教作为良心和主观权利的选择范围，也就是说，选择信仰什么宗教都是听凭个人主观意愿的问题，并不存在强迫。

⑤ ［德］黑格尔：《法哲学原理》，范扬、张企泰译，商务印书馆 2009 年版，第 309—311 页。

⑥ ［德］黑格尔：《法哲学原理》，范扬、张企泰译，商务印书馆 2009 年版，第 317 页。

⑦ ［德］黑格尔：《法哲学原理》，范扬、张企泰译，商务印书馆 2009 年版，第 319 页。

⑧ 按照黑格尔的看法，国家应该尽量发展中间等级和民间自治团体，因为这些民间力量将成为有效制约和监督国家权利的现实力量。不仅如此，群众也不应该是一盘散沙，各自为政。按照黑格尔的说法，每一个人都应该进入一个行会、团体、机构去："群众部分也应成为有组织的，这一点非常重要，因为只有这样，它才成为力量，成为权利，否则它只是一大堆或一大群分散的原子。"［德］黑格尔：《法哲学原理》，范扬、张企泰译，商务印书馆 2009 年版，第 311 页。也就是说，在黑格尔看来，单个的人如果不选择进入或结成某一团体就形不成自己的力量，也发不出自己的声音，这时候政治和政治参与于他而言都是可有可无的东西，因为他没有真实的政治参与感。所以，单个的人不可能仅凭自己的力量单枪匹马地影响国家，而是要加入或结成团体才可能形成真实的政治力量，否则就只是原子般孤零零的个人而已。对于中间等级和民间自治团体重要性的说明。［德］黑格尔：《法哲学原理》，范扬、张企泰译，商务印书馆 2009 年版，第 201 页，第 250—256 节。

想象和容纳的。在前现代，个人处在家长制的或血缘关系的简单实体的控制之下，个人在婚丧嫁娶、与人交往和流动上，在财产权上，几乎在一切现实的事情上都不能实现自治和自我管理。因为古代的实体是建立在简单的、自然的、封闭的同质人群的聚集上的，古代的实体不能经受这样的反思和个人自由。虽然个体性原则在古代社会以偶然的形式出现在古希腊、斯多葛或基督教那里，但是我们要注意的是，它们都只是作为一种内心的原则而存在的。也就是说，一旦人们将自己不同于当时的权威观点的意见表达出来就将面临迫害、毒杀、流放或死亡。① 在今天的社会中再也不可能因为观点的分歧和冲突而受到迫害。现代国家现实地给个人自由及其权利的实现提供了一个场所。

## 二　个人作为"交互主体"

在黑格尔这里，"个人"不再是"原子"式的孤零零的个人。"个人"无论是在经济行为中还是在政治领域中都是与他人处在平等的承认关系中的，与他人互为主体。

经济行为中的交互主体由于人类不仅是精神层面上的存在者，同时也是物质层面上的存在者，也就是说，他有种种物质需要以支撑他的身体运转。所以人类有基本的物质需求，而满足其需求的方式是劳动。过去以家庭为单位的劳动能满足的需求有限，所以人们建立更大范围的合作以满足其需求，而扩大合作就是在整个社会中建立劳动分工，在分工中我成为了"为他的"存在和社会人。我在这种合作和分工中获得了社会属性而去除了原先自给自足的劳动方式所带来的自足性。从此，我发现在人类广泛的经济活动中我成为其中的一个环节。在这种合作和分工中，"每一个特殊的人都是通过他人的中介，

---

① 例如，苏格拉底被控以诱惑、腐蚀青年罪被希腊城邦判以死罪，柏拉图也因为同样的原因流亡他乡，早期罗马也以同样的理由迫害基督教等，这样的事件在历史上比比皆是。

同时也无条件地通过普遍性的形式的中介，而肯定自己并得到满足"①。这种合作分工的模式带来了一种平等的承认关系："此外，它还直接包含着同别人平等的要求。这种平等的需要和向别人看齐即模仿。"② 由此，现代劳动分工活动才可能创造出巨大的财富。在现代经济活动中，没有哪一个人是特殊的，每个人都是满足他人需求的中介，这种经济模式带来的是一种交互主体和交互承认的新"主体间"关系。它不再是前现代社会的主奴关系，而是一种建立在平等的交换和分工模式上的平等的生产者和消费者的关系。每一个人都满足着他人的需求，"我必须配合着别人而行动"③。我由此"就成为一种为他人的存在"④。由劳动分工带来了一种人与人之间的"需要上的依赖性和相互关系……并使之成为一种完全必然性"⑤。在这个过程中"每个人在为自己取得、生产和享受的同时，也成为了其他一切人的享受而生产和取得"⑥。人与人之间由此而形成了一种广泛的相互依赖和相互承认的关系。

我们发现，现代生产关系带来了一种全新的主体——"交互主体"，而主体之间的关系是平等主体间的关系。在市民社会中，每一

---

① ［德］黑格尔：《法哲学原理》，范扬、张企泰译，商务印书馆2009年版，第197页。

② ［德］黑格尔：《法哲学原理》，范扬、张企泰译，商务印书馆2009年版，第207页。黑格尔在这里谈到的市民社会的平等性原则很可能是受到了斯密的影响，斯密谈到市民社会中的分工、合作、买卖背后都有"等价性原则"在支配。高岛善哉这样评价斯密的经济正义原则："在进行分工的社会里必须实施等价原则。所谓等价，就是在经济上支付与反向支付等同，此即为经济领域里正义的实现。或更确切地说，是流通领域中正义的实现，这些，又进一步成为各种经济主体平等的前提。"高岛认为斯密的"商业社会"抓住的是18世纪英国最大的现实——经济社会的关系，而在政治方面，自由、平等、博爱等主张是伴随着经济正义观发生的社会正义观，两者在产生之后又互为支持。高岛认为斯密的经济正义原则很可能也影响到了黑格尔。参见［日］高岛善哉《経済社会学の根本問題》(1998)，转引自［日］植村邦彦《何为"市民社会"：基本概念的变迁史》，赵平译，南京大学出版社2014年版。

③ ［德］黑格尔：《法哲学原理》，范扬、张企泰译，商务印书馆2009年版，第207页。

④ ［德］黑格尔：《法哲学原理》，范扬、张企泰译，商务印书馆2009年版，第207页。

⑤ ［德］黑格尔：《法哲学原理》，范扬、张企泰译，商务印书馆2009年版，第210页。

⑥ ［德］黑格尔：《法哲学原理》，范扬、张企泰译，商务印书馆2009年版，第210页。

个人都是生产和消费活动中的一个节点和环节，真正发号施令的是市场，而不是哪一个个人。由于劳动带来了专业的分工，个人就必须得进入某一特定的行业或等级，从而成为"某一个人"。在黑格尔看来，由于精神和概念的自我本性，他必将走出自己的直接的同一性而进入有差别和有层次的形式中去。所以，现代社会和市民社会不可避免的是异质的和分化的世界。所以市民社会分为三个等级（三种专业阶层）：1. 农业等级；2. 产业等级；3. 普遍等级。个人根据分工的需要进入某一等级，成为某种人物，从事某种职业。

但是我们需要注意的是，个人不是天生地只能从事某种职业，个人有自由选择职业的权利，他之所以成为某种等级是因为劳动分工的必然性所带来的。劳动形成分工，分工形成各自不同的领域和等级。所以个人从事某种职业就成为了某种等级的人。这里需要注意的是两点：1. 个人有自己选择职业的权利，所有的职业都向每一个人开放；2. 等级没有高低之分，而只有功能之分。所以并不是说这个人属于农业等级就低于普遍等级的人。

而个人进入某一等级也就必得进入特定等级的行会中，在这个行会中获得他的尊严、目的和规定性。也就是说："个人只有成为定在，成为特定的特殊性，从而把自己完全限制于需要的某一特殊领域，才能达到他的现实性。"① 他要用自己的特殊技能和活动使自己成为被他人需要的人，成为这个社会的不可缺少的一员。个人只有在被他人需要当中才能真正地将自己实现出来。也就是说，使自己的劳动和技能被承认、被社会需要从而获得存在感。黑格尔说："概念要达到定在，概念本身就得进入概念与它的实在之间的差别，从而进如规定性和特殊性。"② 从而，个人成为了"社会的人"，而不是"原子式的个人"。个人在社会中、在他人的需要中获得了承认，同时，个人也承认和需要着其他人。或者说，在这种经济交换和劳动分工中，每一个

---

① ［德］黑格尔：《法哲学原理》，范扬、张企泰译，商务印书馆 2009 年版，第 216 页。
② ［德］黑格尔：《法哲学原理》，范扬、张企泰译，商务印书馆 2009 年版，第 216 页。

人都承认着其他人，每一个人与他人都互为主体。

政治活动中的交互主体黑格尔观察到：现代国家由于其领土巨大、人口众多，个人的选举权和政治权利实际上是被无限稀释了，以至于个人根本感觉不出自己的一票有什么意义。这就产生了黑格尔所指出的普选所造成的异化感。"所以个人必须加入行会和各种政治团体、党派中去。找回自己的政治参与感。"①

一方面，个人通过参与各等级、各自治团体、各行业工会、党派等团体实现自己参政和表达主观意见的愿望；"另一方面，自治团体、同业公会和个人的特殊利益也不致孤立起来，个人也不致结合起来成为群众和群氓，从而提出无机的见解和希求并成为一种反对有机国家的赤裸裸的群众力量"②。也就是说，个人必须得加入某个团体、成为某种人，才能从这种团体和行业中获得目的和尊严。③ 又"有人说，一切人都应当单独参与一般国家事务的讨论和决定，因为一切人都是国家的成员，国家的事务就是一切人的事务，一切人都有权以自己的知识和意志去影响这些事务"④。实际上，黑格尔反对这种直接民主的看法。不仅因为治国需要专业训练、专业知识和大量时间投入，而且因为现代国家人口太多，直接选举导致每一个人的一票都失去了意义。"关于许多单个的人所进行的选举，还可以指出一点：特别是在大国里，由于选民众多，一票的作用无足轻重，所以不可避免地要有人对自己的投票抱漠不关心的态度，而且有投票权的人虽然赞扬这种权利并对其推崇备至，但却不去投票。这样一来，这种制度就会造成和它本身的规定相反的结果，而选举就会被少数人、被某一党

① ［德］黑格尔：《法哲学原理》，范扬、张企泰译，商务印书馆2009年版，第216页。
② ［德］黑格尔：《法哲学原理》，范扬、张企泰译，商务印书馆2009年版，第210、321页。
③ 黑格尔十分强调这种中间等级和民间自治团体对于国家政治力量的制衡和反映民生的问题。他甚至认为一个国家必须得发展出中间等级和民间自治力量，其目的是制衡、制约、监督国家权利和官僚。他谈到在"专制国家只有君主和人民"，所以专制国家的君主容易转变成暴君，而人民容易转变为暴民。［德］黑格尔：《法哲学原理》，范扬、张企泰译，商务印书馆2009年版，第322页。
④ ［德］黑格尔：《法哲学原理》，范扬、张企泰译，商务印书馆2009年版，第326页。

派所操纵。"① 由于这样的结果，所以黑格尔主张代议制：各个人应该加入各个具体的团体和党派，由这个党派和团体真正地将他们的需求在议会中表达出来。这样一来，个人达到了他的目的。而不是使他的个人意见消失在茫茫选票里。所以从这个意义上来讲个人也必须加入某团体、行会或党派中去，而成为与普遍性共在的个人、成为某种交互主体。这样，个人的意见得到了表达，他的主观性得到了表达。这样一来，"个人"与"他人"在政治领域也成为了交互主体。

### 三 "他者"的承认和权利

"个人"在现代国家中表现为一种"异质性"和"差异性"，个人不仅有其特殊的需求和满足，个人也可能在性别、种族、观念、信仰等观念上都与他人不同，这也就是说每一个人对于他人来说都是"他人"。"个人"对于前现代国家来说就也是一种"异质性"，无论是个人的思想自由抑或是观点的、文化的、习俗的差异都对前现代国家体现为一种"异质性"。前现代的社会容纳不了"他者"。也就是说，前现代国家因其人群与观念的同质化而容纳不了主观自由和异质人群之间的观念、文化差异。一切不同于我的东西对于我而言都是"他者"。所以古代社会对于他者的方式只有两种：要么消灭他者②；要么同化他者③。因为古代国家是一个直接的、简单的和同质化的社会，它管理着同质化的人群。它对待异质人群的方法是，要么使异质人群认同自己，要么就驱逐或杀死异质人群。

而我们将现代性理解为用异质性取代同质性的过程，例如：由开放城市生活取代封闭乡村生活；由陌生人之间的合作取代亲人、熟人

---

① ［德］黑格尔：《法哲学原理》，范扬、张企泰译，商务印书馆 2009 年版，第 329 页。
② 例如，古希腊容纳不了苏格拉底，于是只有杀死他以消除这种差异性。
③ 例如，中国文化历来以同化他者文明著名。

之间的合作。①

实现自由、权利就是每一个个人如何在异质性人群中得到承认的问题。每一个人的自由和权利不仅要被机制承认还要被他人承认。比如，在家庭领域，每一个具有独立人格的家庭成员之间是互相承认的；在社会、经济领域，每一个人的自由和权利也都要得到他人的承认；最后，所有这些层面的承认都要上升到政治层面的承认中去。也就是说，斗争或者承认的结果要作为政治机制而予以公布和建制化。或者用亨廷顿的话来说，使其制度化也就是使其成为一种"稳定的、受珍重的和周期性发生的行为模式"②。

在历史上，人们的斗争模式往往体现为战争或生死斗争，在今天，没有硝烟的经济和政治斗争取代了广泛的、频繁的战争。为承认的权利而斗争现在体现为要将我的权利写入法律中，所以在今天，制度的承认是整个承认斗争问题的关键。所以现代社会的承认斗争实际上总是围绕着两个方面来展开：为实现经济上的承认而斗争；为实现政治上的承认而斗争。而这也正是黑格尔的国家篇为什么处理的是市民社会和国家的原因。

黑格尔的计划是最后在一个"普遍异质国家"中实现每一个人的自由和权利，所以，现代性的关键是要反对同一性或反对同质性。

我们可以从黑格尔对于绝对自由的批判入手来理解"异质性"和"他者"。绝对自由的观点不接受任何超出每一个理性人的自我决定

---

① 市民社会会带来陌生人问题，由于人们不再生活在乡村里的熟人社会中，而是生活在陌生人、异质人群中，如此一来会产生两种新的支配方式：首先，商业活动带来了市场经济的规律。这种支配规律也是全新的，是去中心化、去权威化、去人格化的支配方式。也就是说，这里的支配关系并非由"某个人"或"某特定目的"来支配人们的经济活动，而是由市场自身的规律来支配人们的活动。这与前现代社会中依靠固定的人格权威或家族权威来支配人们的活动是完全不一样的支配方式。其次，由于家庭解体、宗族解体、血缘关系的解体代之以现代主权国家。在今天，国家对于个人来说同样处于支配地位。国家垄断了一切暴力、教育、医疗等领域，非人格化的国家取代了以前的血缘的、人格化权威的权力关系并由此消除了政治上的宗族关系、裙带关系、血缘关系而代之以专业化的关系。

② ［美］萨缪尔·P. 亨廷顿：《变化社会中的政治秩序》，王冠华、刘为译，上海人民出版社 2008 年版，第 10 页。

之外的理由，也不接受任何权威、宗教的理由，只相信源自人的理性本身的能力。这种绝对自由的要求只能奠基在同质性的人之上，也就是说所有人要在一切问题上都达到平等：在财产、人格、尊严、阶级等上都要实现一种实质性的平等。这种绝对自由是近代启蒙运动以来的所有运动的原动力。但是黑格尔认为绝对自由只能造成绝对恐怖，因为其不能容纳"异质性"和"差异化"。① 其结果已经由法国大革命所显示出来。绝对自由的社会要求只有所有人在财产、阶级、普遍政治参与问题上面实现绝对的同质化才有可能实现，这样的社会也许只能在古代的城邦当中才能找到。

黑格尔告诉我们，我们不可能回到古代城邦的生活中去。在古代的城邦里，个人和社会都是高度同质化的，容纳不了异质性。因为古代城邦是建立在直接性之上的，它根本不能容纳异质人群和异质观念。所以特殊性原则对于古代城邦来说是只能表现为一种破坏力，它破坏了古代城邦直接的、自然的统一。黑格尔举了《理想国》的例子来说明古代的城邦容纳不了异质性的、特殊性原则。"柏拉图在他的理想国中描绘了实体性的伦理生活的理想的美和真，但是在应付独立特殊性的原则（在他的时代，这一原则已侵入希腊伦理中）时，他只能做到这一点，即提出他的纯粹实体性的国家同这个原则相对立，并把这个原则——无论它还在采取私有制和家庭形式的最初萌芽状态中，或是在作为主观任性、选择等级等等的较高发展形式中——从实体性的国家中完全排除出去。"② 黑格尔将这种实体性的国家称为一种"抽象思想的幻想"③，而无论是柏拉图的理想国抑或是卢梭的绝对自由王国，都是一种抽象思想的幻想。因为在以上国家设想当中都要求一种高度同质性，它容纳不了代表分裂的、异质力量的小家

① 因为这种绝对自由依赖的是"人的理性"，而这种"人的理性"否认任何除了理性之外的源泉。在绝对自由的世界是由理性建构起来的，而在旧世界里人是他律的，被控制在古老的神话、宗教和种种权威之下。所以康德说要有勇气运用你的理性。

② ［德］黑格尔:《法哲学原理》，范扬、张企泰译，商务印书馆 2009 年版，第 200 页。

③ ［德］黑格尔:《法哲学原理》，范扬、张企泰译，商务印书馆 2009 年版，第 200 页。

庭、私有制、主观任意、主观自由以及等级制度。它抽象地将一切差别都拉到同一个水平，它以为只要所有人在一切方面都抹去了差别，就能在这样的世界中建立起大同世界。但是这种想法无论是在理论中还是在实践中，往往都沦为了自己的反面。

要求驱除"异质性"，达到完全的同质性在人类的历史中已经被证明是行不通的。黑格尔认为精神按其本性是要走出原始的、同一的自我，而经历分裂和撕裂的痛苦，经历自我分裂为他者，并且能在这个他者身上持存，也要在他者与自我的分裂中仍然保持着自我。这是概念自身的运动逻辑，也是精神自身的逻辑。所以黑格尔谈道："精神要达到它的现实性，那只有在它自身中进行分解，在自然需要中和在这界限和有限性内使自己受到教养，以便克服它们，并在其中获得他的客观定在……理性的目的乃在于除去自然的质朴性，其中一部分是消极的无我性，另一部分是知识和意识的朴素性，即精神所潜在的直接性和单一性。"① 也就是说，精神要从自己的直接性、单一性和朴素性之中走出来，经历分裂之苦，并在这种分裂之中受到教养（bildung），以便最终使自己到达较高的阶段，最后接受有差异的自我。"只有这样，精神才会在这种纯粹外在性本身中感觉自己安如家居。"② 也就是说，精神要能在这种外在性中不仅要成为"自在的"，而且要成为"自为的"。精神要意识到达到这个外在性是通过精神的自身努力的结果，要将这个外在性视为自己运动和发展的果实，而不是将其视为外在于自己的东西。

同样，在主体之内，则表现为艰苦的教育和解放工作。主体接受教育以将自己从简单的朴素性和统一性的无思想性中解放出来，以使自己："不再是直接的、自然的，而是精神的，同时也是提高到普遍性的形态的。"③ 这意味着主体要从事艰巨的自我解放和自我分裂的

① ［德］黑格尔：《法哲学原理》，范扬、张企泰译，商务印书馆2009年版，第202页。
② ［德］黑格尔：《法哲学原理》，范扬、张企泰译，商务印书馆2009年版，第200页。
③ ［德］黑格尔：《法哲学原理》，范扬、张企泰译，商务印书馆2009年版，第202页。

工作，将自己从无反思的、直接的自然状态中推进到有自我、有反思、有怀疑的状态中去。这对于主体而言是一个艰苦的工作，因为这项工作"要求反对纯主观性，反对情欲的直接性，同时也反对感觉的主观虚无性和偏好的任性"①。主体不仅要反对自己的自然属性，还要成为道德自主的主体，同时还要警惕这种自主性落入虚无性之中。总之，对于主体来说，其工作也是要成为有差异的主体。在现代社会中，人们在道德、反思、个人生活、职业分工等各个层面都是有差异的存在者。

所以，现代世界表现为一个完全异质化的世界。人们在财富、个人生活、兴趣爱好、价值观念、宗教信仰方面都完全与他人不同。现代世界是一个异质人群聚集的时代。人们充分享有个人自由、思想自由、私人生活以及独特的道德观念，这样的人群不可能是同质化的人群。查尔斯·泰勒评论道："区分当代处境与古代城邦处境的理由是我们已经发展出'个人意识'。"②而这恰恰是造成古代城邦崩溃的理由。因为古代城邦要求这种同质化来维持他不受怀疑的运转，古代城邦奠基在一种无意识的、前反思的个人之上。从某种意义上说，只有这种人民才适合居住在卢梭的绝对自由中。而现代社会无可避免的多样性和多元化只能造成天真王国的崩溃："公民社会，其经济的、社会的及政治的角色无可避免的实际分化会随着带来文化、价值和生活模式的差异。这些差异又会要求各阶级内有其特定的自主生活，这些差异甚至使各阶级能够、想要与整体发生关系的方式都各个不同。"③

这样一来，容纳"他者"的问题就成了现代性的首要问题。对于一个现代国家来说，"他者"和"异质性"不再是它千方百计想要驱逐或消灭的目标，它的目标是在一个国家中实现众多的"他者"的

---

① ［德］黑格尔：《法哲学原理》，范扬、张企泰译，商务印书馆 2009 年版，第 202 页。

② ［加］查尔斯·泰勒：《黑格尔与现代社会》，徐文瑞译，吉林出版集团有限责任公司 2009 年版，第 170 页。

③ ［加］查尔斯·泰勒：《黑格尔与现代社会》，徐文瑞译，吉林出版集团有限责任公司 2009 年版，第 172 页。

共存。无论这个"他者"是表现为有自我意识、有批判意识的个人，还是表现为不同种族、肤色、观点、性别、宗教的"他者"。"他者"的权利和自由要求在现代国家中得到承认，这种承认要求将自己写入公开的法律中，同时要求将自己体现在国家制度的层面，将所有人的自由和权利机制化就是黑格尔的制度哲学的含义。而如何在制度层面承认所有人的自由和权利将是接下来两节的工作。

## 第三节　现代国家

黑格尔的现代国家要容纳前两章的原则：既要将自然权利学说的抽象权利主张现实地实现出来，也要将康德的反思的、道德主体的自由实现出来，同时还能容纳"他者"的存在。①

自我在国家当中并不是一个个孤零零的、原子式的存在者，而是与他者共同生活、共在的自我。这个全新的自我发现他者是自我存在的前提条件，而非阻碍其自我实现自身的障碍物。所以黑格尔说，现代国家有惊人的深度和广度，既能够容纳个人的、特殊的原则也能同时容纳实体性的、普遍性的原则，现代国家是这两个原则的展开。因为"国家无非就是自由的概念的组织。个人意志的规定通过国家达到了客观定在，而且通过国家初次达到它的真理和现实化。国家是达到特殊目的和福利的唯一条件"②。最开始，自我将他者看作是阻碍自我实现的障碍物，前现代的国家也同样这样看待其他异质文明，它认为自由是一个排他的概念，有了你的自由就必须牺牲我的自由。所

①　或者参考邓安庆对黑格尔"伦理国家"的定义："他的国家概念并非是向古希腊城邦制度的单纯回返，而是在现代自由和法制的基础上，对希腊城邦的伦理—政治遗产，罗马的法律—政治遗产，基督教的内在自由和宗教信仰遗产，乃至现代政治自由主义和康德的道德哲学遗产进行创造性的重建。"在邓安庆看来"伦理国家"不仅是对康德的"伦理—政治共同体"的完成，也是"自由"、"平等"和"正义"概念的实现。邓安庆：《启蒙伦理与现代社会的公序良俗：德国古典哲学的道德事业之重审》，人民出版社2014年版，第409页。

②　［德］黑格尔：《法哲学原理》，范扬、张企泰译，商务印书馆2009年版，第263页。

以，前现代的个人与他者之间只能是主奴关系；前现代的国家与个人之间也只能是君主、臣子关系；前现代的国家与异质文明之间只能有生死关系，在任何一种关系当中都只能实现一方的承认和自由，只能是一方承认另一方的权利和自由，而不可能是双方相互承认对方的自由。在前现代社会，只能有同一的"大写的我"存在，每一个"个体"都是与这个"大我"直接同一的"小我"或者只是这个"大我"的复制版而已。这里并不是说在古代社会中没有特殊的人或异质人群共处的社会存在，与"大写的我"不同的特殊的个人从古至今都存在。① 但是他们共在的方式和他们承认对方的程度有差异。我们认为，前现代的国家或社会、文化不能承认"他者"文化、价值的存在。就如黑格尔所指出的，因为前现代国家是一种单一的、同质化的、实体性的存在者，他对自己的存在没有反思能力。所以，它容纳不了特殊的个人或异质性的文化存在，因为对于简单的前现代国家或社会来说这对它的存在基础构成了直接反对。所以，前现代国家里不存在能够容纳具有反思能力的个体或异质性的观念的原则和机制。② 前现代国家的只有同质化的成员、个人，他们在一切事情上拥有同一的观点和看法，而"他者"只能要么游荡在社会之外，要么归隐山林或像斯多葛主义那样遁入内心世界。也就是说，"他者"在前现代国家要么是被迫害，要么只能被同化。在这个意义上，我们说前现代国家或社会不能容纳"他者"。

这种原则跟现代国家的原则是完全不一样的。现代国家能够容纳个人的主观性、特殊性和"他者"。"个人"的特点就是特殊性、异

---

① 比如苏格拉底、柏拉图和斯多葛派等都确实存在过，我们也能找到大量异质人群共在的社会，比如罗马帝国。

② 这里不是说没有反对本文明的个人实存过，反对者任何时代都存在。但是我们在这里讨论的是该社会能否在制度和机制的层面容纳异质性？事实上，古代国家和社会是不能容纳这种异质性的个人和观点存在的，也就是说，在机制的层面上，它对于异质性和"他者"的方式要么同化他，要么消灭他。比如，苏格拉底，又比如，基督教徒在罗马早期也受到迫害，反过来当基督教当政时又去迫害其他异教徒。

质性，而由这样的个人所组成的人群是异质人群。异质人群的意思是它是由拥有不同观念、追求、文化、民族、性别、信仰、价值观等的人群所组成的。而现代国家的问题是如何容纳异质人群的问题，如何实现众多异质而自由的个人平等共在。

我们看到，这是黑格尔在构想他的现代国家时的首要问题，也就是如何容纳"他者"的问题。古代社会没有能力将"他者"纳入自身或者容忍"他者"。①

而现代国家却拥有惊人的力量能够容纳"他者"，这个"他者"既是有特殊性的个人，也是有差别的性别、阶级、信仰、文化、观念，等等。所以黑格尔才会说，容纳"他者"和"主观性"也即"异质性"是我们这个时代才有的成就。

在黑格尔看来现代国家是主观自由与客观自由的统一："具体地说，这里合理性按其内容是客观自由（即普遍的实体性意志）与主观自由（即个人只适合他追求特殊目的的意志）两者之间的统一。因此合理性能够按其形式就是根据被思考的即普遍的规律和原则而规定自己的行动"②。这样才能成为合理的国家，要达到"合理性"的国家的要求是非常高的，合理的国家只能是现代国家。现代国家一方面能够包容个人自由和个人特殊的追求和需要；另一方面它还能在个人的活动中保持自己实体性的意志，而古代国家则恰好在特殊性面前遭到了毁灭，这就是现代国家的伟大之处。此外，合理的国家行为是要"根据被思考的即普遍的规律和原则而规定自己的行动"。这要求国家按照其所"应是的"概念来思考自己，在其概念中按照自在的理性的东西来思考自由。黑格尔的现代国家就是从概念本身出发来设想的。一个合理的国家不仅是实存着的国家，而且应该符合国家的概念，而国家的概念是自由的原则自我展开及其现实化，但是既符合国

---

①　这里的"他者"指的是最宽泛意义上的他者，也即"异质性"。它可以是性别、阶级、种族、文明、宗教、价值观等与我不一样的东西。

②　［德］黑格尔：《法哲学原理》，范扬、张企泰译，商务印书馆2009年版，第254页。

家的概念同时也实存过的国家从未出现过。所以，我们认为黑格尔只是从形式上去构想一个合理的国家应该是怎样的，而这种国家从来没在历史中出现过。这只是一种关于合理的国家的设想而已，我们切不可将现实存在的国家对号入座。

现在，黑格尔要做的是给出一个能够容纳"主观性"、"特殊性"、"他者"和"异质性"的具体的制度。黑格尔所设想的现代国家的建制包括三个不同层面的制度化：1. 现代家庭中的承认的制度化；2. 市民社会中承认的制度化；3. 国家层面承认的制度化。下面我们将围绕以上三点来展开。

## 第四节　现代国家中承认的制度化

### 一　家庭中承认的制度化

我们将黑格尔的家庭模式视作他所设想的平等人格相互承认的理想模式。黑格尔将现代家庭理解为不同的人格之间如何实现共在和承认的模式，它区别于前现代的家庭模式。在前现代的家庭中，只有一个人或少数男性能够拥有权利和被承认。而在现代家庭中，男人和女人、夫妇和成年子女彼此都承认对方的权利和自由。也就是说，只有现代家庭中真正实现了异质人群的共在。①

黑格尔对于家庭的描述为我们理解的交互承认关系提供了一把钥匙。我们始终要带着这样一个问题入手：在黑格尔看来婚姻是不是一种演示自我和他者的承认关系的一个理想模式？在一个家庭中存在的

---

① 当然，黑格尔的家庭模式只能是说在原则上确立起来了。它在具体的层面上仍然存在很多问题，例如对于妇女的理性、参政能力承认不够。我们需要分清楚的是：黑格尔对于女性权利的承认是在什么意义上的承认？本书将黑格尔对于女性权利的承认解读为两个层面的承认："原则层面"和"具体政策"层面。我们认为黑格尔在"原则层面"上承认女性作为人的基本"人格权"；但是在"具体政策"层面上却拒绝给予女性更进一步的经济权利和政治权利，我们认为这并不是完全的承认。但我们在这里只是想要指出，他的家庭模式在原则上是确立起来了，也即平等人格、异质人群之间的承认方式。至于具体的承认方式问题还存在着时代局限性，这当然是不言而喻的。

到底是某一个人的对他人的任意支配，还是一种平等的承认和合作关系？

在黑格尔看来，家庭以爱为其连接的纽带。在家庭中连接起来的首先是两个独立的人格和个体。"婚姻是由于本身无限特殊的这两性人格的自由委身而产生的。"① 所以它的第一个环节是："我不欲成为独立的、孤单的人，我如果是这样的人，就会觉得自己残缺不全。"②我成为一个家庭成员之前我是一个独立的个体，我和另一个独立个体决议组成一个家庭，而这种结合的本质是："婚姻的客观出发点则是当事人双方自愿同意组成为一个人，同意为那个统一体而抛弃自己自然的和单个的人格。在这一意义上，这种同意乃是作茧自缚，其实这正是他们的解放，因为他们在其中获得了自己实体性的自我意识。"③从这一段对于婚姻之本质规定性的解释中我们可以分析出如下结果：1. 进入婚姻之前的两个人是单个的、自足的个人。2. 两个独立的个人进入婚姻成为了一个人、一个统一体，从而抛弃了原先的单个人格。3. 这种结合并非作茧自缚，相反，是一种解放。理解的难点在于为什么对于单个的个人而言这种结合是一种解放呢？黑格尔认为这实际上是知性思维带来的矛盾，知性理解不了"矛盾"，因为它"是一种最不可思议的矛盾，绝非理智所能解决的，因为没有一种东西能比被否定了的，而我却应作为肯定的东西而具有的这一严格的自我意识更为坚强的了"④。这种矛盾的统一是在他人身上看到自己、承认自己、实现自己。在这种关系中我不再是作为一个孤立的个人、一个原子般的存在，相反的是我抛弃了我原先的孤立的存在方式，自愿进入到两个人的结合中，在"他人"身上，在"爱"中看到我自己。这是婚姻的第二个环节：他人的承认。也就是说，两个"个体"在这种新的统一

① ［德］黑格尔：《法哲学原理》，范扬、张企泰译，商务印书馆2009年版，第184页。
② ［德］黑格尔：《法哲学原理》，范扬、张企泰译，商务印书馆2009年版，第175页。
③ ［德］黑格尔：《法哲学原理》，范扬、张企泰译，商务印书馆2009年版，第177页。
④ ［德］黑格尔：《法哲学原理》，范扬、张企泰译，商务印书馆2009年版，第175页。

体中获得的是交互承认，是来自"他人"的、另一个"人格"的承认。也就是说，首先，结成婚姻的应该是两个独立的"人格"、"个体"。这里内在地蕴含了对于两性的人格平等的承认。其次，这种承认是相互的。我承认你，你也承认我，这种承认是完全和彻底的。这也是为什么我们应该在婚姻中彻底地交出自己的原因。最后，他对于原先的单个的"个人"、"人格"来说是一种解放。我不再执着于我自身，因为我在他人身上寻求到了承认。"人格如果要达到在他物中意识到他自己的权利，那就必须他物在这同一中是一个人即原子式的单一性才有可能。"① 也就是说，我在他人身上实现了我自己的意义和价值。在婚姻中，个人实现了这种"他在"中的"自在"。

在这里，我们应该充分注意到一点。在黑格尔这里，婚姻关系始终是两个独立的人格的结合。婚姻的本质是："置身在这个关系中并委身于这个关系的，乃是人格，是直接的排他的单一性。"② 而这意味着婚姻始终面对的是两个独立人格之间的承认关系。也就是说，他已经开始处理如何面对"他者"的问题。我对这个异于我的"他者"的处理方式不是直接占有他、消灭他、不承认他的自由和独立性。③因为将一个"他者"像一个奴隶一样买卖或者占有都是不承认"他者"的方式。所以黑格尔不承认婚姻的契约自由，因为婚姻不是一种买卖关系。所以，承认这个独立于我的"他者"的自由和平等地位就不能以肉体的占有、契约或买卖的方式来实现。所以，黑格尔批判了对于婚姻的三种成见，因为这都不是承认另一个人格的方式。在黑格尔看来，婚姻不是：1. 根据自然法的著述把婚姻仅仅看作是一种肉体的或性关系的结合。2. 婚姻也不是如康德所认为的那样一种契约关系，因为这样一来婚姻就成了人们之间相互任意订约、相互利用的形式。

---

① ［德］黑格尔：《法哲学原理》，范扬、张企泰译，商务印书馆 2009 年版，第 183 页。
② ［德］黑格尔：《法哲学原理》，范扬、张企泰译，商务印书馆 2009 年版，第 183 页。
③ 比如黑格尔提到的在一些民族中存在的不承认女子意志的包办婚姻，以及罗马法中的婚姻状况。

3. 婚姻也不是仅仅建立在爱的基础上的东西。因为在黑格尔看来，爱是一种任意的、流动性的、不稳定的感情，这种感觉时有时无，如昙花一现，如果把婚姻建立在这种任意的感情之上的话后果不堪设想。①

那么，在黑格尔看来，婚姻的本质到底是什么呢？黑格尔提出婚姻的基础是一种"伦理性的爱"。②这样一来就可以消除转瞬即逝的、反复无常的和赤裸裸的主观性的因素。在黑格尔看来婚姻的本质是一种制度安排，他将婚姻理解为一种伦理制度、一种机制层面上的人为的设计，而不是将婚姻理解为自然的、肉欲的结合或一种任意的契约关系，更不是奠基于转瞬即逝、反复无常的感觉之上。在黑格尔看来真正的婚姻是一种制度的、伦理的、稳定的模式。也就是说，两个人因为什么而结婚并不重要（结合的理由完全是主观的、外在的、偶然的），真正重要的是考察婚姻的制度性理由，这种理由是高于任何主观的、任性的、契约的理由。婚姻制度是要考虑这种结合的制度性因素。实际上，黑格尔赋予了婚姻以产权安排、子女的抚养等更多的制度性功能和理由，这些理由属于客观的、伦理的层面而不是由个人的主观任性所决定的。或者说，在黑格尔看来，婚姻的客观性、机制性因素高于两个人任意的决定。

婚姻实际上不仅是由于肉体的、任意的、契约的结合，实际上还存在着更多的客观的因素。在一个家庭中实际上还涉及外在的维持家庭存在的财产关系和子女的抚养问题。黑格尔认为家庭财产应该是平分的，这体现了所有人的人格是平等的这个原则。而对于子女的抚养是夫妇的义务也是子女的权利，因为说到底子女也是"他者"和自由的人格："子女自在地是自由的。因此他们不是物体，既不属于别

① 我们可以设想一下，如果婚姻的基础是爱情的话，有爱的时候结成夫妇，但是爱情这种感觉一旦消失是不是双方就可以任意解除婚约了呢？如果仅仅以爱情作为维系婚姻的理由，那是一种任性。因为这种观点看不到婚姻的其他目的，比如财产关系的安排、子女的抚养等因素。这都表明了将婚姻仅仅理解为爱情的结合是一种见树不见林的狭隘看法。

② ［德］黑格尔：《法哲学原理》，范扬、张企泰译，商务印书馆2009年版，第177页。

人，也不属于父母。"① 只是在子女的儿童阶段他们作为自然的存在者还没有意识到自己的自由本性，而父母的义务就是教育子女，使其开化并最终使之成为符合其自在本性的人，即独立自主的自由人格："就是说，使子女超脱原来所处的自然直接性，而达到独立性和自由的人格，从而达到脱离家庭的自然统一体的能力。"② 在这里我们可以看出，子女也是作为自由的人格和存在者而存在的，子女不是谁的财产，而是潜在的自由人格和市民社会未来的成员。

在这里，我们可以总结一下黑格尔所设想的家庭制度。它实际上是一种基于平等承认的现代家庭模式。它是由几个异质的个体所组成的。在这个现代化的家庭里它实现了异质人群的聚居。也就是说，无论是夫、妻、（成年）子女，他们都是具有平等人格的存在。③ 夫妻双方都拥有独立的人格，通过婚姻形成共同体，在对方当中实现自己并获得承认。④ 我们发现在一个家庭里，所有的成员都是一个个的独立人格和"他者"，没有谁对他人拥有无限的权威。他们之间的结合是通过相互之间的承认而实现的共在，也就是说独立的人格是在他人的共在之中实现了其本质，即作为自由的存在者而被他人承认。在家庭里，每一个人都帮助他人，实现了和谐的共处，直到子女长大成人，并拥有了自由意志，成为了另一个独立的个人，这就是原生家庭解体的时候。子女作为一个独立的个体会去寻找他的另一半，与另一个人结成婚姻关系，此时，新的承认关系又继承了下去。另一方面，新的个体便脱离了原来的家庭而进入了市民社会中。下面，我们也将

---

① ［德］黑格尔：《法哲学原理》，范扬、张企泰译，商务印书馆 2009 年版，第 188 页。

② ［德］黑格尔：《法哲学原理》，范扬、张企泰译，商务印书馆 2009 年版，第 188 页。

③ 而在某些文化里，或者说在人类长久以来的文化中都只承认一个男人的存在，妻子和子女都是作为这个男人的财产和附属品而存在。例如，在黑格尔所批判的罗马法中，妻子和子女都是任由男人处置和买卖的。这都是前现代的家庭，在这个家庭中只有一个人有权利被承认，即只有父亲被承认，而其他人都是没有权利和不被承认的。

④ 当然我们要在这里指出，黑格尔的家庭模式还是一种有局限性的承认方式。原因在于他对于女性的权利承认得还不够，他还未能承认女性的经济权利和政治权利。但是我们只是想要指出它的基本原则已经存在了。

进入市民社会当中去。

## 二　市民社会中承认的制度化

（一）市民社会的实现要求以复杂国家机制为其前提

"市民社会，这是各个成员作为独立的单个人的联合，因而也就是在形式普遍性中的联合，这种联合是通过成员的需要，通过保障人身和财产的法律制度，和通过维护他们特殊利益和公共利益的外部秩序而建立起来的。"① 在黑格尔看来，市民社会是个人的社会。由于市民社会解散了家庭的、宗族的和一切自然的纽带，使得他们失去了以上纽带的好处，从而就变成了"个人"的世界。② 自然的或血缘的纽带的世界是熟人世界，而失去这些纽带的个人被迫进入市民社会，进入一个全是陌生人的世界，所以市民社会也就是陌生人社会。黑格尔在这里讲的市民社会就是一种城市生活。城市生活区别于乡村生活的一点就是：从自给自足的劳动方式转变为相互依赖、相互合作的劳动方式。市民社会（城市生活）与农村生活有以下区别：

（二）从熟人社会到陌生人社会

在乡村，人们都处在熟人社会中。因为"在一个以农业为主的社会里，这一聚集的过程会受到一定的限制，因为人们的大多数工作都与土地有关，因此他们无法搬迁"③。由于人们的工作就是耕种自己的土地，这使得他们生活在同一个地方，他们对周围的人都很熟悉。因为周围的人不是他们的亲戚就是他们的朋友。然而在市民社会中，人们彼此之间都是不熟悉的陌生人："城市与村庄是完全不同的，因为在城市的大街上聚集着无数的陌生人。"④ 在前现代的农业社会中，

---

① ［德］黑格尔：《法哲学原理》，范扬、张企泰译，商务印书馆2009年版，第174页。
② ［德］黑格尔：《法哲学原理》，范扬、张企泰译，商务印书馆2009年版，第241页。
③ ［英］保罗·西布莱特：《陌生人群：一部经济生活的自然史》，梁娜译，东方出版社2007年版，第111页。
④ ［英］保罗·西布莱特：《陌生人群：一部经济生活的自然史》，梁娜译，东方出版社2007年版，第115页。

由于地理和物理空间上的隔阂，人们可能终生都没有走出自己的村庄，从而终生都只与几个熟悉的人打交道。而在市民社会中，人们每天都在跟陌生人打交道。这种生活方式对于农业社会中的人来说是不可想象的。因为在乡村中我之所以愿意和他人合作是因为我们都了解他人，大家彼此之间都知根知底。而谁要是胆敢干坏事，谁的坏名声就会立刻传遍整个村子。所以说，乡村生活归根结底是一种熟人间的生活和合作方式。我们发现，熟人社会中并不需要复杂社会机制的存在就可以实现人们之间的合作。现在的问题是，在大量的陌生人中间人们还能不能产生信任和合作呢?①

--------

① 在福山看来，从前现代社会到现代社会转变的关键点在于如何解决人与人之间的信任问题。在前现代社会，人们普遍生活在乡村或者部落里，在那里，人们之间的合作是建立在亲属关系、熟人关系之上的，但是在市民社会和城市里人们如何实现合作? 福山认为: "以家庭和血亲作为实现社群生活基础的文化在建立大型、稳定的经济组织方面存在着很大的困难，于是他们只能依靠国家创建和支持这种大型组织；而倾向于自发社团的文化可以自发地建立大型经济组织，不需要国家的支持。"如欧洲国家，他们的民间组织和自发的社团文化比较久远，所以这也是欧洲长期以来难以出现中央集权国家的原因。反观中国，中国自来就是一种前现代的"乡土社会"、亲缘社会，人们的合作大多建立在血缘关系之上，依据福山的理论，这种形态在建立大型社团和经济组织上就会出现不适应，因为大型经济组织超越了亲缘关系，所以中国早早建立了成熟的中央集权政府来实现超越亲属关系的统治和合作。但是依据福山，这种过早就建立了的成熟的中央集权单位又会反过来压制民间和中间团体的成长: "过于早熟的中央集权政府抑制了民间自发组织和社团的发展。"所以: 一方面，中国的经济其他类型的合作难以超越亲缘关系；另一方面，他们的"自发性"意识（个人主义）也就极低。"华人本身强烈地倾向于只信任与自己有血缘关系的人，而不相信家庭和亲属以外的人……而家庭以外缺乏信任使无关系的人很难组成社团或组织，包括经济企业。"福山以中国社会为例分析了以亲缘的、熟人的合作方式为主的传统社会向以陌生人合作为主的市民社会过渡的困难。放在黑格尔这里来看，黑格尔也认识到了陌生人之间的合作问题，用黑格尔自己的话来表述就是: 如何承认他人的问题（可参见黑格尔对古代国家的批判）。而这种承认必定不能只建立在抽象的或者反思的、道德的层面上，而是要上升到制度、法律和机制的层面上，它要求非常复杂的机制设计和制度安排来保障其实现。所以黑格尔认为市民社会是一种全新的领域，它既不同于前现代社会，又不同于国家。Wood 这样谈道: "1804 年左右，黑格尔对亚当·斯密、穆勒、弗格森等人的著作已经熟悉了，在他们的影响下他将现代社会与前社会形式以及国家都区分开了，因为在他看来现代社会是由独立的个人所组成的经济组织，后来他又将现代社会称为: '市民社会'。"Wood, "Hegel's Ethics", in *The Cambridge Companion to Hegel*, Frederick C. Beiser ed., Cambridge University Press, 1993, p. 215；[美] 弗朗西斯·福山:《信任: 社会美德与创造经济繁荣》，彭志华译，海南出版社 2001 年版，第 62—62、74—75、97 页；费孝通:《乡土中国》，北京出版社 2009 年版。

事实上，市民社会已经实现了陌生人之间的合作。但是它不像熟人社会里那样依赖于人的名声或道德名誉，而是依赖于各种复杂的规章制度和法律条文。所以市民社会的第二节是"法律"，第三节是"警察和同业公会"。这就是为什么市民社会要讨论各种"保障人身和财产的法律制度，和通过维护他们特殊利益和公共利益的外部秩序"①的原因。也就是说，陌生人群之间合作是要依赖于复杂而精密的制度设计和规章制度。例如，需要建立一系列财产权、专利制度、司法鉴定部门、执行部门、警察和各种公关机关。正是国家中复杂的产权设计，以及产权保障机制、公正的第三方执法部门等复杂社会机制保证了大规模陌生人群之间的合作得以可能。正是这些复杂机制及机构的存在使我们得以信任陌生人并使人们的合作超出自然的、血缘关系之外。也就是说，人们的合作从亲戚间的合作进展到了陌生人之间的合作。这也是由血亲关系到非血亲关系、家族关系到非家族关系的合作扩展。如果没有这些机制的话我们根本无法想象市民社会的存在。正如西布莱特所说："现代社会中的信任已经不是单纯的个人心理因素。从根本上说，它是一种使人们能够相互信任并愿意相互交换的一系列社会机制，与你对和你交换的人的感觉无关。这些机制包括法律、强制事实法律的机制、所有的社会惯例——非正式的习俗、活动等，利用所有这些因素可以帮助我们判断他人行为的可信度。"②这就是为什么市民社会这一节要去谈需求、交换的体系，谈司法对于所有权的保护，谈警察对于普遍利益的关照，谈同业公会对于陌生人之间信任与尊重的原因。

正如黑格尔所说，市民社会的出现其实晚于国家，它是一个现代的产物，而且以国家的建立为前提："作为差别的阶段，它必须以国家为前提，而为了巩固地存在，它也必须有一个国家作为独立的东西

---

① ［德］黑格尔:《法哲学原理》，范扬、张企泰译，商务印书馆 2009 年版，第 174 页。

② ［英］保罗·西布莱特:《陌生人群:一部经济生活的自然史》，梁娜译，东方出版社 2007 年版，第 185 页。

在它面前。"① 可想而知，如果没有国家的强制力量去执行和制定合作的原则，那么陌生人之间的信任、合作、交换都是不可能的，而简单的掠夺、暴力、欺骗便会甚嚣尘上。② 所以黑格尔说市民社会是一个现代的产物，市民社会的建立也必须以国家为前提。

（三）从自给自足的生产方式转变为广泛的分工和相互合作的劳动关系

如斯密所说，在农村一人往往分饰多职，他需要学会一切满足家庭生活需要的职业。比如他得既是厨师、木工，又得学会制造工具和修理工具，等等。因为在他的村子里工种皆不发达，且单靠此专业不足以为生，所以分工只能在城市里发生："有些业务，哪怕是最普通的业务，也只能在大都市经营……散布在荒凉的苏格兰高地一代的人迹稀少的小乡村的农夫，无论是谁，也不能不为自己的家属兼充屠户、烙面师乃至酿酒人。在那种地方，要在二十英里内找到两个铁匠、木匠或泥水匠，也不容易……只好亲自动手做许多小事情；在人口众多的地方，那些小事情一定会雇请专业工人帮忙。农村工人几乎到处都是一个人兼营几种性质很类似因而使用同一材料的行业。"③ 也就是说，分工和专业的工种只能在大城市、人口密集的地方才能产生，因为他能仅仅凭借他的职业得到足够多的工作。而得到足够多的工作又要求人口的密集聚居，因为只有大量的人口才会对他的职业产生大量需求，这样他才能养活自己。而在人口稀少、荒凉的农村，他有可能半年才能得到一个工作，这不足以使其养家。所以分工和专业化不可能产生于农村。而一旦分工已经确立："于是，一切人都要依赖交换而生活，或者说，在一定程度上，一切人都成为商人，而社会

---

① ［德］黑格尔：《法哲学原理》，范扬、张企泰译，商务印书馆 2009 年版，第 197 页。

② 正因为现代国家和市民社会的出现是一个晚近的事情，这就是为什么整个人类历史大部分的时间都处在这种强取豪夺而非合作的"自然状态"当中。

③ ［英］亚当·斯密：《国民财富的性质和原因的研究》（上），郭大力、王亚南译，商务印书馆 2012 年版，第 16—17 页。

本身，严格地说，也成为商业社会。"① 由于大量人群的聚居能带来规模效益，于是广泛的分工和交换就给城市生活带来了商业社会（eine handelnde gesellschaft）的特征。每一个人只干一个职业，而其他的需求都仰仗别人提供，于是人和人之间形成了一种广泛的分工和合作关系。每一个人的需求都由另一个人满足，而他自己也同样满足别人的需求。

所以黑格尔说市民社会是需求的体系："所以每一个特殊的人都是通过他人的中介，同时也无条件地通过普遍性的形式的中介，而肯定自己得到满足。这一普遍的形式是市民社会的另一个原则。"② 黑格尔也称市民社会为"中介的基地"③。因为在这个基地上"通过个人的劳动及通过其他一切人的劳动与需要的满足，使需要得到中介，个人得到满足"④。在市民社会里，我必须和别人一起进入分工和合作当中去："我必须配合别人而行动，普遍性的形式是由此而来的。我既从别人那里取得满足的手段，我就得接受别人的意见，而同时我也不得不生产满足别人的手段。于是彼此配合，相互联系，一切个别的东西就这样地成为社会的。"⑤ 也就是说，在市民社会里个人的生活和福利以及他的权利的定在，都同众人的生活、福利和权利交织在一起。这种城市生活与农村生活的自给自足的生活方式是不一样的。

（四）个人、个人主义的诞生

与霍布斯和卢梭的设想正好相反，人们取得个人自由也是晚近的事情。霍布斯和卢梭都认为在自然状态中的人都是独来独往的，到了后期人们为了躲避危险和暴力才被迫选择进入社会状态。但是这个设想无论是在事实上还是在人的天性假设上都是错的："但是在事实上，

---

① ［英］亚当·斯密：《国民财富的性质和原因的研究》（上），郭大力、王亚南译，商务印书馆 2012 年版，第 20 页。
② ［德］黑格尔：《法哲学原理》，范扬、张企泰译，商务印书馆 2009 年版，第 197 页。
③ ［德］黑格尔：《法哲学原理》，范扬、张企泰译，商务印书馆 2009 年版，第 197 页。
④ ［德］黑格尔：《法哲学原理》，范扬、张企泰译，商务印书馆 2009 年版，第 203 页。
⑤ ［德］黑格尔：《法哲学原理》，范扬、张企泰译，商务印书馆 2009 年版，第 207 页。

人类历史上逐渐取得发展的是个人主义，而不是社会性。今天，个人主义似乎是我们经济和政治行为的核心，那是因为我们发展了相关制度，以克服身上更自然的群体本能。"① 就是说，人一生下来就是社会的、合群的和合作的动物。因为没有一个人一生下来就能够自立，而是需要被多年的抚养、教育和保护。即使一个人成年之后很强壮，能够保护自己，但是一个人总会有老的时候，这个时候他又重新回到了"童年"，也需要别人照顾与保护。所以在这个意义上来讲，没有一个人是始终强壮的并只依靠自己的。正因为如此人类才会建立家庭、组成部落，因为每一个都需要他人的帮助。所以赫费说："人来到世上不是作为现实自由的，而主要作为需要帮助和教育的生命存在的。"② 按照赫费的看法，在人的幼年和老年阶段每一个人都是绝对的弱者，是需要帮助的群体，在这个意义上说，没有哪一个人能够完全地自立或不需要他人的帮助。所以人结成团体以互相帮助是有其意义的。现代生物学家对于自然状态的研究显示，人类在历史当中从来没有孤立过，而是一直以结成群体、部落、家族的方式存在着。③ 从这个方面来说亚里士多德对于人的天性的观察更为贴近事实。

正是因为人类天生就是社会的、群体的动物，个人主义以及个人自由也同样是我们这个时代的成就。个人和集体之间在事实上的关系是集体在先，个人在后。皮平由此谈道："自由的个人是作为结果而出现的，他是集体心智的结果，他被理性的机制和社会角色所共同塑

---

① ［美］弗朗西斯·福山：《政治秩序的起源》，毛俊杰译，广西师范大学出版社 2012 年版，第 29—30 页。

② ［德］奥特弗利德·赫费：《政治的正义性：法和国家的批判哲学之基础》，庞学铨等译，上海译文出版社 2005 年版，第 248 页。

③ "人类在进化过程中，从没经历过隔离时期；人类的灵长目先驱，早已开发出广泛的社会和政治的技巧；促进社会合作的功能是人脑与生俱来的。自然状态，可被描绘为战争状态，因为暴力是自发的。实施暴力的，与其说是个人，倒不如说是密切结合的社会群体。人们并不因为自觉且理性的决定，而进入社会和政治生活。公共组织在他们中间自然形成。"［美］弗朗西斯·福山：《政治秩序的起源》，毛俊杰译，广西师范大学出版社 2012 年版，第 30 页。

造，他绝不是什么自然的或形而上学的结果。"① 早期的人类处在家族和部落的权威之下："族团层次的内部，类似于现代经济交易和个人主义的东西是绝对不存在的。这个阶段没有国家暴政……你的社交生活困于你周围的亲戚，他们决定你做什么，跟谁结婚，怎样敬拜，还有其他一切。"② 个人被捆绑在氏族、血缘、亲戚之中，个人的一切都被别人决定。正如泰勒所指出的，个人主义是随着现代世界一起到来的东西。但是泰勒提醒我们不要忘记，就在不久之前我们都还生活在家族和乡村的怀抱里。世界直到 19 世纪末才发生了变化："在一个贫瘠的、缺乏安全感的、一直受到匮乏威胁的世界里，家庭和全体的规则成为生存唯一的保障。现代个人主义的模式成为一种奢侈品，同时也是一种危险的嗜好。"③ 也是在这个新近的世界中"个体"概念才得以逐渐取代了"群体"概念。

在中世纪的德国有一句俗语："城市的空气让人自由。"④ 城市与自由的兴起可以说是携手相伴的。正如亨利·皮雷纳所说："正如农业文明使农民成为以奴役为常态的人群那样，商业文明使得商人成为以自由为常态的人群。"⑤ 汤姆·G. 帕尔默认为："现代社会中的公民自由是公民社会的产物，而公民社会即是从欧洲城市中成长起来

① 皮平认为"个人"/行动者/主体（或理论）的出现本身是一个历史性的成就，他们不顾自己本来的倾向和冲动（人类学的、自然的），而去过一种自我理解、自我规定的生活，所以"自由"在黑格尔这里意味着"去/成为自由"。自由乃是一项成就，一项集体的成就，而成为自由的人就是成为国家的、社会的、理性的存在者且与他人共在。作为自由的个人是由于他们能够自我约束和自我教化（如通过教育、美学、实践、宗教等方式），并且以一种普遍的方式共存。也就是说，皮平认为"个人"的出现完全是社会的、后天的、历史的和人为的。具体参见 Robert B. Pippin, *Hegel's Practical Philosophy*, Cambridge：Cambridge University Press, 2008, p. 198.

② ［美］弗朗西斯·福山：《政治秩序的起源》，毛俊杰译，广西师范大学出版社 2012 年版，第 52—53 页。

③ ［加］查尔斯·泰勒：《现代社会想象》，林曼红译，译林出版社 2014 年版，第 13 页。

④ ［美］汤姆·G. 帕尔默：《实现自由：自由意志主义的理论、历史与实践》，景朝亮译，法律出版社 2011 年版，第 24 页。

⑤ Pirenne (1937), p. 50, 转引自［美］汤姆·G. 帕尔默《实现自由：自由意志主义的理论、历史与实践》，景朝亮译，法律出版社 2011 年版，第 25 页。

的。人身自由属于个人自由，但这种自由需要加入公民社会才能实现。"① 也就是说，在汤姆·G. 帕尔默看来，正是城市、市民社会给予了个人自由。所以黑格尔评论道："因此，自由和秩序的感觉主要是在城市中发生的。"② 也就是说，个人一开始是被绑定在各种家族、族群和各种群体里面的，直到近代才出现了真正意义的"个人"。

陌生人群的共在使得复杂政治机制的设立成为必要。

在乡村中大家都是熟人，仅仅靠家族制和简单的道德规范就足以约束人的行为（简单社会机制和道德规范）。但这一切在大量异质人群聚居的城市中，建立共处的规范、法律、制度便成为了一种急迫的需要。如何在一个可能终生不再见面的陌生人群中处理投机取巧、"搭便车"以及损害他人的行为？这一切都要求复杂、稳定的政治机制的建立。

如亨廷顿所说，在前现代社会中由于同一个地方的人群构成相对简单和同质化，人群的分化并不严重，所以一旦遇到冲突可由该群体依照惯例自行解决。也就是说："在一个大家都属于同一个社会势力的社会里，冲突便可通过该社会势力自身的结构加以限制并予以解决，而无须正经八百的政治机构。在一个社会势力为数不多的社会中，某一集团——武士、教士、某一特殊家族、某一民族或种族集团——能够支配其他集团并有效地诱使它们默认这一统治，这种社会可能很少或根本没有共同体。"③ 也就是说，在亨廷顿看来，前现代的简单、同质人群的聚集不会带来这么多的问题和冲突，进而也不会对政治和制度的设计提出高要求。

但是问题是在市民社会（在大型城市）中，人群全是由陌生人所

---

① Pirenne (1937)，p. 50，转引自［美］汤姆·G. 帕尔默《实现自由：自由意志主义的理论、历史与实践》，景朝亮译，法律出版社 2011 年版，第 25 页。

② ［德］黑格尔：《法哲学原理》，范扬、张企泰译，商务印书馆 2009 年版，第214 页。

③ ［美］萨缪尔·P. 亨廷顿：《变化社会中的政治秩序》，王冠华、刘为译，上海人民出版社 2008 年版，第 8 页。

构成的，人群之间很少有同质性。人们来自不同的地方和种族，拥有不同的文化、信仰。人们会因为自己的特殊性结成不同诉求的集团。问题就在于：如何在这样的复杂人群中处理人群冲突？亨廷顿认为这就使得复杂政治成为必需。所以："在任何一个社会势力复杂且其利害关系纵横交错的社会里，如果不能创设与各派社会势力既有关联又是独立的政治机构的话，那么，就没有哪一个社会势力能够单独统治。"① 也就是说，在市民社会这种复杂、异质人群的聚集处人们各自有不同的背景和利益诉求，这时候问题的处理不可能像在封闭的乡村里那样依靠家族的或大家长的调节就可以达成。因为："在简单的社会里，共同体在于人与人之间的直接关系中：丈夫对妻子，兄弟对兄弟，邻居对邻居。义务和共同体是直接相连的，没有任何外来因素的插足。但是在较复杂的社会里，共同体牵涉到个人或集团与他们之外的人或集团的关系。"② 这样一来就对共同体或市民社会的政治机制提出了高要求：要求其设计出容纳陌生人聚集的"普遍性"法律或机制。也就是说，此法律必须是一视同仁的、普遍的、公正的规则。所以异质的个体才能在这种普遍性的规则和机制中达成一种联合、合作、共在。黑格尔谈道："市民社会，这是各个成员作为独立的单个人的联合，因而也就是在形式普遍性中的联合。"③ 也就是说，只有在普遍的法律和机制中个体才能实现共在。

行文至此，我们已经发现市民社会的复杂性已经向高度复杂的政治机制的设计提出了要求。我们下面要转入黑格尔对于市民社会的具体的机制的设计中看一看黑格尔是如何回答这个问题的。

（五）市民社会中承认的制度化

在市民社会中的个人有权利满足其特殊的需要，而这种需要不再

---

① ［美］萨缪尔·P. 亨廷顿：《变化社会中的政治秩序》，王冠华、刘为译，上海人民出版社 2008 年版，第 8 页。

② ［美］萨缪尔·P. 亨廷顿：《变化社会中的政治秩序》，王冠华、刘为译，上海人民出版社 2008 年版，第 8 页。

③ ［德］黑格尔：《法哲学原理》，范扬、张企泰译，商务印书馆 2009 年版，第 174 页。

像传统的农耕社会里那样是靠自给自足来满足的。在市民社会里，每一个人的需要与满足都不再像在农村里那样自给自足了，而要依赖于他人的工作。正是在这种广泛的分工和合作中人们之间建立起了一种平等的承认关系。但是市民社会是有赖于保障所有权的制度和维护社会秩序的国家机构为其前提的。也就是说，市民社会只有在具备完备司法系统、健全公共执行部门和各种民间自治同业公会的条件下才能存在。简言之，市民社会的存在要求法律和法治（执行机构）的完善和支持。

在市民社会中个人既作为追求个人利益的原子式的个体（即有个人特殊的需求和欲望），同时也作为与他人共在的交互主体（即在社会分工和劳动合作中）。每一个个体都有自己特殊的需求和欲望，在黑格尔看来这一点必须得到满足。但是每一个人的需求都要通过他人才能满足。在市民社会中每一个人都为了他人的满足而存在，而每一个他人也同时作为满足我的需求而存在着。我与他人之间的关系是互为对方的存在者，互为对方的条件，我的需求必须得依赖他人才能得以实现，他人对我亦如此。我和他人之间相互承认对方，但是这种承认同样需要制度的保障。我和他人共同存在于一个国家中，我与他人的权利和自由都是由这个国家来承认和保障的。所以，不仅市场的存在要以国家和制度的存在为前提条件，我与他人的自由和权利也要求以国家和制度的在先为前提条件。

"国家是具体自由的现实；但具体自由在于，个人的单一性及其特殊利益不但获得他们的完全发展，以及它们的权利获得明白承认（如在家庭和市民社会领域中那样），而且一方面通过自身过渡到普遍物的利益。"① 所以国家把自己的领域划分为两个：一个是市民社会的领域，这里是个人追求其"形式的自由"的领域；另一个是普遍物的领域，这里是国家制度的领域，个人在这里达到与普遍物的融

---

① ［德］黑格尔：《法哲学原理》，范扬、张企泰译，商务印书馆 2009 年版，第 260 页。

合。国家将两种自由都容纳于一身，只有在现代国家中才能实现所有异质人群的共在和相互承认，但这一点也要通过制度化和机制化强制实行。

我们将看到这个问题的解决主要采取两个步骤：第一步是通过经济人之间的自由交往实现人的"形式的"或"特殊的"自由；第二步是通过将人纳入机制的或普遍性的环节中以实现人的"具体的"或"普遍的"自由。也就是说，构成"真实的自由"的始终有两个要素，这两个要素都需要得到满足："即具有自为的认识的、自为的希求的单一性和认识实体、希求实体的普遍性……达到前一方面的手段是：在各种制度中，即在潜在于个人特殊利益的普遍物中获得自己的本质的自我意识；达到后一方面的手段是：这些制度在同业公会的范围内给他们能以实现普遍目的的职业和活动机会。"① 也就是说，个人的形式性的权利和满足通过市场中的自由交往来达到；而个人的普遍化的权利和诉求则通过机制层面来达到。只有这样才能达到"真实的自由"："真实的自由更需要工商业方面的自由——准许每个人无拘无束地运用他的能力，以及任何人都可以自由充任'国家'的大小官职。这就是真实的'自由'的因素。"

市场中的机制条件包括以下方面：首先，在市场领域中国家通过设立警察、司法机构和自治同业公会来保障人与人之间的平等交往。也就是说：通过设立公正、公平的法律以保障人身和财产关系的安全。司法权具体包括：实定法的体系化；法律的解释、适用、改进和公开；法律手续的完备；设立法院；程序的公开和正义；审判公开；设立陪审团。所以，在司法中"对所有权和人身的侵害，通过司法而被消灭了"②。其次，设立警察以执行和保障市场交往中的承认关系。警察权具体包括：维护公共安全；公共卫生；公共教育；公共医疗以及对市场和经济进行干预和调节、指导；基础设施和公共工程的兴建

---

① ［德］黑格尔：《法哲学原理》，范扬、张企泰译，商务印书馆2009年版，第265页。

② ［德］黑格尔：《法哲学原理》，范扬、张企泰译，商务印书馆2009年版，第238页。

和维护；贫困救济以及执行法院裁决。由于市民社会中存在很多任意性和偶然性的状况，警察和执法机构的作用就在于要清除市民社会的偶然性和特殊性，"既要求把阻挠任何一个目的的偶然性予以消除，以策人身和所有权的安全而不受妨害，又要求单个人生活和福利得到保证"①，并减少调节市民社会中的冲突和问题。最后，设立自治同业行会以保障个人的生活、福利以及技能培养。"关心所属成员，以防止特殊偶然性，并负责给予教育培养，使获得必要的能力。"② 同业行会的用意在于保障个人的切身利益和福利、清除特殊性和贫困的偶然性。

也就是说，通过法律、执法和福利保障机构以保障人们经济交往的稳定和秩序，解决市民的物质和经济问题，为市民后来参与政治生活提供先决条件。稳定的物质生活提供了展开精神活动的物质基础，不仅如此，经济生活优劣还进而影响权利的运用。设想一下，一个整天为面包发愁的人怎么可能有时间去参与公共问题的讨论呢？所以，经济生活和物质生活的问题必须摆在政治生活之前。只有先解决经济和物质问题，个人才有可能进一步去参与政治生活。在这个意义上，经济问题对于个人来说是要优先考虑的。所以霍耐特说道："在经济利益的实现中占有相对的主导地位以后，才有可能在经济上排除一些社会障碍；而正是这些障碍至今仍使具有同等权利的公民，却没有同等运用权利的机会。"③ 霍耐特在这里指出的"具有同等权利"和"运用同等权利"就是我们讨论的经济和物质生活反过来决定政治和精神生活的例子。我们的宪法虽然承认每一个公民都"具有同等权利"，但不是每一个公民都具有"运用同等权利"的能力。比如说，我们会承认大街上的每一个流浪汉都与其他市民一样"具有同等权利"，但流浪汉实际上没有"运用同等权利"的能力。也就是说，我

---

① ［德］黑格尔：《法哲学原理》，范扬、张企泰译，商务印书馆2009年版，第238页。
② ［德］黑格尔：《法哲学原理》，范扬、张企泰译，商务印书馆2009年版，第249页。
③ ［德］霍耐特：《自由的权利》，王旭译，社会科学文献出版社2013年版，第485页。

们不能指望流浪汉会主动地去投票、去参与公共问题的讨论和争论。因为对于流浪汉来说这些问题是次要的，活下去才是首要的。我们能举出大量的例子来论证生活中有很多人拥有名义上的"同等权利"，却没有"运用同等权利"的能力。因为，对于这些人来说首要任务是解决经济和物质生活的问题，进而其他问题才有可能进入他们的视野，所以他们只是名义上拥有权利的公民。

由于拥有权利和实际运用权利之间的不对等，所以这个问题必须被重视起来。必须防止出现名义上拥有权利实际上却永远不能实际运用权利的贱民阶层产生，在这个意义上，市民社会和国家应尽量提供帮助。黑格尔认为现代国家有必要设立警察和公共机构来干预市民社会的贫困问题，并提供基本的生活和物质保障来作为避免人们沦为赤贫的一道最后的防线。否则，正如黑格尔所说，将产生暴民和贱民，进而威胁到市民社会和国家的安全。所以，在黑格尔这里，警察、行会和公共机构的设立正是给社会提供一道最后的防线，以防止人们由于竞争失败而跌入生活的深渊。

只有预先解决个人的经济和物质生活问题，才有可能真正实现个人的政治权利。而个人只有能够在市民社会中实现自足和自立，别人才会相应地承认他。或者用霍耐特的话来说："如果在个人关系和市场经济交往这两种行动体系中，不去进一步实现社会自由自身合法原则所要求的那些主要条件，那么公民们就会缺少一种首先能够使他们不受限制自愿参与民主决策的社会关系……因为在民主的公众性中实现社会自由的前提是，首先必须在个人关系和市场关系的领域里已经实现了各自最基本的社会自由原则。"[1] 也就是说，在霍耐特看来，个人自由原则和市场自由原则作为实现政治自由的前提条件，如果这两点没能达到，真正的政治自由也无从谈起。

另一方面，市民社会也不能离开国家而独存，而毋宁说，国家必

---

① ［德］霍耐特：《自由的权利》，王旭译，社会科学文献出版社 2013 年版，第 419 页。

然是优于或高于市民社会的。国家与市场的关系从来不是平等的，稳定的市场的建立需要国家提供服务与规则保障。国家是稳定的市场的前提而非相反，国家可以不需要市场而存在，但市场则不能不以国家而独自存在。① 我们在这里讨论的不是有没有一个不以国家为前提而实际存在过的市场，历史上当然有这样的市场存在过。然而，我们要注意的是，虽然没有国家也可以有自由市场和自由交换，但却没有受保护的和稳定的市场存在。这种市场时刻处于暴力和任性的威胁之下，既不稳定也不安全，在这样的市场之中也不能要求公正和权利。但是国家却可以不用市场而独立自存。下面我们将过渡到国家机制的层面。

### 三 国家中承认的制度化

我们现在面临的问题是：什么样的国家才能容纳我们上面所讨论的"个人"和"他者"的自由？

黑格尔谈道："国家无非就是自由的概念的组织，个人意志的规定通过国家达到了客观定在，而且通过国家初次达到它的真理和现实化。国家是达到特殊目的和福利的唯一条件。"② 国家是自由的概念的组织。它是自由的各种层次和阶段的综合。国家也就是自由的概念首次达到它的现实化。在前面两章中自由达到的是抽象的和主观的层次，而只有在现代国家中自由才首次达到了现实性，这个现实性是前面两层次的综合。也就是说，在国家当中，既承认个人的财产权、生命权和自由权（抽象权利）也承认个人的道德和反思权利（主观权

---

① 在这里，我们可以参考一下 Smith 对于国家和市民社会功能和原则的划分：市民社会是一个对个人提供需要与满足的、逐利的场所，它的原则是个人主义，它遵循的是资本主义的生产逻辑；而国家则不同，国家的原则是非个人主义的，而强调整体主义和价值共享、牺牲、奉献等标准和原则。所以，无论是从原则上还是从行为规范上来说国家和市民社会都是不同的领域。Steven B. Smith, *Hegel's Critique of Liberalism*, Chicago and London: The university of Chicago Press, p. 105.

② ［德］黑格尔：《法哲学原理》，范扬、张企泰译，商务印书馆 2009 年版，第263 页。

利)。同时，国家是"具有巩固地存在着的各种权利和规章制度的机体"①。也就是说，国家必须被理解为一个有机体和一个整体：国家必须被理解为有机体。此有机体不能被理解为主观的东西，而必须被理解为"真正的政治国家和国家制度"②。也就是说，国家的制度、法律才是一个国家中真正客观的和普遍的东西，也是这个国家中最根本性的东西。如黑格尔所说"国家组织自身才是理性的东西和永恒理性的图像"③。

国家这个有机体会依据概念的本性进行自我规定和自我划分，将自己的活动划分为一个个有区别的环节。国家的权力机构的划分并不是外在于彼此的或是人为的划分，而是"理念向它的各种差别的发展。这些不同方面就是各种不同的权利及其职能和活动领域"④。按照理念自身的划分也就是按照概念自身的划分："理念，怎样在自身中规定自己，从而设定它们的各个抽象环节，即普遍性、特殊性和单一性，可以从逻辑学中获悉其详。"⑤ 所以按照概念自身的运动和划分，国家权力机构就被划分为相应的三个环节：立法权（普遍性）—王权（单一性）—行政权（特殊性）。

实际上黑格尔是十分强调主观性环节的。因为主观性和单一性也有其重要性，因为国家并不是一个抽象的东西，国家实在地存在于每一个个人身上。所以主观性和单一性将作为国家必不可少的环节："国家是现实的，它的现实性在于，整体的利益是在特殊目的中成为实在的。现实性始终是普遍性与特殊性的统一……如果这种统一不存在，那种东西就不是现实的，即使它达到实存也好。"⑥ 在黑格尔的制度划分中，我们可以清楚地看到他的划分就是根据普遍性—特殊

---

① ［德］黑格尔：《法哲学原理》，范扬、张企泰译，商务印书馆2009年版，第271页。
② ［德］黑格尔：《法哲学原理》，范扬、张企泰译，商务印书馆2009年版，第266页。
③ ［德］黑格尔：《法哲学原理》，范扬、张企泰译，商务印书馆2009年版，第285页。
④ ［德］黑格尔：《法哲学原理》，范扬、张企泰译，商务印书馆2009年版，第285页。
⑤ ［德］黑格尔：《法哲学原理》，范扬、张企泰译，商务印书馆2009年版，第285页。
⑥ ［德］黑格尔：《法哲学原理》，范扬、张企泰译，商务印书馆2009年版，第280页。

性—现实性来的。在其中，黑格尔强调整体的利益始终是要存在于每一个个体中、存在于特殊性中。立法权中的个体性和主观性环节是等级要素，因为等级议会是由一个个议员所构成的；王权中的个体性要素是君主；行政权中的个体性要素是一个个公务员。也就是说，整体的利益并非处于个人之外的东西，而是就存在于这些个体当中，离开个体整体的利益就无从存在。下面我们将具体展开黑格尔所设想的国家制度：

（一）立法权

立法权是三种权利中最重要和最基础的权利。由于"立法权所涉及的是法律本身（因为法律需要进一步规定），以及那些按其内容来说完全具有普遍性的国内事务"①，"立法权的对象应该是什么……所包括的按其内容说来是完全普遍的，亦即法律的规定"②，因此立法权将制定和颁布承认所有人权利和自由的法律，并将这种承认写入宪法，使其成为普遍的和稳定的原则。

立法权主要包含三个环节：君主（签字）；咨议机构（立法咨询和建议）；等级议会（制定法律）。"立法权是一个整体，在其中起作用的首先是其他两个环节，即作为最高决断环节的君主权和作为咨议环节的行政权……最后一个环节就是等级要素。"③ 君主在这里起到的作用是在议会所通过的法律上署名，也即作为最后决断环节。咨议机构在这里的作用是以自己丰富的政治经验给议员们具体的立法建议。"行政权具体地知道和概括地了解整体的各个方面和稳固地存在于整体中的现实的基本原则，尤其是熟悉国家权力的需要。"④ 最后，等级要素将自己划分为三等级：普遍等级（公务员）；实体性等级；工商业等级。普遍等级已经在从事普遍性的政治事务，而剩下的私人

---

① ［德］黑格尔：《法哲学原理》，范扬、张企泰译，商务印书馆2009年版，第315页。
② ［德］黑格尔：《法哲学原理》，范扬、张企泰译，商务印书馆2009年版，第316页。
③ ［德］黑格尔：《法哲学原理》，范扬、张企泰译，商务印书馆2009年版，第318页。
④ ［德］黑格尔：《法哲学原理》，范扬、张企泰译，商务印书馆2009年版，第318页。

等级也应该参与政治，发出自己的声音。私人等级组成了议会（两院）具体地讨论和制定法律。在立法权中，等级要素体现为主观性和单一性的原则。因为参加议会讨论的是一个个具体的议员和个人，他们将自己所了解的情况和需求反映给议会。议员本身体现了单一性和主观性原则。

等级要素的作用是"要使主观的形式的自由这一环节，即作为多数人的观点的思想的经验普遍性的公众意识通过它来获得存在"①。也就是通过各等级的议会来了解公共福利和具体的问题，因为各等级对普遍福利和公众的具体需求有更直接的了解，他们是国家和个人两极之间的中介机构。"各等级作为一种中介机关，处于政府与分为特殊领域和特殊个人的人民这两个方面之间。各等级的使命要求他们既忠实于国家和政府的意图和主张，又忠实于特殊集团和单个人的利益。"② 这样一来，一方面政府就能够听到来自民间的声音，另一方面民众又不至于成为孤立的个人而发不出声音。中间等级包括普遍等级、实体性等级和工商业等级，他们各自对自己的情况比较了解，由他们来定期举行会议和讨论是比较合适的。于是上述集团就各自组织起来形成各种共同体进入普遍的政治领域，并在普遍的领域中成为现实的存在。而在这几个等级当中由于普遍等级本身就已经在从事政治事务了，所以议会中由另外两个等级所组成并分为两院："它分为两个等级：一个等级建立在实体性的关系上；另一个等级则建立在特殊需要和以这些需要为中介的劳动上。"③ 也就是说，两院分为上院和下院，分别由实体性等级代表和工商业代表进入。而议员则主要通过选举和推任产生。实体性等级的议员主要通过任命产生；工商业等级的议员则由任命和选举相结合来担任。这种方式实际上就是代议制。

等级议会是一种代议制，议员是一个中介环节，他既是政府和人

① ［德］黑格尔：《法哲学原理》，范扬、张企泰译，商务印书馆 2009 年版，第 319 页。
② ［德］黑格尔：《法哲学原理》，范扬、张企泰译，商务印书馆 2009 年版，第 321 页。
③ ［德］黑格尔：《法哲学原理》，范扬、张企泰译，商务印书馆 2009 年版，第 322 页。

民之间的中介，也是王权和同业公会、自治团体和个人之间的中介。他一方面要忠实于普遍性的利益（即国家制度和法律）；另一方面也要忠实于自己所代表的特殊性团体的利益。① 他作为人民和特殊团体的代表和中介在政府和议会中活动。他之所以能进入等级议会是因为他"具有适应被邀参加处理普遍事物这种任务的品质、见解和意志"②。但是议员虽然作为一个个人却并不是为了一己之利而活动，他是作为所代表的利益集团而活动。议员所代表的是某些人或某团体的利益诉求和意愿。议员是作为某种意愿和诉求的具体体现，他在议会中的发言并不是他个人的意见，而是他背后的普遍物的意愿。"换句话说，问题不是个人作为抽象的单个人而发言，相反地，他应在处理普遍物的会议中使他的各种利益得以伸张。"③ 他接着谈道："代表制含有这种意义，即统一并不是由一切人直接来表达，而应通过全权代表来表达，因为在代表制之下，单个人不再作为无限的人而出现。"④ 黑格尔认为原子式的个人或公共舆论都只是嘈杂的声音，其间固然有可取的东西，也有不可取的东西。但是不管怎么说，由于市民社会中的个人都忙于自己的私人生活总需要有人来代替他们发言。这个人就是市民社会中所选派的议员。

除此之外，等级要素的意义还在于它的中介和制衡国家的作用。在黑格尔看来，中间等级包括各种协会、自治团体、同业公会、特殊的集团和特殊的个人，等等。⑤ 黑格尔十分强调中间等级的作用。在黑格尔看来，国家总是自然地划分为各种特殊集团的整体，国家的成员就是这些特殊集团的成员，这些成员有其私人生活但同时也能够思考普遍物。所以一个国家不是要消灭它的中间等级和特殊集团，相反，国家应该尊重和正视中间等级的作用。中间等级既作为团结个人

---

① ［德］黑格尔：《法哲学原理》，范扬、张企泰译，商务印书馆2009年版，第321页。
② ［德］黑格尔：《法哲学原理》，范扬、张企泰译，商务印书馆2009年版，第327页。
③ ［德］黑格尔：《法哲学原理》，范扬、张企泰译，商务印书馆2009年版，第327页。
④ ［德］黑格尔：《法哲学原理》，范扬、张企泰译，商务印书馆2009年版，第327页。
⑤ ［德］黑格尔：《法哲学原理》，范扬、张企泰译，商务印书馆2009年版，第321页。

的力量，同时也作为监督、制约国家的力量。这是一种自下而上的监督方式，这种监督方式往往比官僚系统的自上而下的监督方式要更管用。黑格尔谈到只有在专制国家才没有中间等级和集团而只有统治者和人民，而在一个现代国家里，中间等级和集团却是国家必不可少的组成部分和利益："这个中间等级的形成，是国家的最重要的利益之一；但是只有在上述那种组织中，也就是比较独立的一定的特殊集团拥有相当的权利、官僚界因而不敢胡作非为的地方、才能做到这一点。"①

（二）立宪君主

君主立宪国家的首脑是立宪君主，君主通过宪法和内阁大臣来治国。王权分为三个环节：制度、法律；最高咨议机构（内阁）；君主。"王权本身包含着整体的所有三个环节：国家制度和法律的普遍性，作为特殊对普遍的关系的咨议，作为自我规定的最后决断的环节。"② 王权的展开是根据概念的环节而展开的：国家制度和法律代表着普遍性；咨议机构代表着现实中无限多的事物的特殊性；王权则代表着单一性和主观性。

在这里面，最重要的是制度和法律，它代表着普遍性和根本性的规定性和客观性的作用。君主通过他的咨议大臣了解各种特殊的事

① ［德］黑格尔：《法哲学原理》，范扬、张企泰译，商务印书馆2009年版，第315页。根据福山，现代国家取决于强大国家和独立个人之间的平衡。前者的合法性来自后者的认可，而后者的自由又要依靠前者的保护。也就是说，个人自由是现代国家的前提，国家只有在承认个人自由的基础之上才能取得个人的同意。反过来，国家对于个人自由的承认与保护又反过来构成了个人效忠国家的理由。在这个意义上国家只有与个人取得一种平衡才能成为合法、运转良好的国家，同时国家的权力也需要现实力量的制约，这一点是个人做不到的。在现代国家中，国家机器太强大，任何人在它面前都是渺小的存在者。这个时候需要在个人与国家之间寻找中介机构，由这个中介机构来平衡、制约国家机器。比如：黑格尔提到了公司、行会、民间自治团体、中间等级、等级议会、两院等制衡机构。在今天我们有更多的自发形成的中间机构，如公司、跨国集团、非营利组织、新闻舆论媒体等，这些机构都能够形成对于国家的制衡力量。［美］弗朗西斯·福山：《历史的终结及最后之人》，黄胜强等译，中国社会科学出版社2003年版，第364—369页。

② ［德］黑格尔：《法哲学原理》，范扬、张企泰译，商务印书馆2009年版，第292页。

情，并在文件上签字。实际上，君主的作用也只是在一份文件上签字而已，至于他签署的文件内容本身是不由他决定的。① 黑格尔认为在一个君主立宪制国家中最重要的并不是君主本人的德行或能力，因为"德在与一个肢体健全的组织中的法律上规定的活动是相互对立和各不相容的"②，最重要的是"合乎理性的法律的形式而不是情绪的形式"③，所以在王权中最重要的是代表法律和制度的普遍性的环节，而君主本人是处在这个普遍性环节之下的。君主只能起到主观性的作用，即将权力集中于一人，并下决断。君主作为王权中最后一个环节所能起的作用是十分有限的。真正统治这个国家的并非君主的主观意志或任性，而是这个国家的制度和法律本身。君主也受着普遍的国家制度和法律的统治，君主的治理是依法治国。④ 君主只是国家权力的实体化、现实化的化身和表现而已，他仅仅代表这个国家的"自我确信的最后确信——这种确信构成意志概念的顶峰——赋予单个的意识"⑤。也就是说，抽象的国家主权或自我决策必须在具体的、单个的个人身上体现出来，而君主便是这个抽象的主权或自我确信的现实的载体。

君主的作用在另外的地方。文件的客观性是由君主的大臣们（内阁大臣）来负责的："所以，只有这些咨议机构及其成员才应该对此负责，而君主特有的尊严，即最后做决断的主观性，则对政府的行动不负任何责任。"⑥ 其实这样的安排另有深意。君主其实是作为团结

---

① 王权在黑格尔政治系统中并非掌握实权的人，如 Brooks 认为王权在黑格尔的体系里是一个"面容模糊的存在者……一个并不重要的存在"。参见 Thom Brooks, *Hegel's Political Philosophy*: *A Systematic Reading of the Philosophy of Right*, Edinburgh University Press, 2007, p. 96。另外，Pelczynski 也指出王权在黑格尔这里只是一个象征符号，它并不重要，真正掌握实权的是官僚阶层、公务员。参见 Z. Pekzynski ed., *Hegel's Political Philosophy*: *Problems and Perspectives*, Cambridge: Cambridge University Press, 1971, p. 234。
② [德] 黑格尔：《法哲学原理》，范扬、张企泰译，商务印书馆 2009 年版，第 289 页。
③ [德] 黑格尔：《法哲学原理》，范扬、张企泰译，商务印书馆 2009 年版，第 289 页。
④ [德] 黑格尔：《法哲学原理》，范扬、张企泰译，商务印书馆 2009 年版，第 295 页。
⑤ [德] 黑格尔：《法哲学原理》，范扬、张企泰译，商务印书馆 2009 年版，第 300 页。
⑥ [德] 黑格尔：《法哲学原理》，范扬、张企泰译，商务印书馆 2009 年版，第 306 页。

个人的工具，他的意义在于他象征着这个国家的文化意义和民族认同感。他是作为一种团结非血缘关系的陌生人的想象的符号，在这个意义上来说他是一个国家的"人格"。① 他所作的决定是这个国家所作出的自我决定。

但是君主并不能为所欲为，他所能做的非常少。他所做的一切都要受宪法和最高咨议机构的约束。"当国家制度巩固的时候，他除了签署之外，更没有别的事可做。"② 他只是作为抽象的、普遍的国家决策的最后签署人而存在。他是"国家意志的这种最后的自我……它是直接的单一性"③。从这个环节上来说，君主是君权三环节中的最后一个环节为主体性环节。在君权中起着决定性作用的是普遍性环节——制度和法律。君主只能在法律和制度的规定范围内行事，他手里也没有实权，他只有签字和赦免的能力。与此同时，权利实际上被掌握在其他具体部门手里。这实际上也是一种权利的差别体现：是荣誉／价值和事实／权利的两分，荣誉归君主，权利归大臣，以此来平衡两种都十分危险的东西。④

（三）行政权

"行政权，即使各个特殊领域和个别事件从属于普遍物的权

① ［德］黑格尔：《法哲学原理》，范扬、张企泰译，商务印书馆 2009 年版，第 296 页。
② ［德］黑格尔：《法哲学原理》，范扬、张企泰译，商务印书馆 2009 年版，第 300 页。
③ ［德］黑格尔：《法哲学原理》，范扬、张企泰译，商务印书馆 2009 年版，第 301 页。
④ 也就是说，一方面责任是由政府和咨议大臣们去承担的，这样就不会伤害君主的尊严。因为君主代表了团结个人的信心和象征物，这是一种直接的、自然的情感。不伤害君主的尊严其实就是不能伤害国民的自然感情。但是通过将荣誉和情感赋予君主，将责任和权利赋予咨议大臣，就既保存国民的自然情感和爱国心同时又使人们能批评政府，因为政府和咨议大臣身上没有人们的感情存在。另一方面，由于君主肩负国家荣誉和民族尊严而使得君主的行为变得十分危险。但是在立宪君主国家中君主恰恰是被夺去了危险的政治权利，从而防止了君主变为专制君主的危险。所以一方面将君主神化的同时又要防止他由于任性而变得专断，另一方面责任政府和内阁大臣们虽然手握实权但却不能享有这个国家的荣誉，这也实际上是一种权利制衡。在君主身上体现着国家的民族认同、文化价值和自然的爱国情感，但是君主只是一种象征物而没有实权。另外，政府和相关权力机构虽然手里掌握实权但却不能配享荣誉，他们只是君主和人民之间的中介物——公务员。这样人们能够在批评政府的同时却伤害不到爱国心和民族感情。

力。"① 行政权贯彻和实施国王的决定，也即贯彻和实施法律的机构。它"执行和实施国王的决定，一般说来就是贯彻和维护已经决定了的东西，即现行的法律、制度和公益设施等等"②。行政权是执行权而非决定权，决定权在王权和立法权手里。立法权确定法律，君主签署此法令并让其生效。决定权与行政权无关，行政权只管实施法律和已经生效的东西。它是将普遍的法律应用到具体的人和事件中去的权力。

行政权也将依据概念而分成三个环节：第一个环节是普遍物国家制度和法律；第二个环节是特殊性环节高级咨议机构（高级机关或委员会）；第三个环节是执法部门，它包括审判权和警察权。具体的执法部门是主观性环节，因为执法的是一个个现实的人，是一个个公务员。因为个人在执法的时候难免会将自己对法律的理解带进去，另外个人执法也往往会有主观性和偶然性。所以执法部门是将特殊（具体的事物）归入普遍性（法律、制度）的主观性环节。公务员的任务是"在这些特殊权利中维护国家的普遍利益和法制，把特殊权利归入国家的普遍利益和法制之内"③。在行政权中最重要的环节同样是普遍性的环节。行政部门主要管理的是市民社会领域内的事物，"主管机关的组织有自己的形式的、困难的任务——从下层（市民生活在这里是具体的）来具体地管理市民生活"④。所以行政权中的执法部门和前面已经提到的市民社会中的司法和警察的工作是完全重合的。具体来讲，司法权主要包括：法律的体系化；法律的解释、适用和修改；法律手续；法院；程序的公开和正义；审判的公开；陪审团制度。警察权主要包括：公共安全；公共卫生；公共教育；公共医疗；经济干预和指导；基础设施和公共工程的兴建和维护；贫困救济；实

---

① ［德］黑格尔：《法哲学原理》，范扬、张企泰译，商务印书馆2009年版，第287页。
② ［德］黑格尔：《法哲学原理》，范扬、张企泰译，商务印书馆2009年版，第308页。
③ ［德］黑格尔：《法哲学原理》，范扬、张企泰译，商务印书馆2009年版，第309页。
④ ［德］黑格尔：《法哲学原理》，范扬、张企泰译，商务印书馆2009年版，第310页。

施法院判决。

所有这些具体的行政和执法权利都是面向市民社会和人们的具体生活的，所以这些司法权和警察权主要是被放在市民社会中来描述的。因为市民社会中的日常和经济活动时刻离不开法律和警察对于公共领域的维护，如果没有法律和警察对于市民社会中基本秩序的维护，经济生活和日常生活根本不可能展开。

附国家制度表：参见下一页。

## 第五节　承认的历史

我们在这里给出的黑格尔的国家制度构想只是一个形式性的构想，它是关于一个"合理的"国家的构想。[①] 我们应该注意的是黑格尔并没有给出一个具体而现实的国家构想，他给出的仅仅是根据自由概念本身的自我区分和自我发展的国家理论。黑格尔对于国家的权力划分、权力职能等设想都是出自他的逻辑学，他是根据逻辑学自身的发展路径给出的国家构想。这样的国家从未在历史中实现过。黑格尔认为国家的概念就是自由概念的展开，换句话说，一个合理的国家应该能够实现所有人的自由和权利，实现所有人之间的相互承认，而但凡还有人的权利和自由没有得到承认的国家都不是合理的国家。正是在这个意义上黑格尔说合理的就是现实的，凡是不合理的就只是现存的，而非现实的。我们切不可将"现实"与"现存"搞混了。我们在考察黑格尔的国家构想时要时刻注意到他的国家只是一种形式性的构想，他并非在谈论任何一个已经实存的国家。他所谓的国家展开的形式化原则根据的是自由概念的自我展开和自我实现。

---

① 阿维涅指出："不能将黑格尔的国家理论直接套用到任何现存的国家身上，因为他的国家理论只是一个'理念'，任何实存的国家或将来的国家只能无限接近于他的国家概念。"参见 Shlomo Avineri, *Hegel's Theory of the Modern State*, Cambridge University Press, 1972, p. 177。

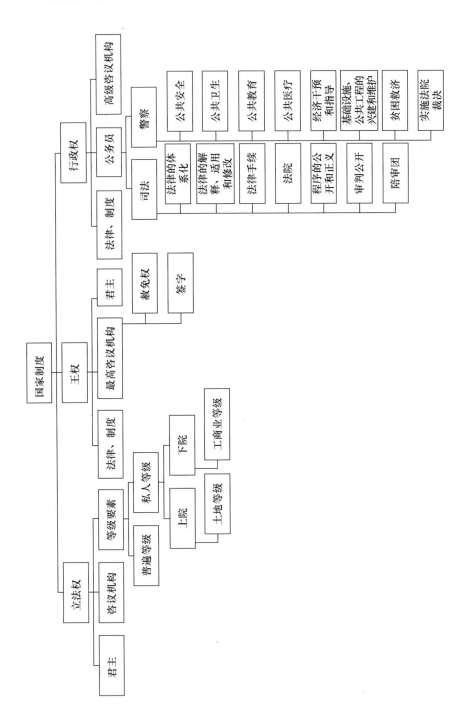

"个人"在国家中的角色是充当现实性原则。黑格尔说个人是精神自我实现的手段并不是一种泛神论或神秘主义的学说。他的意思是个人要自作主张："精神"——人之所以为人的本质——是自由的。"① 个人认识自己的过程同时就是精神自我认识的过程，个人认识到自己的本质是自由的同时就是精神展开自己的过程。一旦主观性原则在概念上取得了它的本质，它必定要求在现实中也同样实现出来。我们可以将斯多葛主义、信教改革原则、法国大革命、自然权利学说、道德主体学说、启蒙运动等都视作个体一步步取得它的主观性原则的运动过程。② 也就是个人逐渐意识到自己的本质是自由的，进而要求在现实中也要被承认为自由的，这同时也是精神取得自己的本质的过程。

个人在取得自己的本质之后进而会要求要在明确的、固定的法律和制度当中去理解和实现自己的存在，而非任由他人给予自己存在的理由。个体要实现自我统治、自治必须得通过法律和制度才能取得。只有法制社会才是实现个体自治的唯一途径。③ 同时个人的自治要求个体的充分理性化，而不能诉诸直接的欲望、情绪化的良心等形式。个人要将自己从情绪化的欲望和偶然性的良心中解放出来，真正成为自治的人，而不能诉诸偶然性的原则。只有这样个人才能达到真正的个人的自由，而不是受控于动物性的、情绪性的、偶然性的原则，也只有这样才能做到真正的自主。所以理性化同时也是近代哲学的主题。但是无论是个人要达到稳定的、理性的自主状态，还是个人在现实世界中寻求自治都是一个漫长的教化（Bildung）过程。④ 从个人意

① ［德］黑格尔：《历史哲学》，王造时译，上海书店出版社 2001 年版，第 18 页。

② Steven B. Smith, *Hegel's Critique of Liberalism*, Chicago and London：The University of Chicago Press, p. 114.

③ 这也就是为什么近代以来国家的合法性问题会成为主要问题的原因。也就是说，个人取得他的主观性和自由之后统治他的国家必须给出合理的统治理由。个人不再接受受制于他人或异于他自身的理由，因为这些都不是自由的原则，个人只能承认体现自己意志的法律对于自己的统治。只有经过个人同意的法律对于自己的统治才能成为个人的自治。这也就是为什么近代以来，各种形式的国家纷纷转向法治的民主国家，因为所有的国家都要面对主观性的现实化原则。

④ 我们可以将《精神现象学》看作一部个体在思想层面寻求自我意识和自治的历史。

识到自己的自由本质，再到个人在世界中现实地将自己的自由本质实现出来，这个过程被黑格尔称作自由意识进展的历史："世界历史无非是'自由'意识的进展。"① 黑格尔称个体达到其自由本质的事业为一种普遍的事业。它既是个体的事业同时也是精神的事业，在这项事业刚开始时个体并未能意识到自己本质的存在，而对其只有模糊的意识②，与此同时，普遍的事业也并不能理解自己，而只能感受到一种模糊的冲动。自由概念的展开有其自身的历史。

按照《法哲学原理》的顺序，自由先在个体那里呈现为直接的、外在的自由。个人先在外在于自己的世界中去寻找他的本质。个人在这里取得成就是意识到自己与世界的关系。尽管这是一种外在的关系，它以我的自身的安全、我的财产安全、我的自然欲望的满足等方式呈现出来。但是它终究达到了抽象的自由的高度。它之所以是抽象的，是因为我与世界、与他人都是一种外在的关系，一种支配与被支配的关系。在这种情况之下我与他人也能共在，但是以一方承认另一方的自由和权利的方式共在的。这种存在方式最后会导致很多问题。

后来，个人又在反思中达到了它的主观自由。在这里，个人意识到自由并不能用直接的、自然的、抽象的形式去达到，要放弃在直接的外在物中达到自由这样的想法，自由只能是在思想中去取得，于是我们达到了康德哲学的高度。黑格尔认为康德的道德主体是整个近代哲学的顶点。因为康德最大限度地将自由奠基于自我意识之上，而不是奠基于外物当中。于是，自我在自身当中取得了它的本质。但是这种方式也有问题，康德的方式取消了外物和"他人"。虽然康德设定了一个自我与普遍者，但是此普遍者只是一个大写的"他者"，而自我（小写的我）终究与普遍者（大写的我）是同一个我。两者之间没有层次和差异，也没有自由的发展过程。康德处的个人相较于自然权利学说的个人而言取得了更进一步的成就，它达到了自由的主观

①　［德］黑格尔：《历史哲学》，王造时译，上海书店出版社2001年版，第19页。
②　例如，在希腊时期就出现了要求主观自由的萌芽。

性，但是它的问题也在这里，它同时又丧失了自由的客观性，也就是说，康德处理不了"现实性"和"他者"的问题。主体最后脱离世界和他者游走在自我的世界（和其他同样的自我所组成的判官共同体）中，最终错失了自由。

最后，在黑格尔这里，个人达到了"具体的自由"（兼具主观性和客观性）。个人在国家当中取得了它的自由，这种自由既不是以直接的、自然的形式（抽象的自我），也不是以反思的、先验的形式表现出来（道德自我），而是以国家制度和法律的形式表现出来（具体的自我）。在国家中，个人最终达到了它的本质，也只有在国家中，自由才能取得它的客观性。个人在国家中以服从于法律的方式达到了自治。在这个过程中，国家主要致力于取消、消除阻碍个人获得自由的外物的方式帮助个人达到他的实存。

所以，我们可以看到，在黑格尔这里自由取得它的本质是有一个过程的。自由并不是像自然权利学说所认为的那样一开始便存在，而是在后来逐渐丧失掉了的东西。实际上，黑格尔认为一开始存在的东西是"天真"、"自然"和"天性"，唯独没有"自由"，"自由"是后来由人建构起来的东西。也就是说自由是一个纯粹人造的东西，而并非天然的东西。自由是人的"第二天性"，而非"第一天性"。"第一天性便是他直接的、单纯的、动物的存在"①，而"道德便是'义务'，便是实体的'权利'"，所谓"第二天性"②。说人类一开始就是自由的无非是说人一开始是没有任何权利的，因为主张权利需要更多前提条件。人人都没有权利的情况之下人人便都可以主张任何东西，但是这种主张是没有任何保障的、自相冲突的、不确定的。所以，"那个假定，便是理论产生的许多朦胧模糊的影像之一"③。说自由是一种天性，毋宁说它是一种"要靠知识和意志的训练，才可以找

---

① ［德］黑格尔：《历史哲学》，王造时译，上海书店出版社2001年版，第40页。
② ［德］黑格尔：《历史哲学》，王造时译，上海书店出版社2001年版，第40页。
③ ［德］黑格尔：《历史哲学》，王造时译，上海书店出版社2001年版，第41页。

出和获得"①。自由是一种依靠意志和艰苦努力才能获得的东西，一开始它并不存在，存在的只是无法无天的动物自由。② 自由是要通过漫长的教化、依靠理性的自治和国家的限制才能取得的东西。在 Smith 看来：黑格尔反对那种认为人类在其原初状态中是处于自由、平等的状态的说法，正好相反，黑格尔认为自由、平等和权利等原则都是人类达到政治成熟之后的结果。也就是说，认为自由、平等、权利这些成果都是作为人的自身劳动和承认的果实而非其前提。③ 自由并非一发子弹，也并非唾手可得的东西。取得自由的过程包括教化、限制自由、取得主观性、克制冲动和情感、建立起稳定的人格、理性地思考问题，其中每一步对一个自然的、原始的人来说都是不可想象的，对于任何一个人来说都需要付出巨大的努力和克制。

所以黑格尔说自由是一种艰苦卓绝的努力的成就，而非轻而易举唾手可得的东西："精神的发展，并不像有机生活的发展那样，表示那种单纯生长的无害无争的宁静，却是一种严重的非己所愿的，反对自己的过程。"④ 精神要求取得自己的本质并不是一个平静的，或生长着的过程，而是一部自我反对自我的斗争史，即反对自己的种种天性的历史。所以，无论是对于个人来说，还是对于国家来说，取得自己的自由（无论是在意识中还是在现实中），都是十分困难的事情。从这个方面来说，个人在思想中取得自己的自由意识是一个方面，要在国家和社会中将这种自由意识固定化、客观化又是另一回事。我们可以说早在斯多葛主义那里，个人就已经取得某种意义的思想自由，但是他在现实中还是不自由的。或者我们也可以说在主奴关系中，主人取得了某种程度的自由，但是奴隶是没有自由可言的。我们发现，

---

① 黑格尔所说的"那个假象"指的是"天赋权利学说"。［德］黑格尔：《历史哲学》，王造时译，上海书店出版社 2001 年版，第 41 页。

② ［德］黑格尔：《历史哲学》，王造时译，上海书店出版社 2001 年版，第 41 页。

③ Steven B. Smith, *Hegel's Critique of Liberalism*, Chicago and London: The University of Chicago Press, p. 118.

④ ［德］黑格尔：《历史哲学》，王造时译，上海书店出版社 2001 年版，第 56 页。

纵观人类的历史，总是在出演无止境的主奴关系，总是有一个人或一些人能取得自由，而这又是以另一些人的不自由为代价的。

　　整个人类的历史在黑格尔看来就是一部为了取得自由而斗争的历史。一开始精神是以无意识的方式存在着，以简单的、自然的、家庭的爱或孝悌这种东西存在着，这里面没有人格和个人的位置，一切都被实体性的原则笼罩着。精神要做的是冲破这种实体性、自然性原则的笼罩，取得自己的自我意识。而后，精神走出了自然的控制，开始达到人格的意识（抽象法）。然后，精神再经过很长一段时间的现代世界的教化（在商业活动和政治生活中）后，最终才能达到现代国家，从而成为自明的、理性的、自治的和自由的存在者。①

　　自由的展开过程是非常曲折的，直到今天也没有结束。自由的展开过程不仅是个体取得主观自由的权利，同时也是个体在人群中寻求承认的过程，但是这种自由的扩张是非常缓慢的。也就是说，承认的扩张是相当漫长的，要到 20 世纪之后，才开始包括社会较低阶层、女性、种族、宗教的少数人群体等。另外，需要得到承认的不仅是个体的主观权利，也包括个体的文化、信仰、观念和传统，这一点在今天的世界更为明显；"人类奋斗，不仅为自身利益，而且代表群体，要求外人尊重他们的生活方式——习俗、上帝、传统。所采取的形式，有时是统治外人，更多是相反"②。在今天的世界里，我们生活在一个由异质人群所构成的国家里。如何使得异质人群能够在一个国家内共在成为了我们这个时代的问题。而国家既然作为自由概念的现实化，也就应该能够实现所有异质人群的权利和自由。实际上，我们只要将能否实现所有人的自由和权利作为一个固定的指标去考察所有现存的或存在过的国家就会发现没有一个国家符合"国家的概念"，所以，这些国家都是"实存的"，但不是"现实的"。如果我们根据

---

① ［德］黑格尔：《历史哲学》，王造时译，上海书店出版社 2001 年版，第 59—60 页。

② ［美］弗朗西斯·福山：《政治秩序的起源》，毛俊杰译，广西师范大学出版社 2012 年版，第 42 页。

国家的概念来考察现实的国家就会发现黑格尔身处的普鲁士也同样不符合国家的概念。我们会发现真实的国家还是有待建构和实现的。

或者我们可以用科耶夫的一句话来总结："但这种法权和正义不是从一开始就被给定的；它们不是先验的，也不在时间和历史之外。相反，它恰恰是在历史中并通过历史被构建的。这种绝对法权是法权进化的结果，或（其实是一回事）是这一进化的整合……当然这一进化至今还没有完成。"①

## 第六节　自由是一个整体

黑格尔将人的自由理解为一个整体。自由不是一个人的问题，自由是所有人的问题。当然，一个人可以在某种意义上实现他的个人自由（主观的自由），但是真正的、现实的自由不得不是"个人"与"他人"的自由的共同关系。从这个意义上说，我们可以认为黑格尔对于自由的理解是一种"整体主义"（Holism）的看法。② 这就意味着自由的实现不仅仅是个人的问题，而是一个社会问题，是一个关于所有人的自由的问题。也就是说，我们在谈论怎样才能实现一个人的自由的时候，我们总是已经隐含地在谈论"他人"的自由了。不存在一个人的自由③，一个人的自由总是与他人的自由联系在一起的，因为人是社会的动物。④

所以，我们可以将前两章的工作看作是黑格尔对从某一个方面来

---

① ［法］亚历山大·科耶夫：《法权现象学纲要》，邱立波译，华东师范大学出版社 2011 年版，第 228—339 页。

② 我们必须要注意："整体主义"在这里指的是一种哲学方法论，而非某种政治类型，它与政治类型（集权主义）是不相干的。所以我们切不可将两者等同起来。参见 Steven B. Smith, *Hegel's Critique of Liberalism*, Chicago and London：The University of Chicago Press, p. 135。

③ 类似于鲁宾逊的自由。参见 ［英］丹尼尔·笛福《鲁宾逊漂流记》，马静译，广西民族出版社 2002 年版。

④ 我们有理由认为在这一点上黑格尔是倾向于亚里士多德的传统的。参见 Steven B. Smith, *Hegel's Critique of Liberalism*, Chicago and London：The University of Chicago Press, pp. 135 – 139。

谈论自由的方式的考察：首先，他考察了自然权利学说的自由学说，这种学说认为自由问题应该被聚焦在个人自由的层面上；其次，他又考察了康德式的自由学说，这种学说认为自由属于人的内在维度。实际上，黑格尔认为这两种学说都有道理，但是它们都未能看到自由是一个整体，而仅仅将自由看作某一个层面的问题。自然权利学说将自由只看作是"个人"自由的问题，康德又将自由仅看作属于个人内在的、反思的问题。这都是一种个体主义的思路或一种仅从一个维度去理解自由的思路。

个体主义（individualism）的方法是通过构建单个的个体，由此个体出发进而推至整体。比如说：在经济活动中，通过对个体经济活动的描述来推知整体经济活动。个体主义的基本要素和出发点是原子和对诸原子要素的组合，而原子这个终极要素是可以独立存在、分解和打散的。个体主义正是将单个的人作为个体，并以此为基础分析人所固有的、天然的能力。我们应该注意的是，按照个体主义的方法所推出的自然权利是不涉及"他人"和整体的。也就是说，我们在判断个体所固有的权利和属性的时候可以不参考任何其他的东西，而仅凭对个体自身元素的分析就能够推导出一系列权利要素。如果我们将这种个体主义方法论推展开去，那么，在道德层面来看，它是由个人自身的良心来推知普遍的良心和公共的善；在经济层面来看，由对微观的、原子的、个体的经济行为的分析和说明出发，就能推知整个宏观经济规划和结构；在政治层面来看，由对个体自然的、固有属性的分析出发，就能推导出整个政治结构。我们应该注意的是，个体主义方法论是不可逆的：它只能从个体主义的经济行为来推知宏观经济行为；由个体权利出发来说明政治权利；由个体权利推出公共权利，它的结构是由个体推出整体而不是相反。在这里重要的是个体本身是能自主地定义的，而用不着通过整体来说明自身，与此相反，整体倒是需要通过个体来解释自身。也就是说，对于整体的定义需要通过个体来解释，而对于个体的定义和解释却用不着咨询整体。

　　而这样的个体主义方法论会带来什么样的后果呢？通过我们前面的研究，我们在第一章里考察了以洛克和斯密为代表的自然权利学说的路径，在我们的分析中洛克和斯密是典型的个体主义者。洛克的理论为个体主义提供了政治理论上的支持，也就是从原子式的个体所固有的、天然的本性的分析出发来推知整个政治结构；斯密则提供了个体主义的经济学理论支持，斯密从对于微观的、单个的个体的经济行为的分析说明出发，最后推知宏观的经济结构。然后我们跟随黑格尔的脚步考察和分析了这种近代以来最强势的个体主义方法论的原理及其在当时的英国所导致的现实后果。我们发现，其后果是以巨大贫富分化和大多数人失去权利和自由为结局。也就是说，大多数人的自由和权利并未按照个体主义的理论所设想的那样在现实中实现出来，而是相反，大多数人失去了实际的自由和权利。

　　接着我们又在第二章，在道德层面来考察了个体主义的另一种方案。这个方案是由康德提供的，康德认为整体生活可以规约、还原为个体生活。康德的道德概念是以肯定个体的主体自由为其前提的，康德的道德权利也是建立在私人权利之上的，这种私人权利近似于一种消极权利。因为个人在思想层面是不可能被强制的，于是个人会做任何他自己认为"对的"、"善的"事情。而个人如何来维持他的"对的"、"善的"感觉呢？个人不是从任何外在于他的、权威的、传统的或从他人那里去得到支持，而是听从于自己主观的判断——"良心的呼唤"，从个体自身的良心中去推出普遍性。在这里，个体是自主的主体，而主体只有通过自我反省和自我对话来确定什么是"对的"、"善的"，而用不着他者出场。通过我们的分析，这里的"普遍"最终还是被还原为与个体自身认同一样的原则，也就是说这里的普遍性与个体性其实差别不大。在康德这里，对于自我的寻求通过一任己心地自我反省和考察便能通达（也就是通达普遍性）。于是在康德这里个人与普遍性是无间的，是同一个"大写的我"，这里没有他人和差异性的位置。其导致的结果我们可以通过 F. 施莱格尔的话来表明："对于这个自我，一切约束都被撕破了，他只愿在自我欣赏的环境中生活着。"① 根据我们第二章的分析最后表明，康德式的个体最后的确陷入了判官之间的自我欣赏、自我陶醉（唯我论）和伪善中。这种哲学依靠划分两个世界：真实世界（应然世界、道德共同体）和现实世界（自然的世界），它通过对活在真实世界中的人发布绝对命令来通往真实的世界，其中，"应该"是的东西和"现实"是的东西永远得不到统一。于是"应该"和"现实"永远处于两分当中，从而导致连康德自己都没有意识到的一系列两分和异化："自然与精神、感性与知性。知性与理性、理论理性和实践理性、判断力和想象力、自我和非我、有限与无限、知识与信仰等在哲学上的对立。"② 自从康德哲学制造出两个世界之后遗留了一系列康德连自己都看不到的问题。哈贝马斯将此问题称为现代性危机的根源。③ 我们说黑格尔一开始就是从康德"个体主义"、"主体主义"所制造出来的问题出发的，黑格尔的著名命题："凡是合乎理性的东西都是现实的，凡是现实的东西都是合乎理性的。"④ 正是要处理康德所制造出来的二元论。

通过前两章的工作我们已经看清了由"个体主义"出发带来的问题："个体主义"原则、"主体主义"原则使得"整个生活系统都陷于分裂的状态"⑤。自然权利学说把"需要和理智的国家"与"市民社会的司法混同起来"，将市民社会的原则等同于国家的原则；将契约的原则推至国家的原则；将个人的、原子的原则推导至整个国家的、结构的原则，这导致了伦理生活的崩溃。而康德的"个人主义"、"主体主义"道德学说则加重了这种情形。主体哲学将自己不

---

① ［德］于尔根·哈贝马斯：《现代性的哲学话语》，曹卫东译，译林出版社2005年版，第22页。

② ［德］于尔根·哈贝马斯：《现代性的哲学话语》，曹卫东译，译林出版社2005年版，第25—26页。

③ ［德］于尔根·哈贝马斯：《现代性的哲学话语》，曹卫东译，译林出版社2005年版，第一章。

④ ［德］黑格尔：《法哲学原理》，范扬、张企泰译，商务印书馆2009年版，第11页。

⑤ ［德］于尔根·哈贝马斯：《现代性的哲学话语》，曹卫东译，译林出版社2005年版，第25页。

仅视为认识的判官也视为实践和伦理世界的判官，任何关系符合与不符合"善的"准则由先前的"客观的"规则，下降为"主观的"准则。① 于是一切客观性都消失了，一切传统和先在的、固定的东西都灰飞烟灭了，一切都浸润在"主观性"、"个体性"原则当中。越到后面，我们越清楚地看出康德的道德主体的真面目："理性自身在本质上是一种自恋的权利，把周围一切都作为征服的对象，仅仅具有表面上的普遍性，坚持的是自我捍卫和特殊的自我膨胀。"② 根据 H. 伯麦、G. 伯麦，康德道德哲学导致了一种理性的狂热，这种狂热不仅是一种自我崇拜的自我膨胀的东西，而且在生活世界中到处制造两分和破坏。他不仅将"自然"作为宰制的客体，也将自身作为客体。通过区分理性和理性的他者："一切不同于理性的东西，将一切理性的他者置于自己的宰制当中。"③ 产生于康德哲学的彻底自由的恐怖最后导致了"绝对自由"的恐怖，其结果我们已经在大革命的恐怖政治中看到了，这种对"彻底自由"的要求是"个体主义"、"主体主义"原则的终极版本。它要求不以任何外在于自己的东西为依据，也不以任何"特殊的"、"既有的"东西为依据，它只以自己为依据，而它自己是一个空空如也的"我"。这个"自我意志"始终是特殊的"个人的意志"，它通过将自己身上的任何特殊内容剥离出自身，也就是说，要排除一切"非个人"的东西和特征："排除一切他律、摒除任何特殊欲望、传统原则或外在权威加于意志的限定，那么，自由似乎无法和任何理性的行动相容并存。"④ 也就是说，这种个人主义者的逻辑最终将导致自己反对自己，因为它无法容忍任何已有秩序的建

① 当然，康德会说是从先前的"客观的"上升为"普遍的"。但经过我们的分析发现康德处的"普遍"实际上能被还原为"主观"、"个人"的东西，它只是普遍的"大写的自我"。
② ［德］于尔根·哈贝马斯：《现代性的哲学话语》，曹卫东译，译林出版社 2005 年版，第 357 页。
③ H. 伯麦、G. 伯麦：《理性的他者》，转引自［德］于尔根·哈贝马斯《现代性的哲学话语》，曹卫东译，译林出版社 2005 年版，第十一章。
④ ［加］查尔斯·泰勒：《黑格尔与现代社会》，徐文瑞译，吉林出版集团有限责任公司 2009 年版，第 125 页。

立，它不能生活在一个"已有的"框架中。我们发现它的逻辑还是由康德的划界和两分所导致的："实然与应然"、"自由和自然"、"道德和伦理"的一系列两分。虽然我们的肉身生活在一个不自由、不"应当"的现实世界中，但是我们想要实现和追求的东西却永远存在于彼岸的、"应该"的王国中，黑格尔认为这将导致对生活世界的摧毁和破坏。所以"应当"是的东西永远处于"现实"已经是的东西的彼岸，所以"道德和自然总是龃龉不合"①。我们说这种彻底的自主的个体主义者是康德主体哲学的坚定追随者。

总结起来，黑格尔对于个体主义的批评可以被总结为：任何基于个体主义的行动最后都不可能达到所有人的自由。问题首先在于这种个体主义的、主体主义方法论是否仅凭自身就能回答标准性的问题："接着就会出现这样的问题，即主体性原则及其内在自我意识的结构是否能够作为确定规范的源泉，也就是说，它们是否既能替科学、道德和艺术奠定基础，也能巩固摆脱一些历史责任的历史框架。现在的问题是：主体性和自我意识能否产生出这样的标准：它既是从现代世界中抽取出来的，同时又引导人们去认识现代世界？"正如哈贝马斯所提出的主体性自身规范的确立和来源的问题恰好解释了个体性原则和原子性原则自身的缺陷：它是一个片面的原则。它们都只是从一个角度、一个维度去看待自由的问题。

而黑格尔认为自由不是一个人的自由，真正的个人自由只能建立在所有人的自由之上。自由不是单个人的问题，自由始终都是关乎"他人"的问题。另外，自由也不单只是精神生活、内在生活的问题，而是一个社会的、现实的问题。一个人的自由总是要通过他人和社会才能实现出来。也就是说，自由总是与人的特定的物质生活、社会生活、精神生活联系在一起的。不能离开以上任何层面去单独地定义自由，单独地定义自由都是定义自由的一个方面或定义自由的某一

---

① ［加］查尔斯·泰勒：《黑格尔与现代社会》，徐文瑞译，吉林出版集团有限责任公司 2009 年版，第 131 页。

个维度而已。现实的自由的定义总是一个大全的、整体的描述和定义。任何特定视角、特定维度的定义都是对一种特殊的自由或是对自由的一个方面的定义。所以我们在讨论如何实现人的自由的时候不能离开特定物质生活、社会生活、特定历史条件去定义它，而是要将所有方面都包括进去。所以，自由只能是对整体自由的描述，也就是说自由不是哪一个个人或哪一个方面的问题，而是一个整体的问题。

在这个意义上说，黑格尔那一代人，包括费希特和谢林都意识到了必须回答时代所提出的紧迫问题：如何重新恢复理性的统一性和完整性，也就是要恢复"整体性"和"绝对"的立场？只有借助于"整体性"、"理性"的立场才能克服由个体主义所带来的时代状况的分裂和异化。黑格尔认为整体生活不是由整体还原为个体的关系。黑格尔的转变在于不是从个体主义推出去，而是从一种"整体主义"、"绝对"的视角反推回个人，由此所有的问题就会发生变化。比如黑格尔在谈物质经济生活的时候是以经济关系的相互交换和交互主体为视角的，而并非以个体自身为出发点的，这是一种典型的交互主体、交互承认的关系。他把重心从个体转移到整体/共同体身上。国家或共同体作为总体性/整体性的背景，它是使得个体能够得到说明的东西，它是逻辑和事实先于个人的东西，它是形成个人身份认同和思想结构的源泉。也就是说，它对于个人来说是一种模糊不清的"晕圈"，它对于个体来说是"前反思的"、"实践的"、"语境的"和"历史的"。个体处于这种"语境"和"视角"当中，这种"语境"和"视角"构成了个体在先的"生活世界"①。个体生活于实践的"生活世界"当中，并无意识或有意识地为"生活世界"所塑造。

黑格尔的立场实际上已经为上面的说明所规定："实践性"、"历史性"、"社会性"共同构成了真实的个体的视域和框架。这些东西形成了一个外在于和不受个人左右的实在的"结构"、"框架"，任何

——————————

① ［德］胡塞尔：《欧洲科学的危机和先验现象学》，王炳文译，商务印书馆2001年版。

人都逃不掉这个"框架"。①　个体和框架的关系应该是框架决定个体，而非相反。个体首先作为传统的、共同体、社会性的产物，在此基础上达到"反思"的位置之后才能够跟"框架"产生互动。但是个体和框架的互动也同样是不受个体自身左右的，个体左右不了框架，因为框架本身是在先的、无意识的、更高级的存在者。个体应该放弃左右和控制框架、历史、国家的野心，重新回到对话和承认的角度上来，也就是说放弃康德式的"建构论"回到"对话"和"承认"的维度。所以黑格尔才会说哲学不是教导世界的学问，世界也不是静候哲学的教导："关于教导世界应该怎样，也必须略微谈一谈。在这方面，无论如何哲学总是来得太迟。哲学作为有关世界的思想，要直到现实解读其形成过程并完成其自身之后，才会出现……密纳发的猫头鹰要等到黄昏到来，才会起飞。"②

　　综上所述，在黑格尔看来，社会自由是个人自由的前提，有国家制度保障的自由才是真正的自由。自由的实现有赖于一系列制度和机制设计，有赖于一个现代国家的建立。正如霍耐特所说："黑格尔想要发展出一套社会正义理论来实现'自由意志的存在'。'存在'这个概念意味着以整个外在的、社会的、制度性为前提条件去迫使自由意志去实现其自身。"③

---

　　①　在黑格尔看来世界绝不是"直接地"、"无中介"地被给予我们的，人对世界的经验总是经过"中介"的。实际上康德已经谈过了"中介"的问题。康德指出"中介"是主体看待世界时所特有的"框架"（Gestell），康德认为人都是带着特定框架（视角）看待世界的存在者（时空、范畴），并不存在直接的或非人的观察方式。在这一点上，黑格尔是追随康德的。黑格尔也认为人只能在特定的框架内"看"世界。黑格尔在《哲学百科全书》中将"范畴框架"称作"形而上学"，认为它是人们理解世界的工具，于是，人们的经验便离不开这种"形而上学"。"无论意识想要怎么'无原则'或者'非教条'，它总会预设某种形而上学。"［法］亚历山大·科耶夫：《黑格尔导论》，姜志辉译，译林出版社 2005 年版，第 2 页。

　　②　［德］黑格尔：《法哲学原理》，范扬、张企泰译，商务印书馆 2009 年版，第 14 页。

　　③　Alex Honneth, *Suffering from Indeterminacy：An Attempt at a Reactualization of Hegel's Philosophy of Right*, Netherlands：Van Gorcum Publishers, 2000, p. 27.

# 结　语

## 第一节　黑格尔学说的局限性

### 一　女性的权利问题

黑格尔虽然设想了一个能够实现所有异质人群的自由和权利的"现代国家"，这个国家能将各种前现代社会中不被承认的异质人群的权利包括进来，但是很遗憾的是这个国家却未能完全承认女性的权利和自由。我们认为黑格尔既没有否定女性的权利但也没有完全承认女性的"实质性"的权利。我们需要分清楚的是：黑格尔对于女性权利的承认是在什么意义上的承认？我们将黑格尔对于女性权利的承认解读为两个层面："原则层面"和"具体政策"层面。我们认为黑格尔在"原则层面"上承认女性作为人的基本"人格权"；但是在"具体政策"层面上却拒绝给予女性更进一步的经济权利和政治权利。我们认为这并不是完全的承认。

我们认为黑格尔的确承认女性的"人格"权，这个基本的"人格"权利"应当"拥有和男性一样的权利和自由。但是我们必须将这个问题分作两个层面来看待：一个是"原则层面"；另一个是"具体政策"层面。也就是说，黑格尔在"原则层面"上承认男女是同样拥有"人格"权利的、独立的个体，但是在"具体政策"层面上又认为由于男女在自然规定性上的差别必然导致男女之间的性别分工。

在黑格尔看来，"女子的归宿本质上在于结婚"①。这是由于"两性的自然规定性通过它们的合理性而获得了理智的和伦理意义"②。在黑格尔看来，两性之间的分工是由其自然规定性所带来的。一个性别的领域是"分为自为的个人的独立性和对自由普遍性的知识和意识，也就是说分为思辨的思想的那自我意识和对客观的最终目的的希求……男子的现实的实体性的生活是在国家、在科学等等中。否则就在于对外界和对他自己所进行的斗争和劳动中"③，而另一个性别的领域是："保持在同一中的精神，它是采取具体单一性和感觉的形式的那种对实体性的东西的认识和希求……女子则在家庭中获得她的实体性的规定，她的伦理性的情绪就在于守家礼。"④ 所以，黑格尔虽然认为男女都是具有同等独立性"人格"的存在者，但是由于两性之间自然的差异，因此两性之间的分工是不一样的。男性的领域在于经济和公共领域，而女性的领域是在私人和家庭领域。所以，女人不可能参与劳动分工，也因此被阻挡在市民社会和公共生活的门外。进一步而言，女人不可能通过加入等级而参与普遍事物，也因此不具有政治权利。也就是说，黑格尔视男女为在各自的活动领域、满足、需求和目的等层面上都是不同的存在者。我们在这里认为黑格尔在"原则层面"上的说法是成立的，但是他在"具体政策"上的考虑是有其时代局限性的。

按照黑格尔的自由学说，"人之为人的本质是——自由的"⑤，而这个自由不仅指人应该取得自我意识，也意味着人是能够"现实地"取得各项权利的存在者。我们认为，黑格尔的确承认女性为具有独立的"人格"的存在者。体现在他认为婚姻是两个具有独立人格的个人的结合。"婚姻本质上是一夫一妻制，因为置身在这个关系中并委

---

① ［德］黑格尔：《法哲学原理》，范扬、张企泰译，商务印书馆2009年版，第182页。
② ［德］黑格尔：《法哲学原理》，范扬、张企泰译，商务印书馆2009年版，第182页。
③ ［德］黑格尔：《法哲学原理》，范扬、张企泰译，商务印书馆2009年版，第182页。
④ ［德］黑格尔：《法哲学原理》，范扬、张企泰译，商务印书馆2009年版，第182页。
⑤ ［德］黑格尔：《历史哲学》，王造时译，上海书店出版社2001年版，第18页。

身于这个关系的，乃是人格，是直接的排他的单一性。"① 也就是说，首先我们得承认黑格尔的确赋予了女性"人格"的权利，这个基本的"人格"权利"应当"拥有和男性一样的权利和自由。我们将此视为在"原则层面"上体现了其哲学的一致性的方面。但是我们也必须看到他在"具体政策"层面上未能完全承认女性的权利。也就是说，黑格尔在"原则"上承认男女都是拥有同样"人格"权利的、独立的个体，但是在"具体政策"层面上他又将男女视为有自然规定性上的差别的存在者。这样的看法只能说明黑格尔对于女性权利的承认只有"形式"上的承认，而没有"实质"上的承认。

在黑格尔看来由于女性没有资格进入市民社会和公共领域，所以政治和公共领域内都不包括女性的声音："要使主观的形式的自由这一环节，即作为多数人的观点和思想的经验普遍性的公众意识通过它来获得存在……'多数人'这一词如指经验普遍性而言，比流行惯用的'一切人'更为正确，因为如果说'一切人'首先至少不包括妇女儿童在内是不言而喻的。"② 也就是说，由于女性的领域在于家庭和私人领域，他不可能对公共领域有知识。于是，就如艾莉森所说的，女人不能进入市民社会参与公共生活："进入市民社会是一种男人的特权（和责任），而女人显然没有进入市民社会的入口，只能仍然是家庭成员。"③ 也就是说女人没有政治权利。正如伊利加雷等批评者所指出的，黑格尔对两性差异和分工所持的看法还是一种典型的 19 世纪的看法："黑格尔没有注意到，在他写作的时候，发生在他身边的事实——女人慢慢认识到自己作为女人的重要性（如果他注意到了，他也没有注意到其在体系中的重要性）。他从向着绝对精神的运动中排除了女人。"④

在我们看来，他终究没能"现实地"将女性的经济和政治权利囊

---

① ［德］黑格尔：《法哲学原理》，范扬、张企泰译，商务印书馆 2009 年版，第 183 页。
② ［德］黑格尔：《法哲学原理》，范扬、张企泰译，商务印书馆 2009 年版，第 319 页。
③ ［美］艾莉森·利·布朗：《黑格尔》，彭俊平译，中华书局 2002 年版，第 50 页。
④ ［美］艾莉森·利·布朗：《黑格尔》，彭俊平译，中华书局 2002 年版，第 114 页。

括进"所有人"的权利和自由当中，女人最终没能在他的体系当中获得承认。于是，排除女性的权利成为了他的权利学说的一个逻辑漏洞。这使得黑格尔未能使其自由的法权学说成为真正自洽和自足的。按照黑格尔的规划，最后的承认应该是普遍的、全面的、包括所有人在内的、是所有人之间的相互承认。也就是说，只要还有一个人没有获得普遍的承认就不能说这样的承认是普遍而必然的。正如艾莉森所指出的那样，"平等必须是全面的"[1]。或者用我们的话来说，黑格尔所设想的"普遍异质性的国家"必然是要包括所有人在内的，不能排除任何一个人。这也是黑格尔对于现代国家的设想中至关重要的一点。艾莉森认为黑格尔只要同样赋予女性政治权利就可以使得他的体系变成一个真正完整的体系："一个人本可以采取大量的技艺高超的逻辑上的步骤，为了女人而拯救体系——女人能独立地，而不是集体地获得绝对精神，这个体系可以朝着包容的方向被修正，等等。"[2]在艾莉森看来，黑格尔排除女性的政治权利是一个可惜的体系漏洞。

　　我们同意黑格尔给予了缔结婚姻的两个人以平等的"人格权"，并将两人视作平等而自由的存在者，这是其哲学中进步的地方。但是很难想象一个没有经济和政治权利的人如何与另一个有经济与政治权利的人"现实地"平等起来。这种安排显然也只是一种"形式的平等"而非"实质的平等"。虽然黑格尔认为实现所有人的自由和权利中"所有人"应该包含女性，但是这种承认只是"原则层面"的承认，而非"实质层面"的承认。也就是说，他只承认女性作为人的"人格"的权利，不承认其经济和政治权利，并最终将女性拒斥在市民社会的大门之外。所以，我们认为黑格尔在"原则"上承认女人作为人的基本权利，但是却拒绝给予女性更进一步的经济权利和政治权利，这不是完全的承认。最终，由于其未能承认女性的完全的权利和自由这一点构成了黑格尔"普遍异质国家"的逻辑漏洞。

---

① ［美］艾莉森·利·布朗：《黑格尔》，彭俊平译，中华书局2002年版，第51页。
② ［美］艾莉森·利·布朗：《黑格尔》，彭俊平译，中华书局2002年版，第105页。

## 二　民主的问题

正如泰勒和霍耐特等人所言，黑格尔政治学说的另一个漏洞是："黑格尔在他的《法哲学原理》最后一部分勾画了一个完全不顾及公民参与可能性的君主立宪国家的基础。"① 在霍耐特看来，"人们甚至有理由怀疑，他的伦理学实际上对民主的真实效用并不是真心地感兴趣"②，并宣称，在民主的问题上："就必须要与黑格尔《法哲学原理》的榜样保持距离。"③ 对此，泰勒则认为拒绝为一个交往自由的市民社会提供更进一步的民主原则的做法是"完全错误的"④。在泰勒看来，这样的做法无异于认为人们不能自我管理，这既拒斥了其核心主体原则的"自主性"又拒斥了自由交往的主体之间的自发能动性。⑤ 韦尔默则认为拒绝承认现代社会基本支点的民主原则成为了黑格尔政治哲学中的一个盲点："这就是黑格尔的《法哲学原理》的盲点。"⑥

公允地来看，黑格尔的本意是要在市民社会的消极自由原则与代表国家政治生活的积极自由之间划分出一条稳妥的界限，以使得"乌合之众"的激情、任性、特殊利益不影响国家机器的普遍目的和利益。⑦ 我

---

① ［德］霍耐特：《自由的权利》，王旭译，社会科学文献出版社 2013 年版，第 503 页。

② ［德］霍耐特：《自由的权利》，王旭译，社会科学文献出版社 2013 年版，第 418 页。

③ ［德］霍耐特：《自由的权利》，王旭译，社会科学文献出版社 2013 年版，第 418 页。

④ ［加］查尔斯·泰勒：《黑格尔》，张国清、朱进东译，译林出版社 2002 年版，第 627 页。

⑤ 比如说，不能参与立法权将使得人们外在于自己所服从的法律。再比如说，不能选举国家官员则无法使个人监督和制衡官员权力。

⑥ ［德］阿尔布莱希特·韦尔默：《后形而上学现代性》，应奇、罗亚玲译，上海译文出版社 2007 年版，第 200 页。

⑦ 当然，马克思怀疑是否存在这种"国家机器的普遍目的和利益"。黑格尔相信普遍阶级能够领悟并正确执行国家的普遍利益和目的，但是在马克思看来这又是黑格尔的痴人说梦。马克思不相信政府成员和官僚成员能够逾越自己的利益而为普遍的利益牺牲，马克思拒绝相信特殊性与普遍性的张力已经在国家中得到了和解，他将之称为黑格尔的又一个"幻觉"。在马克思看来，现实的情况是："官僚机构掌握了国家，掌握了社会的唯灵论实质：这是它的私有财产。"在这种情况下，想象出来的普遍利益和国家利益变成了："国家已经只是作为由从属关系和盲目服从联系起来的各派官僚势力而存在……国家利益成为一种同其他私人目的相对立的特殊的私人目的。"［德］卡尔·马克思：《黑格尔法哲学批判》，载《马克思恩格斯全集》第一卷，中共中央马克思、恩格斯、列宁、斯大林著作编译局译，人民出版社 1965 年版，第 70—71 页。也就是说，在马克思看来，既不存在什么与个人利益相脱离的普遍利益，也不存在能够正确执行和捍卫普遍利益的阶层。

们认为这可能是由于黑格尔过于担心法国大革命的结果和影响，而误认为普遍的民主制是一种空洞而抽象的东西。韦尔默则认为这是由于"黑格尔密纳瓦的猫头鹰起飞得稍早了一点：黑格尔没有民主传统的任何亲身的体验，而美利坚又依然太过遥远。既是在其理想化的形式中，普鲁士的君主制显然并不是欧洲历史的定论"①。在他看来，黑格尔认为自己在理想化的普鲁士君主制中找到了可行的替代品，所以他拒绝接受彻底的民主模式，进而认为任何试图实现直接的、普遍的民主制度都将导致混乱和恐怖。也就是说，黑格尔基于自身的经验而选择了一种理想化的普鲁士君主制作为实现自由和权利的参考蓝图。但是，在韦尔默看来"与黑格尔的一厢情愿相反，不受其公民控制的普鲁士国家的权力依然是一种本质上不是对话的而是暴力的超越过程的表征"②。

　　与此同时，韦尔默认为托克维尔的学说现实地容纳和调和了这两种自由。"正如托克维尔表明的，伦理生活的民主形式是现代社会唯一可能的'调和'形式。在某种意义上，现代性的谋划正是在消极

---

① ［德］阿尔布莱希特·韦尔默：《后形而上学现代性》，应奇、罗亚玲译，上海译文出版社 2007 年版，第 200 页。

② ［德］阿尔布莱希特·韦尔默：《后形而上学现代性》，应奇、罗亚玲译，上海译文出版社 2007 年版，第 43 页。应该说，韦尔默对黑格尔的指控大体上与马克思相一致。马克思对黑格尔的国家学说的批判主要也是认为他的国家学说是一种"国家形式主义"、"国家的幻觉"和"抽象"。在马克思看来，黑格尔在讨论国家的时候并未仔细观察现实的普鲁士国家的情况，所关心的总是在国家中寻找逻辑概念的历史的再现。这是由于他："在任何地方都把理念当做主体，而把真正的现实的主体，例如'政治情绪'变成了谓语。而事实上发展却总是在谓语方面完成的。"其所导致的结果当然就是本末倒置。在马克思看来，这是由于黑格尔的国家学说是一种"逻辑的泛神论神秘主义"，这种神秘主义只关心概念的秩序而不关心现实的秩序，所以，在马克思看来，黑格尔"崇拜"普鲁士国家也就不足为奇了。而在马克思看来黑格尔颠倒的不止是国家的概念和国家的现实，还包括：国家与家庭、市民社会的关系上；国家和个人的关系上；市民和公民的关系上；君主制和民主制的关系上。这都是由于："应当成为出发点的东西变成了神秘的结果，而应当成为合理的结果的东西却成了神秘的出发点。"［德］卡尔·马克思：《黑格尔法哲学批判》，载《马克思恩格斯全集》第一卷，中共中央马克思、恩格斯、列宁、斯大林著作编译局译，人民出版社 1965 年版，第 24、62 页。

自由和积极自由之间进行这种调和的谋划。"① 也就是说，黑格尔认为不可能实现的东西正在彼岸的美国成为现实。在关于民主的问题上，泰勒和韦尔默都建议我们应该将目光转向与黑格尔同时代的人托克维尔身上去找答案："托克维尔的《论美国的民主》可以被看做黑格尔的《法哲学原理》的民主读物的对应物。"② 在韦尔默看来，托克维尔和黑格尔要的解决其实是同一个问题：他们都认为经过现代性和启蒙运动洗礼过的人不可能再回到过去的制度和生活当中，现代人面对的是一种全新的现代生活，这种现代生活前人从未体会过，他们都认为资本主义社会或称"市民社会"是人类现在唯一可行的生活方式。从某种意义上说，这种现代生活需要依靠现代人自己去思考和创造，而没有任何现存的答案或方法。托克维尔认为真正自由的伦理生活在老欧洲没有现成的基础，老欧洲也没有任何关于平等和现实地运用自由权利的经验。托克维尔因此而拥抱了民主制，而黑格尔也正是基于同样的理由拒斥了民主制。下面我们将给出黑格尔和托克维尔各自对于民主制度的考虑和解答。

黑格尔认为在一个庞大的社会里让人民全体参与公共事务是不可能的。纵然黑格尔崇拜古希腊，但是在黑格尔看来现代社会不可能回到古希腊，也不可能实现直接民主制："这种观点，正如君主即国家最高官吏的观念，君主与人民之间的契约关系的观念以及其他等等，是从多数人的意志即偏好、意见和任性出发点的。"③ 黑格尔将这种出发点看作："是跟伦理的理念相对立的……这些后果只是表现为某种可能的和盖然的东西。"④ 黑格尔认为现代社会与古希腊不一样，现代社会已经失去了实行直接民主的土壤和基础：首先，古希腊社会

---

① ［德］阿尔布莱希特·韦尔默：《后形而上学现代性》，应奇、罗亚玲译，上海译文出版社 2007 年版，第 222 页。

② ［德］阿尔布莱希特·韦尔默：《后形而上学现代性》，应奇、罗亚玲译，上海译文出版社 2007 年版，第 255 页。

③ ［德］黑格尔：《法哲学原理》，范扬、张企泰译，商务印书馆 2009 年版，第 304 页。

④ ［德］黑格尔：《法哲学原理》，范扬、张企泰译，商务印书馆 2009 年版，第 304 页。

没有发展出主观性原则，人与他的城邦是直接同一的。也就是如贡斯当所说的，古代人的自由是一种直接参与集体生活、公共生活的自由："他们亦承认个人对社群权威的完全服从是和这种集体性自由相容的。你几乎看不到他们享受任何我们上面所说的现代人的自由。所有私人行动都受到严格的监视。个人对于舆论、劳动，特别是宗教的独立性未得到丝毫重视……因此，在古代人那里，个人在公共事务中几乎永远是主权者，但在所有私人关系中却都是奴隶。"① 也就是说，古代人在公共领域中有其自由，但是都没有私人领域的自由。现代人有的东西与古代人恰好相反，现代人更重视私人领域的自由。由于公民对于城邦的忠诚不是建立在反思的基础之上的，而是建立在直接的感情之上的，所以直接民主对于古希腊来说是比较自然和适合的方式。古代希腊人愿意奉献自己的时间和精力在公共事务上，甚至是战死沙场。因为对于古代希腊人来说没有比公共领域更高的领域存在，而现代人则不然，这就造成了古代希腊人的直接民主的适用特点。其次，古希腊之所以能实施直接民主是因为它的领土面积狭小，人口也较少，这为直接民主提供了可能的条件。而"现代社会为我们提供了一幅全然不同的景象。今天，最小的国家也比斯巴达或存在 5 个世纪的罗马大得多"②。随之而来的是人口也相应地增多，设想每个人每次都要去一个地方参加会议或表决都是不可能的。而人口众多又会变相稀释每个人的选择权利，最后甚至会导致每一个人的意见都无足轻重。所以，黑格尔谈道："关于许多单个人所进行的选举，还可以指出一点：特别是在大国里，由于选民众多，一票的作用无足轻重，所以不可避免地要有人对自己的投票抱漠不关心的态度，而且有投票权的人虽然赞扬这种权利并对其推崇备至，但却不去投票。"③ 再次，

---

① ［法］贡斯当：《古代人的自由和现代人的自由》，阎克文、刘满贵、冯克利校，上海人民出版社 2005 年版，第 35 页。

② ［法］贡斯当：《古代人的自由和现代人的自由》，阎克文、刘满贵、冯克利校，上海人民出版社 2005 年版，第 36 页。

③ ［德］黑格尔：《法哲学原理》，范扬、张企泰译，商务印书馆 2009 年版，第 329 页。

古希腊的直接民主还建立在奴隶制的基础之上。因为所有经济工作和劳作都是由奴隶去完成的，这样才能让贵族和市民腾出时间去思考和参与公共事务。而在现代社会里，所有的市民各司其职，不可能达到那种同质性。"并非所有人都会全心全意地致力于公共生活。绝大多数人把其一部分精力投入到私人事务中去。"① 也就是说，古希腊的"公民"是一群拥有高度的同质性的人，他们都是有钱有闲的贵族或城市公民，而现代世界的"个人"已经没有这种条件。最后，黑格尔对人民这个群体还有着深深的不信任。他将人民视作一团抽象的、无定性的、原子式的"群氓"。人民就是一群无定形的东西。"人民就是不知道自己需要什么的一部分人。知道别人需要什么，尤其是知道自在自为的意志即理性需要什么，则是深刻的认识和判断的结果，这恰巧不是人民的事情。"② 因为在黑格尔看来，"单个的个人"、"抽象的个人"应该进入某阶层、某行业去获得他的目的和意义。③

总结起来，在黑格尔看来，现代国家和古代希腊最大的不同点是现代国家中公民的"异质性"问题，而正是这种"异质性"使现代国家中的公民之间拥有了高度的差异性，也正是这个差异性导致了直接民主的方式在现代生活中行不通。异质性对现代国家的论证具有本质重要性，按照黑格尔的观念，它排斥了民主。所以"黑格尔理直气壮地认为，普遍而全体的参与观念是荒诞不经的"④。也就是说，在一个现代国家中，每一个人都要为了自己的经济问题而奔波忙碌，所以现代公民不可能有那么多时间和精力去思考和参与公共事务，而且

---

① ［加］泰勒：《黑格尔》，张国清、朱进东译，译林出版社 2002 年版，第 627 页。

② ［德］黑格尔：《法哲学原理》，范扬、张企泰译，商务印书馆 2009 年版，第 319 页。

③ 马克思尖锐地批判了黑格尔反对民主制和"群众"的观点：在马克思看来，并不是"单个的个人"、"抽象的个人"有必要进入某阶层、某行业去获得他的目的和意义，而是正好相反，是这些阶层和行业需要个人进入它们，其用意是使个人不至于团结起来反抗自身的利益。否则，要是任由这些"无机的个人"形成一种"群众力量"，甚至进而行动起来，那就糟糕了。所以，马克思认为实际上并不是什么"特殊利益"和国家有矛盾，而是"群众"、"群氓"和"普遍的利益"之间有矛盾，因为后者只是被想象出来的。

④ ［加］查尔斯·泰勒：《黑格尔》，张国清、朱进东译，译林出版社 2002 年版，第 626 页。

并非每一个市民都关心公共事务，因为他们都有自己的私人事务需要操心。他们对公共事务可能没有时间关心，或者仅仅是不感兴趣。正如泰勒所指出的："他的如下见解也是正确的：与较早的时代相比，现代人具有一个私人维度，这使得人们纵使不是不可能的但是也难以再一次全力以赴地献身于社会公共事务。"① 所以，在黑格尔看来古希腊城邦虽然有其优美的地方，但却是再也回不去了。现代国家不可能恢复到那种直接的、非反思的、天真的状态中去了。正如贡斯当所说："古代人的目标是在有共同祖国的公民中分享社会权力：这就是他们所谓的自由。而现代人的目标则是享受有保障的私人快乐：他们把对这些私人快乐的制度保障称作自由。"② 归根结底，现代人的社会是一个与古代希腊完全不同的社会：现代社会拥有广阔的领土面积、众多的异质人群和现代人的主观自由和私人空间。这在黑格尔看来都要求我们走向代议制，由专业的公务员阶层、熟悉和了解市民社会及经济运转的议员和专家来管理国家。但是问题在于黑格尔的"议员"却大多不是民选出来的，而是由各阶层和行业"选派"出来的。③ 黑格尔将专业能力、对问题的了解程度和对公共事务的亲身体验作为选派议员的标准而非将选民的票数当作标准，因为在他看来"选派者的选举不是完全多余的，就是拿意见和任性当儿戏"④。

正是以上原因导致了黑格尔反对普选制，而赞成一种有限的"代议制"。实际上，他将这种要求全民直接地参政或选举视作一种抽象的和空虚的"绝对自由"的要求，他也正是在这个意义上批判了卢

---

① ［加］查尔斯·泰勒：《黑格尔》，张国清、朱进东译，译林出版社 2002 年版，第 629 页。

② ［法］贡斯当：《古代人的自由和现代人的自由》，阎克文、刘满贵、冯克利校，上海人民出版社 2005 年版，第 40 页。

③ ［德］黑格尔：《法哲学原理》，范扬、张企泰译，商务印书馆 2009 年版，第 305—311 页。

④ ［德］黑格尔：《法哲学原理》，范扬、张企泰译，商务印书馆 2009 年版，第 329 页。

梭式的全民参政制。① 他认为，在一个现代国家中要求实现全民直接
参政是一种"绝对自由"的癔症、一种原子式的理解方式，并且将
导致可怕的后果。用他的话来说："在现实生活差异的这个困境之下，
要想把每一个人都置于做出全体决定的中心地位是荒唐的。"② 他不
信任由一群乌合之众聚集起来投票能实现好的社会目的。

　　我们上面谈到是黑格尔反对直接民主和普选制的理由，但是黑格
尔的这些理由能够成立吗？我们认为不能。我们下面将转入托克维尔
对于美国民主制的考察来验证黑格尔的结论是否能够成立。

　　当黑格尔认为直接民主在现代社会已经失去土壤的时候，托克维
尔却宣称在大西洋彼岸的美国找到了这样的土壤。也正如韦尔默所
言："在某种意义上，黑格尔的论证在它提出的时代就过时了，因为
它已经被美国民主的历史现实赶上了。"③ 在托克维尔看来，黑格尔
的问题也就是老欧洲的问题——没有自治经验，也就是说，欧洲缺乏
对自由的经验。而在托克维尔看来："美国人最大的优势，就在于他
们没有经历民主革命就确立了民主制度，他们的平等是先天的而非后
天的。"④ 也就是说，美国人有着特殊的命运，他们从英国祖先那里
带来了"与个人权力相关的思想以及地方自由的习惯"⑤，他们习惯
于自己管理自己。而"在有些国家里，政权可谓是从外部加诸社会之
身的，它不仅指示社会的行动，而且还给安排一定的道路，让其被迫
前进"。托克维尔这里讲的就是老欧洲的政治经验。这种经验带来的
后果是人民不会治理自己，而什么事都要依赖政府的帮助和指示。社

　　① 关于黑格尔对卢梭的"公意"以及全民普遍的参政制的批判，参见 Steven B. Smith,
*Hegel's Critique of Liberalism*, Chicago and London：The University of Chicago Press, pp. 85 – 91.
　　② ［加］查尔斯·泰勒：《黑格尔》，张国清、朱进东译，译林出版社 2002 年版，第
626 页。黑格尔将普选制看作与"绝对自由"一样的东西，黑格尔认为"绝对自由"所要
求的是所有人在一切层面上的同质性，它无法容忍任何差别，它还要求铲除所有阻碍每一
个人全面地参与社会决定的障碍，这种自由的要求是一种空洞的和空虚的自由。
　　③ ［德］阿尔布莱希特·韦尔默：《后形而上学现代性》，应奇、罗亚玲译，上海译文
出版社 2007 年版，第 236 页。
　　④ ［法］托克维尔：《论美国的民主》，陈玮译，九州出版社 2013 年版，第 367 页。
　　⑤ ［法］托克维尔：《论美国的民主》，陈玮译，九州出版社 2013 年版，第 514 页。

会和民间都没有力量和执行力，也就是说社会力量过于薄弱而政府力量过于强大。在托克维尔看来，这种老欧洲模式的危害在于减少了个人和社会的独立性和自治性。也就是说，"政府越想要取代社团的作用，社会成员想要联合其他人的能动性就越低，也就越是需要政府的帮助。原因和结果不停地彼此影响，形成一个难以停滞的循环"①，最后个人和社会都失去了能动性和自治性。"在我看来，极端的中央集权最终会导致社会的活力丧失。"② 国家试图控制社会中的每一个团体和个人。而国家揽的活儿越多，个人和社会的活儿就越少，最后变成不得不在任何一件小事情上都要依赖政府和行政指令。

但是美国的经验却有别于老欧洲的经验："在美国，这种情形绝不存在。社会由自己来管理，也为自己而管理……立法人员由人民选举而产生，行政人员也由人民选举而产生，人民就是用这种方法，参与立法工作，参与执法工作。可以这样讲，人民是自己统治自己的，他们给政府的权力非常少，而且薄弱，即便这样，政府还要处在人民的监督之下，服从于政府的建立者——人民的权威……所有事物的原因和目的都是人民，事皆出于民，也皆用于民。"③ 在美国的例子中社会自身拥有较高的自主权和自治权而国家反倒没有那么大的权力。在托克维尔看来社会自身的自主权和自治权取决于每一个个人的自主权和决断权。也就是说，当人们遇到问题的时候第一时间不是想到去政府部门求助或请政府部门来裁决，而是由自己或由社会团体自身来解决问题。在托克维尔看来这就是社会自治能力的基础和关键所在："美国的居民自小就懂得一点，但凡生活的苦难，他们都只能凭着自己的力量去克服……就算是求助，也只在万不得已的情况下。这种习惯从上小学起，他们就开始培养……他们自己来制定规则并且服

---

① ［法］托克维尔：《论美国的民主》，陈玮译，九州出版社2013年版，第373页。
② ［法］托克维尔：《论美国的民主》，陈玮译，九州出版社2013年版，第515页。
③ ［法］托克维尔：《论美国的民主》，陈玮译，九州出版社2013年版，第37页。

从。"① 依靠建立和培养个人的自治能力然后通过自己满足自己，社会生活也是这样。如果不是依靠从小就培养这种自治和自理的能力，遇事只会求助于政府，这样一来无论个人也好、社会也好都是软弱无力的。托克维尔将这种运用自由的习惯和能力称为一个民族的运用自由的习惯。如果一个民族没有这种运用自由的习惯和能力只能依靠政府，那就一定会制造出一个异常强大的政府。正如托克维尔对于老欧洲的观察："由于我们对自由缺乏经验。"② 也就是说，老欧洲就缺乏这种自由运用自己权利的经验，而缺乏自我管理就是问题的关键。

下面，我们将一一针对黑格尔对于民主制提出的疑问来看看托克维尔的回答：

1. 如何在一个面积广阔的、人员众多的国家实行民主制？托克维尔的回答也是代议制，但是托克维尔的代议制不同于黑格尔的代议制。托克维尔的议员是民选的，而非指派的，同时，托克维尔信任人民有选择议员的能力，因为美国人民有长期自治的能力和经验。

2. 黑格尔问在一个民主国家里如何能同时容纳整体性原则和主观性原则？个人与整体之间的联系是什么？托克维尔的回答是通过参与各式各样的自治团体、行会。在这个问题上托克维尔和黑格尔的意见实际上有一致的地方，他们都认为作为单个的个人其力量是非常微弱和有限的，个人只能通过加入团体和行会的方式去实现其政治权利。但是他们俩的分歧在于：黑格尔认为个人的政治实践止步于各种团体和行会而不能拥有更进一步的选举权和政治权利，而托尔维尔则支持个人还有更进一步的官员和国家首脑选举权和其他政治权利。对此，托克维尔的回答是："我所知道的在政界确立平等的方式只有两种：要么让所有公民都有权利，要么就让所有公民都没有权利。"③ 也就是说在托克维尔看来，仅止于社团和行会这一层面的政治实践是

---

① ［法］托克维尔：《论美国的民主》，陈玮译，九州出版社 2013 年版，第 128 页。
② ［法］托克维尔：《论美国的民主》，陈玮译，九州出版社 2013 年版，第 132 页。
③ ［法］托克维尔：《论美国的民主》，陈玮译，九州出版社 2013 年版，第 35 页。

假民主，真民主是要么有全部的政治权利，要么全无。我们能够看到黑格尔较于托克维尔在赋予人民政治影响力这一点上要谨慎得多，因为在黑格尔看来人民是无定形的"群氓"，他们不能不知道自己真正的利益所在。如果允许其拥有更大的政治权利，则结果不堪设想，但是托克维尔不这么看。在托克维尔看来让个人关心整体的、公共的利益不仅是加入各种团体和行会，更重要的是"让每个人都参与到管理政府的工作之中，确实是一种最有效的手段，甚至可谓是唯一的手段，能让我们每一个人都对祖国的命运给与关心……我认为，公民精神无法和行使政治权利区分开来"①。也就是说，在托克维尔看来通过自治的公共生活习惯可以化解"群氓"的问题。

3. 黑格尔批评普选制，认为普选制是从"多数人的主观意志即偏好、意见和任性出发的……这些后果只是表现为某种可能的和盖然的东西"②，认为由这种无定形的群体自发行动会导致野蛮和恐怖的结局："因此，他们的行动完全是自发的、无理性的、野蛮的、恐怖的。"③ 托克维尔对此的回答是：首先，其结果的确是盖然的，有可能出现差错的，但它同时是可以纠错的。也就是说，"比起一个国王或是一群贵族，虽然民主制度事物的几率会更大，不过只要它能发现失误，那么也就有更大的几率回到正途……所以，美国人的无比优越之处，不只在于比别的民族更加明智，更在于就算他们有了错，还是能有机会改正"④。其次，托克维尔认为不能说多数人的意志只是一些无意义的偏好和任性的要求。托克维尔认为国家的利益不能与大多数人的利益相违背，也就是说统治者的利益不能与被统治者相反，而要一致。由于多数人的利益没有其自身的对立面，而其他任何制度和少数人的统治方式都有其自身的对立面，所以从这个角度上来说，没

① ［法］托克维尔：《论美国的民主》，陈玮译，九州出版社2013年版，第163页。
② ［德］黑格尔：《法哲学原理》，范扬、张企泰译，商务印书馆2009年版，第304页。
③ ［德］黑格尔：《法哲学原理》，范扬、张企泰译，商务印书馆2009年版，第323页。
④ ［法］托克维尔：《论美国的民主》，陈玮译，九州出版社2013年版，第154、367页。

有任何一个政体所代表的利益能比民主制所代表的利益更普遍。所以可以说，多数人的意志和利益就相当于普遍的利益。最后，在托克维尔看来也没有理由认为普选制只能导致一场闹剧。事实上与黑格尔对于普选制的预测相反，托克维尔认为普选制还会抑制社会的暴力因素，使得社会变得温和。"在美国，可能普选权，是让政治结社的暴力变得温和的最强原因。"① 黑格尔在谈到言论自由权的时候曾经说到言论自由使得人们的意见得以表达和发泄，这样使得人们更为温和："发表了他的意见，他的主观性得到了满足，从而他会尽量容忍。"② 而在托克维尔看来普选制也有一样的功效，个人通过直接的政治参与和投票也使其主观任意性得到了表达，个人也会变得更加温和和容忍。进一步而言，由于个人有权利直接参与到立法的环节中去，个人也明白这项法律体现了自己的同时也是每一个个人的意志，个人就会像遵循自己的意志那样去遵循现行的法律。如果将个人排除出这项政治活动之外的话，法律对个人而言完全是不相干的事情。就像在欧洲的情况那样："一项法律在大部分人眼里都觉得于己无实际的效益……就算通过了，也没有人服从。"③

4. 黑格尔对于人民很不信任，甚至认为人民不知道自己要什么："人民就是不知道自己需要什么的一部分人。知道别人需要什么，尤其是知道自在自为的意志即理性需要什么，则是深刻的认识和判断的结果，这恰巧不是人民的事情。"④ 说每一个人不知道自己要什么而需要别人对自己的需要来加以指导，这在托克维尔看来是完全没有道理的。对此，托克维尔批评这种认为人们没有能力自我管理的态度是老欧洲的态度："很多欧洲人，要么是心里相信嘴上却不说，要么就是心理根本不信嘴上却在说……在他们看来，人们没有能力对自己进

---

① ［法］托克维尔：《论美国的民主》，陈玮译，九州出版社 2013 年版，第 132 页。
② ［德］黑格尔：《法哲学原理》，范扬、张企泰译，商务印书馆 2009 年版，第 334 页。
③ ［法］托克维尔：《论美国的民主》，陈玮译，九州出版社 2013 年版，第 154、367 页。
④ ［德］黑格尔：《法哲学原理》，范扬、张企泰译，商务印书馆 2009 年版，第 319 页。

行管理。"① 在托克维尔看来，每一个人当然知道自己要什么，有问题的不是人们不知道自己要什么，而恰恰是如何把自己的需求与别人的需求或整体的需求协调起来，也就是说如何将个人特殊的利益与普遍的利益协调起来。再就是要使得个人明白自己和他人的利益或公益是一致的："由于他们知道，只有援助同胞才能获得同胞的援助，所以他们会轻易发现，个人利益与社会的公益也完全一致。"② 而且托克维尔也不同意单个人的聚合一定是一群乌合之众。他认为只要人们在权利、教育、财产、社会身份上逐渐接近平等就"最终会在一定数量上的意见上重新达成共识"③。而这样越来越接近的、平等的个人或中产阶级越来越多，"也可能组成十分富足、十分有影响、十分强大的团体"④。

5. 要求每一个人都能普遍地、全面地参政的愿望如何实现？在黑格尔看来是不可能实现的。同样，在托克维尔看来参与和使用政治权利也是一项非常困难和艰巨的任务，但是托克维尔认为除了持续不懈地运用和学习之外别无他法。"从人民的最低阶层开始，跟着不断扩展到一切阶级的全国运动中。"⑤ 在这种运动中去学习运用自由的经验和能力。所以，正确的做法是引导人民去参与各种民间自治团体和行会，学习自治经验。由关心自己邻居、社区、乡镇的小事开始逐渐推导到关心国家大事。托克维尔认为只有依靠人民从自己的具体生活经验中出发，去学习和具体使用权利，最后个人才有可能真正地关心国家和普遍利益。如果自始至终都不信任或者不给予个人去学习和实践自由的能力和权利，那么人们永远都不可能参与也不可能关心普遍的利益。也就是说，正如托克维尔所考虑的："我曾经在想，拿什么方法，能让权利观念在我们这个时代人的心里成长起来，而且还会

① ［法］托克维尔：《论美国的民主》，陈玮译，九州出版社 2013 年版，第 134、367 页。
② ［法］托克维尔：《论美国的民主》，陈玮译，九州出版社 2013 年版，第 7 页。
③ ［法］托克维尔：《论美国的民主》，陈玮译，九州出版社 2013 年版，第 485 页。
④ ［法］托克维尔：《论美国的民主》，陈玮译，九州出版社 2013 年版，第 530 页。
⑤ ［法］托克维尔：《论美国的民主》，陈玮译，九州出版社 2013 年版，第 168 页。

让人们牢牢地记住。后来我明白，只有让全部人都和平地使用一定的权利才能做到。"①

总的来说，黑格尔更加支持官僚制和精英治国的模式，托克维尔更支持民主模式。显然两种模式都有自己的好处，并不是说一种模式与另一种模式就是完全对立和反对的，我们也能在今天的国家里找到这两种成分的融合。但是显而易见的是，在今天，不管任何形式的国家制度都要能够兼容一定程度的民主，反对民主制的政治模式在今天无异于逆时代潮流而行事。所以，在民主制这一点上我们必须得指出黑格尔错了，但是我们也应该注意去解决黑格尔所提出的民主制的问题和缺点。

## 第二节  普遍均质国家和普遍异质国家

普遍均质国家，科耶夫将黑格尔的现代国家理解为"普遍均质国家"。科耶夫对"普遍均质国家"的定义是："普遍"的意思是包含全人类在内的、必然的存在者。"普遍意味着它涉及全球。"②"均质"的意思是人与人之间是无差异、无私利的。"同质意味着它是无阶级的社会，或者没有阶级结构，没有主人或奴隶的社会。"③而这样的国家和它的法权是无变化的："普遍均质的国家不会再发生变化，因为从定义上说，这种国家不会有外部战争，也不会有内部革命。因此，它的法不会发生变化。并且，这种国家包含全人类。"④并且在普遍均质的国家里："人类（或这个普世国家）就没人拥有'私利'

---

① [法]托克维尔：《论美国的民主》，陈玮译，九州出版社2013年版，第164页。
② [加]莎蒂亚·德鲁里：《亚历山大·科耶夫——后现代政治的根源》，赵琦译，新星出版社2007年版，第62页。
③ [加]莎蒂亚·德鲁里：《亚历山大·科耶夫——后现代政治的根源》，赵琦译，新星出版社2007年版，第62页。
④ [法]亚历山大·科耶夫：《法权现象学纲要》，邱立波译，华东师范大学出版社2011年版，第140页。

这个意义上说是均质的（普遍均质国家），或称帝国。"① 这个国家是没有任何变化的："但如果国家（或社会）真正是普遍的，均质的，人们就不会看到它的崩溃，甚至连变化都看不到。"② 历史则终结于一个普遍同质国家，个人生活和国家层面上都不再会有变化。普遍均质国家是一个无冲突、无阶级、无层次、无私利、无主奴的国家。在普遍均质国家中人们实现了相互承认。"一个全球协议已经达成——自由、繁荣和同等的承认。"③ 这就是科耶夫自己对于"普遍均质国家"的定义和说明。

但是我们必须指出的是，科耶夫的"普遍均质国家"是对于黑格尔现代国家的一种误解。黑格尔所设想的国家并非科耶夫所设想的"普遍均质国家"，而是"普遍异质国家"。下面我们来解析黑格尔的看法。

普遍异质国家，在黑格尔看来，现代国家是"普遍异质国家"，"普遍的"，是指它的形式性、机制性特征。现代国家强调的不是根据特殊的、主观的、偶然的或地方性的观念、文化来治理国家，而是要求在制度和法律上实现最大程度的形式化和抽象化。它不会指导人应该如何生活、应该持有怎样的信仰、应该拥有怎样的主观看法，它把这个领域留给了个人自己。也就是说，现代国家不得干预个人的一切抽象权利及主观权利。如此一来，个人便拥有极大范围的自治空间，自由地选择自己的目标。现代国家只关乎公共和机制层面的事情，关乎如何在经济领域以及政治领域帮助个人实现其自治和自由权利。也就是说，现代国家关心和设计的始终是其制度和法律，是其普遍性方面，而并不是在特定的、特殊性的方面上。现代国家并不关心

---

① ［法］亚历山大·科耶夫：《法权现象学纲要》，邱立波译，华东师范大学出版社2011年版，第91页。

② ［法］亚历山大·科耶夫：《法权现象学纲要》，邱立波译，华东师范大学出版社2011年版，第91页。

③ ［加］莎蒂亚·德鲁里：《亚历山大·科耶夫——后现代政治的根源》，赵琦译，新星出版社2007年版。第67页。

在细节上或在具体的个人生活和个人观念上的事情，它始终关心的是普遍性的机制。

"异质性"指的是异质性的"个人"并非同质性的"个人"。首先，"个人"有其特殊的欲求和需要，有其特定的私利存在。其次，这样的"个人"可以对任何事情都持有自己理性或非理性的意见，"个人"在这方面并不总是明智的，根据黑格尔的描述甚至常常是自相矛盾的。再次，"个人"与"个人"之间可以有非常大的差距。他们之间有性别、种族、文化、观念等方面上不可通约的差异，但是现代国家拥有高度的开放性和多元性以容纳这些差异，否则，现代国家与前现代国家之间并不会有如此显著的差异。而能否容纳异质的个人、异质人群，并实现他们的共在和合作便成为了判别一个国家是否现代的标志。最后，这个国家之内并非像科耶夫所设想的那样只有一个个单个的"个人"，而是有着诸多的中介机构和阶层。在黑格尔的设想当中，现代国家首先会因分工而自然地分成几个阶层，比如有土地阶级、工商业阶级和公务员阶级。另外还会有各种行会、同业公会、自治团体、利益集团、政党等中介机构。"个人"想要实现自身并不只是依靠个人的单打独斗，而是应该自由选择进入某一个阶级、行会或机构，只有在这些中介机构中"个人"才能找到具体的目标和归属感。在黑格尔看来，不进入某阶级、成为某种人，"个人"就根本不可能自我实现。黑格尔非常重视中介机构和中介团体的作用，甚至认为各种中介机构和团体的存在是成为一个现代国家的关键点。①所以，在国家和个人之间不仅会有阶级，而且会有许多中介机构存在，这一点也与科耶夫完全没有中介和阶级的社会的理解完全不同。

最后，黑格尔所描述的"普遍异质性国家"并非像科耶夫所设想的那样是永远没有变化的。我们将黑格尔的哲学解读为一种自否定的哲学，也就是说每一代哲学都在进行着自我否定。在这种哲学观点之

---

① ［德］黑格尔：《法哲学原理》，范扬、张企泰译，商务印书馆 2009 年版，第三章。

下的个体也是一个不断否定着自身和不断生成着、变化的人。同样，普遍异质国家也不断地否定着自身，而非一成不变。应该说，不仅在现代国家中的"个人"是高度异质化的、变化着的、生成着的；现代国家自身也是不断生成和变化着的。

也就是说，在黑格尔看来，"个人"和国家都是处于特定的时空和历史中的，个人终其一生都是一直处于自否定、矛盾、生成和发展中的。并没有一个固定不变的自我，也不能说在一个人的一生中有一个固定的时刻，他在那一个时刻成为了不再变化的他，而应该说，一个人的一生总是在概念上拥有无限的可能性、可塑性和否定性。自我没有一个固定的时刻，而总是在生成和发展中，它是一个动态的过程。一个人对自己的理解总是在某一个时刻对自己的理解和总结，他截取的总是在一个特定时空范围内的自己，是自己生命过程中的一个暂停点。

同样，国家也不是固定不变的，国家也总是处在历史和发展中的。当我们谈论一个国家时，我们截取的是特定历史和时间中的一个横截面。我们只能在这个特定的历史时间中看到这个国家的历史横截面。我们能看到的只是它在这个瞬间中所拥有的一系列关于思想、政治、社会和经济生活的规定和制度的总和。我们不可能谈论这个国家未来还没有发生的事情，因为一个国家也总是有各种不同的发展方向和可能性，对于这一点，没有人能够超越他的时代去预见。所以，黑格尔在这个意义上说人总是某一个特定时代的产儿。朝向未来的国家有无数的可能性，但一个人却是有限的，只能生活在某一个特定时刻的国家当中，所以，人总是他的特定时代的产儿。没有哪一个人可以说自己拥有整个国家或时代的全景视野，这样的视野只有上帝才有可能拥有。不仅国家是在不停发展中的，生活在国家中的"个人"也是在不停发展的，所以国家和"个人"都不存在一个停滞的时刻。上一代人有上一代人的生活世界和特定看法，但这并不意味着下一代人没有自己的看法。一代又一代的人都在否定和接受上一代人的看法中不断地发展出新的看法，所以从这个角度上来说从来都没有什么停滞不动的国家，只有不断生成和发展的国家；也从来没有什么不变的"个人"，"个人"也是在不停变化和生成着的。所以，黑格尔不会断然宣称历史终结于某一种"个人"或某一种"国家"。① 黑格尔持有的是一种不断生成和发展的个人观、国家观。或者换一种说法，由于黑格尔的哲学是一种"自否定哲学"，所有的东西都处于这种"自否定"当中、处于运动当中，所以根本不可能出现一个时刻或者一个"个人"终结了自己的运动和自否定。

## 第三节　历史的终结

"历史的终结"这个话题应该分为两个层面来谈：1. 形式的和概念的层面：将历史看作是自由原则的自我展开（意识到自由——实现自由）。也就是说自由概念作为超级概念终结了其他概念，人们意识到历史最终的方向是所有人都在其间实现了自由和权利。2. 第二个层面涉及具体的国家和制度层面。究竟什么样的国家和制度能够实现自由？历史又终结于何种国家和制度？

第一个层面：黑格尔的确在《历史哲学》中划分出历史进展的四个层面，但他并未把普鲁士国家看作自由王国的实现。② 黑格尔将自由划分为两个层面：形式的层面和客观的层面。他在《历史哲学》的最后谈道："一直到现在，意识已经出现了。这些就是形式的主要因素……但是'客观的自由'——真正的自由的各种法则——要求征

---

① 黑格尔既不会认为历史已经终结了，也不会认为终结于普鲁士王国，对于这两个问题的讨论具体参见薛华《黑格尔、哈贝马斯与自由意识》，中国法制出版社 2008 年版，第 68—148 页。

② 黑格尔与普鲁士的关系进一步参见：薛华《黑格尔、哈贝马斯与自由意识》，中国法制出版社 2008 年版，第 121—148 页；Wenneth Westphal, "The Basic Context and Structure of Hegel's Philosophy of Right", in *The Cambridge Companion to Hegel*, Cambridge University Press, 1993, pp. 234–269；［意］洛苏尔多《黑格尔与现代人的自由》，丁三东、汪希译，吉林出版集团有限责任公司 2008 年版。

服那偶然的'意志'，因为这种'意志'在本质上是形式性的。"黑格尔对日耳曼民族的定位是：在主观上意识到了自由的原则（即自由的形式性原则）①，最多只能说日耳曼民族达到了"形式的自由"的层面，但它离"客观的自由"还很远："我们在这里只能说，这个原则在日耳曼从康德哲学中获得了理论方面的认识。"② 黑格尔指出将自由实现出来由属于"客观的自由"的领域："同这个形式原则相连的，固然有若干更有内容的范畴；这些范畴中主要的一个，便是'社会'……'国家'的目的……就是各种自然的'权利'保持的目的；但是'自然的权利'便是'自由'，更进一步便是在'法律'面前各种'权利'的平等。"③ 我们可以看到，黑格尔在这里谈到的客观自由的"内容"是权利、社会（市民社会）、国家、法律，黑格尔所说的自由的"内容"指的就是"客观自由"的领域，而"客观的自由"的领域就是权利、法律、自由、社会（市民社会）和国家，这样问题就转到了《法哲学原理》。国家的领域就是"客观自由"的领域，国家的目的是实现"自由"，将自由由"形式的"、"主观的"转变为"现实的"。所以"国家"是自由概念在现实世界中的展开，黑格尔正是在这个意义上称"国家是神的意志，也就是当前的、开展成为世界的现实的形态和组织的地上的精神"④。很多人对黑格尔有误解，

---

① "日耳曼'精神'就是新世界的精神。它的目的是要使绝对的'真理'实现为'自由'无限制的自绝——那个'自由'以它自己的绝对形式做自己的内容……并且也要在世界里从主观的自我意识里自由生产。"［德］黑格尔：《历史哲学》，王造时译，上海书店出版社 2001 年版，第 338 页。

② ［德］黑格尔：《历史哲学》，王造时译，上海书店出版社 2001 年版，第 437 页。

③ ［德］黑格尔：《历史哲学》，王造时译，上海书店出版社 2001 年版，第 438 页。

④ ［德］黑格尔：《法哲学原理》，范扬、张企泰译，商务印书馆 2009 年版，第 271 页。黑格尔将国家比作是"神在地上的行走"，实际上这个说法并非黑格尔的首创，而是康德的首创。康德在《以世界公民为目的的普遍历史概念》中将人类历史的发展和目的比作"自然的隐秘计划"和"天意"："大体上，可以将人类的历史看做自然实施其隐秘计划的过程……对自然——毋宁说是天意。"［德］康德：《康德政治著作选》，金威译，中国政法大学出版社 2013 年版，第 15、19 页。

认为黑格尔在神化国家或以为将国家比作神是一种前现代的认识。①
"当黑格尔浮夸地将国家比喻为此岸世界的神的时候，他并非是要将
国家神圣化。"② 我们应该抓住这句话的重点：重点是"神"并非超
自然现象，"神"是指"自由"。所以，这句话应该被表述为：国家
是自由概念在地上的展开和实现。③

黑格尔认为，一个现代国家应该充分意识到它自己的任务和目
的——实现自由，凡意识不到这一点的国家都不是现代国家（而是前
现代国家）。这是黑格尔对于现代国家和前现代国家的区分。所以，
《法哲学原理》承担起了这样一项任务——要说明怎样的国家和政治
架构能够实现所有人的自由和权利。对于黑格尔所设想的具体的国家
和政府形态我们已经在前面描述过了，综合起来看它的形态是——
"普遍异质国家"，黑格尔在《法哲学原理》中勾勒出了它的形态。④
但我们只能把这个国家当作是暂时的、形式的和理论的，它并不一定
是国家最终的形态。对于这一点，黑格尔自己也谈到，关于国家结构
具体是什么样子每一代人都有自己的发挥空间。但是不管具体的国家
形态和结构是什么样子，它只能围绕"如何实现自由"这一点来展
开："君主制与民主制相比，哪一种形式好些？我们应该这样说，一

---

① 很多人误以为黑格尔是在建议一种复辟式的国家或是在为当时落后的普鲁士国家做
辩护，实际上黑格尔同当时的复辟派和保守主义的对立是非常激烈的，他反对当时一切的
保守势力："通过攻击萨维尼、哈勒以及所有支持国王的人的观点……黑格尔认为宪政国家
是这个时代唯一的国家形式……他还赞成代议制……总之在当时，他所持有的是一种绝对
的进步主义的立场……总之，黑格尔反对他那个时候所有保守主义力量。"参见 Kenneth
Westphal，"The Basic Context and Structure of Heghl's Philosophy of Right"，in *The Cambrigde
Companion to Hegel*，Frederick C. Beiser ed.，Cambrighe University Press，1993，pp. 238 - 239。

② Kenneth Westphal，"The Basic Context and Structure of Heghl's Philosophy of Right"，
*The Cambrigde Companion to Hegel*，Frederick C. Beiser ed.，Cambrighe University Press，1993，
p. 239.

③ 按照邓安庆的说法是："黑格尔在这里所说的'神'（Gott），如果指的就是'精
神'，'绝对精神'的'实体化'、伦理化那么它就不是基督教上帝的'神'……无非是
'自由'和'正义'的理念表达。"邓安庆：《启蒙伦理与现代社会的公序良俗——德国古
典哲学的道德事业之重审》，人民出版社 2014 年版，第 408 页。

④ 参见本书"国家制度表"。

切国家制度形式，如其不能在自身中容忍自由主观性的原则，也不知道去适应成长着的理性，都是片面的……所以每一个民族都有适合于它本身而属于它的国家制度。"① 所以，黑格尔的政治哲学只是一个"如何在理论上实现所有人的自由和权利"的学说，他并没有限定某一个国家或某一种制度能够终结国家形态和国家制度，他对于到底什么国家形态和国家制度能够实现自由这个问题持开放的态度。②

第二个层面：黑格尔虽然在《法哲学原理》中勾勒出了一个"普遍异质国家"的基本形态，但是黑格尔对最终的国家的具体形态持开放的心态。科耶夫也谈到了历史的终结，但科耶夫认为历史终结于"普遍同质国家"，黑格尔则认为历史在"普遍异质国家"（现代国家）中终结，这两者中间是有差异的，关于它的差异我们在前面已经讨论过了。

今天，福山也提出了历史终结论。在我们看来福山也是在两个意义上谈历史的终结：1. 概念的层面；2. 具体的国家机制层面。在第一个层面上福山与科耶夫和黑格尔相去不远，他也认为历史终结于自由原则。但是有问题的是第二个层面：福山认为历史终结于西方的民主政治，这就有很大的问题了。福山认为"如果自由民主是唯一的最佳选择，并且如果生活在自由民主制度下的人民对他们的生活没有表示根本的不满，我们就可以说这场对话得出了一个最后的决定性结论，历史主义哲学家不得不接受自由民主制度的优越性和终结论。世界历史是公理的最终裁判……在历史终结时出现的人人相同、人人平等的国家"③，而这个国家是："欧共体因此是历史终结的最适合的政

---

① ［德］黑格尔：《法哲学原理》，范扬、张企泰译，商务印书馆 2009 年版，第 291 页。

② "黑格尔把历史描述为向自由意识的前进，作为一种可能性，他并没有抛弃某些对未来的开放性。"阿维涅：《意识与历史：黑格尔与马克思的理性之狡狯》，载《黑格尔哲学新研究》，商务印书馆 1990 年版，第 145 页。

③ ［美］弗朗西斯·福山：《历史的终结及最后之人》，黄胜强、许铭原译，中国社会科学出版社 2003 年版，第 154 页。

体实现形式。"① 福山认为科耶夫也是这么看的，但是科耶夫并不是这么看的。② 科耶夫认为历史终结于公民法权，公民法权是贵族法权和奴隶法权的合题，是超越资本主义的法权形态。在科耶夫看来，未来国家和未来法权肯定是对现在西方国家形式的一种超越和扬弃。③

我们认为在科耶夫那里公民法权应该有两种形态：初始的公民法权形态（在这种形态下平等原则和等价原则还处于相互竞争和追赶之中）和终极公民法权形态（普遍均质国家）。终极公民法权的实现即意味着普遍均质国家的实现（即人与人之间的社会性的、经济性的、现实的、生理性的一切方面的平等化）。所以，我们可以将《黑格尔导读》中所勾画的国家视为初级的公民法权形态（西方发达资本主义国家和苏联），④ 而将《法权现象学纲要》中所勾勒出来的普遍均质国家视为终极公民法权形态。终极法权是一种未来的法权，是一种现在还未出现的法权形态。⑤ 他谈道："但只要由自然性的或动物性的给定物所设定的极限还没被达到，就会存在一种基于平衡正义理想的、社会性的或历史性的进化。"⑥ 由于这个合题尚未实现，在它实现之前我们也不知道它的具体内容。但是，我们可以知道的是，直到普遍均质国家被实现的那一天为止，历史都不会停止进化和斗争。所以，我们认为：科耶夫并不认为历史已经达到了终点，因为普遍均质国家尚未实现。《法权现象学纲要》只是在概念的意义上揭示出普遍

---

① ［美］弗朗西斯·福山：《历史的终结及最后之人》，黄胜强、许铭原译，中国社会科学出版社 2003 年版，第 76 页。

② 因为福山在写作《历史的终结与最后之人》时并未参考《法权现象学纲要》，如果他参考过这本书会发现他的许多结论科耶夫本人是不会同意的。

③ 汪希：《法权及其演化》，《法兰西思想评论》，2015 年（秋）。

④ ［法］亚历山大·科耶夫：《黑格尔导读》，姜志辉译，译林出版社 2005 年版。

⑤ 对此，多米尼克·奥弗莱谈道："在资产阶级国家中，真正的普遍性只是形式的，因为（经济的或文化的）公平（l'équité）还没有在其中实现。"参见 ［法］多米尼克·奥弗莱《亚历山大·科耶夫》，张尧均译，商务印书馆 2013 年版，第 21 页。由此，我们可以断定福山在《历史的终结和最后之人》中所勾勒的国家并非《法权现象学纲要》中的普遍均质国家，而只是一种初始的公民法权形态。福山对于科耶夫乃是一种误读。

⑥ ［法］亚历山大·科耶夫：《法权现象学纲要》，邱立波译，华东师范大学出版社 2011 年版，第 342 页。

均质国家的法权形态，真正的普遍均质国家只是一种未来的法权和等待被实现的国家。① 从而，历史演化的方向便是由主人社会进展到奴隶的社会最后朝着公民的社会（普遍均质国家）的实现而运动。所以，福山认为当代西方民主体制能够终结历史，这是有问题的，连科耶夫自己都不这么看，科耶夫认为从发现自由到实现自由还有很长的路要走，甚至很可能只是一个梦想。

所以，我们的结论是：在历史的终结的第一个层面上（即历史的目的是自由概念的自我实现），黑格尔、科耶夫、福山是一致的。但是，在第二个层面上，他们有着诸多分歧。黑格尔虽然在《法哲学原理》中勾勒出了一个"普遍异质国家"的基本形态，但是黑格尔对最终的国家的具体形态持开放的态度。黑格尔认为在概念上历史终结了，但在现实中历史远未终结；科耶夫则认为终极国家是"普遍同质国家"，但他认为这只是一个很有可能实现不了的理论，所以，科耶夫也认为在概念上历史终结了，但在现实中历史远未终结；而福山则认为科耶夫的普遍同质国家已经在欧盟及当代西方发达民主国家实现了，历史已经终结了。

## 第四节　未竟的事业

本书最后以大卫·库尔珀在《纯粹现代性批判：黑格尔、海德格尔及其以后》中的两段话来结束。我们认为库尔珀这段话很好地概括了《法哲学原理》的工作。

韦伯认为，现代性就是对古往今来的自我和社会的一种明白确认。是对那些构造之既有根基的一种去蔽。我们自身确信，我

---

① 根据 Michael S. Roth，科耶夫在 1940 年以前似乎认为历史终结于当今西方发达国家，但是在《法权现象学纲要》中却改变了想法，在《法权现象学纲要》中科耶夫认为当今西方发达国家远非"普遍均质国家"，毋宁说是一个关满了空虚的人的铁笼子。所以历史远未终结，"普遍均质国家"还只是一个计划。参见 Michael S. Roth，"A Note on Kojève's Phenomenology of Right"，in *Political Theory* 11，Vol. 11，No. 3（1983），pp. 447–50。

们的自我—理解是终结性的，因为它是形式化的；对于所有历史性构造都发生于其间的那个过程，我们都已经了如指掌。我们所取得的这种自我—理解是不可能再退隐幕后的，因为它已经使自己变得空空如也，了无牵挂。①

所谓现代就是指，你作为一个此含义上的个人，没有任何特权或地位等条件的限制，而且关于我们所缔结的契约，市场也不会施加任何实质性的制约（只有程序上的制约）。现代的个人是指：将彼此确立为这样的个人，即他们能做选择，而且还有需要：首先，需要生存，需要作出选择，并通过财产来在世界中获得一个地位；然后是与自我维持在一起的那些自然需要（如爱、家庭）；再就是在社会中发展的需要。即是这些自然需要的存在也被包含在一个交互性确认的社会结构之中。②

在大卫·库尔珀看来韦伯对现代性的定义是：对自我和社会结构的去蔽。在我们看来，这一点充分地概括了《法哲学原理》所涉及的几个关键问题。根据笔者的理解，黑格尔虽然没有明确提出现代性的话题，但是整本《法哲学原理》实际上却是围绕这个话题展开的。正如韦伯所理解的，"现代性"是主体对自身和社会、国家、历史的认识的去蔽，但是它同时也涉及主体如何建立起对于主体自身，以及主体如何去理解"他人"、社会、国家和历史的问题。我们可以把黑格尔的《法哲学原理》一方面理解为去蔽的过程（通过批判自然权利学说、道德权利学说、原子个人主义），另一方面理解为重建交互主体、市民社会和现代国家的过程。以上命题的合题是：如何实现所有人的自由和权利？笔者认为这就是黑格尔所理解的现代性问题。也

---

① ［美］大卫·库尔珀：《纯粹现代性批判：黑格尔、海德格尔及其以后》，臧佩洪译，商务印书馆 2004 年版，第 32—34 页。
② ［美］大卫·库尔珀：《纯粹现代性批判：黑格尔、海德格尔及其以后》，臧佩洪译，商务印书馆 2004 年版，第 57—58 页。

就是说，现代性首先涉及主体的自我理解；其次涉及主体如何理解"他人"、社会和国家；最后涉及主体如何在世界中实现自己。

对自我的去蔽就是厘清主体哲学的脉络，建立交互主体学说（批判康德主体哲学）。① 也就是说，在黑格尔看来所有社会体制都关涉到交互性确认的模式和结构，通过交互确定性个人才能获得自己的身份，所谓的"先验自我"是不存在的。② 黑格尔认为，人类并不是一开始就自动取得自我意识的，只有在与"他人"的交往中自我意识的构建才得以可能。个人虽然在事实上先于相互作用而存在，但在此阶段的个人并没有取得完全自我认识，自我意识只存在于主体间的相互作用中。

对社会和国家的去蔽在这个问题上黑格尔通过提出社会交往学说（交互主体）；阐明社会生产和交换结构（对市民社会的分析）；最后明晰现代法治国的职能和目的（现代国家学说），去除了人们以前对于社会和国家认识上的假象，厘清现代社会功能与现代国家的目的和职能。最后证明：在哲学层面上人类完全地把握自己的本质——自由的存在者；在现实层面要求在现代国家中实现所有人的自由和权利。

但是韦伯认为："我们所取得的这种自我—理解是不可能再退隐幕后的，因为它已经使自己变得空空如也，了无牵挂。"③ 这句话点出了韦伯对于去蔽化了的世界的担忧，担忧人类不能凭借自身立起来。其实不能说这是韦伯一个人的担忧，应该说是很多人对于"现代性"的担忧。④

---

① 首先涉及对自我概念的去蔽：对自我首先取得的是形式性的理解"人格"——人格以财产权、生命权、自由权等形式取得定在；其次，取得对自我的本质形式的理解——作为道德的存在者和自规定的存在者；最后，在国家中实现自我——自我作为家庭成员，作为市民社会成员，作为国家公民而存在。

② 韦伯式的个人还是更接近于康德式的"先验自我"。在韦伯的术语中，社会体制的基础就是先验自我，这种"先验自我"在前面第二章里已经批判过了，此处不再复述。

③ ［美］大卫·库尔珀：《纯粹现代性批判——黑格尔、海德格尔及其以后》，臧佩洪译，商务印书馆2004年版，第32—34页。

④ 韦伯认为现代自我所取得的认识是高度形式化的，无内容。但是黑格尔却不这么认为，黑格尔认为个人应该从其所生活的伦理世界中去取得具体的义务和内容（家庭义务、市民社会的成员的义务和国家公民的义务）。黑格尔认为正因为人现实地生活在这个世界中才可能取得这样的义务和内容，这也正是他反对康德的"先验自我"的原因。

但是我们认为这种担忧在康德和黑格尔那里是没有的。首先，韦伯的"个人"是被去蔽了的"个人"，是对其历史和文化背景都去遮了的个人。然而黑格尔并不承认这种"先验自我"的存在。在黑格尔看来，个人总是根植于他的文化、传统、历史、国家和他人的承认当中，以上条件作为个人取得自我理解的必不可少的框架而存在。所以，黑格尔认为不存在韦伯所担心的"自己变得空空如也，了无牵挂"的情况。其次，应该说康德和黑格尔对于现代性所持的是一种乐观积极的态度："康德批评了一种依恋于古代的'愚蠢'，原因是古典时代本身相较于现代具有一种更伟大的天资和善良意志，就好像世界意志在从它的最初的完善堕落"①。康德抨击了他定义为"喜好古代的偏见"，"它蔑视当前，坚持将理智追溯到它的幼年时期"②。而黑格尔也明确地支持现代性："他在伯尔尼的时候就已经反复提到了'理性的进步'，他把以下优点归于'哲学'（即哲学家们）和'我们时代最谦卑的光辉'（启蒙运动的传播），这个优点就是：促进了我们的道德，战胜了受到质疑的'偏狭'和'迷信'……。我们尊重古代人必要贡献，它们是神圣链条上的一环。但那只是一个环节。当前是最高的东西……。我们是否应该认为现代比不上古代？在许多方面，这是毫无疑问的。但就原则的深度和广度而言，我们总体上出于一个更高的层面。"由于"'现代精神'能够穿透'心灵'和客观良知的最深处，所以它必定会被认为优越于'古代精神'"。③

根据我们的理解，康德对于现代性的信心是来自他自认为已经一劳永逸地解决了知识、道德及信仰的问题。④ 而黑格尔的信心是来自

---

① Kant, "Metaphyysik der Sitten", *Tugendlehre*, 33, KGS, Vol. 6, pp. 455 – 56.

② Kant, "Logic", KGS, Vol. 9, pp. 79 – 80, 转引自［意］洛苏尔多《黑格尔与现代人的自由》，丁三东、汪希译，吉林出版集团有限责任公司 2008 年版，第 321 页。

③ ［意］洛苏尔多：《黑格尔与现代人的自由》，丁三东、汪希译，吉林出版集团有限责任公司 2008 年版，第 321—322 页。

④ 康德认为整个科学哲学的骨架已经搭建起来了，后人要做的只是添砖加瓦的工作。［德］康德：《纯粹理性批判》，邓晓芒译，杨祖陶校，人民出版社 2004 年版。

他认为他发现了绝对精神的轨迹——自由命题在世界上的自我展开，自由命题正在这个世界上逐步实现并且最终一定会实现自身。在《法哲学原理》里，个人权利从一开始的抽象的形态（"抽象法"）逐渐发展为主观确定性的形态（道德），最后实现为现实的自由和权利的形态（伦理国家）。它同时也揭示出了权利和自由的人造性："一个人的自由、人权是不可剥夺的，但这并没有使它们成为永恒的，因为，它们不是一个被批准的原初契约，而是一个长期的、骚乱的历史过程的产物。因此，自然法学说受到批判是因为，它所涉及的自然状态是一个没有为权利留下任何空间的状态，充斥其间的只有暴力……'自然权利'不仅是历史过程的产物，这些自然权利的主体也是历史过程的产物。是的，人作为人的概念是伟大的历史骚乱的产物：在古代，在现代的殖民地，奴隶们没有被摆在这一范畴里；在罗马，妇女和儿童也被同样看待。"① 最终，人发现自己的本质是自由的，但是通过长期而复杂的历史进程之后才发现的。接下来，它将把自己的本质在世界中实现出来，对于这一点，黑格尔从来没有怀疑过。

我们应该高度重视黑格尔的历史观，它意味着：将自由和权利理解为人自己制造出来的，并且认为这就是人对自身和这个世界所取得的最深刻的理解。这同时也就是对韦伯命题——去蔽——的阐明。但是，同一个命题在黑格尔看来是体现了人的自由能力和历史的进步，在韦伯看来却是一个充满疑虑的问题。② 黑格尔看到的是人类刚刚取得了对于自身本质的认识，并且正在这个世界上一步步地将自己的本质实现出来——成为自由的是者。所以黑格尔对待现代性的态度是积

---

① ［意］洛苏尔多：《黑格尔与现代人的自由》，丁三东、汪希译，吉林出版集团有限责任公司 2008 年版，第 76 页。

② 这很可能与特定的历史情境有关。康德和黑格尔的时代是一个充满了进步和乐观精神的时代，而现代哲学家所身处的 20 世纪却刚刚经受了两次世界大战，现代哲学家由此对理性能力产生了怀疑，于是乐观情绪在现代哲学中烟消云散，取而代之的是一种挥之不去的忧患情绪。也许正如黑格尔所言：哲学家也逃不出他所身处的时代，特定哲学家思考的也是特定时代的问题。

极乐观的。无论是康德还是黑格尔都还处在人类刚刚去蔽的时代，人类刚刚意识到了自己才是这个世界的主宰者并为此欢欣鼓舞。

虽然黑格尔对于人类的未来持积极乐观的态度，并认为所有人的自由和权利最终将会在历史中实现出来，但是今天的问题仍然很严峻。在今天，资本主义生产模式的致命问题仍然存在：财富的代际传递、财富的自我集中、资本增长超过工资增长①、生产过剩、周期性经济危机、市场中的囚徒困境以及信息不对称等问题。在今天财富的集中度越来越高，贫富分化越来越严重。有研究指出，今天的财富分化程度已经逐渐返回到19世纪的水平。② 对此，托马斯谈道："有些人认为资本已经不再重要，我们已经不可思议地从一个基于资本、遗产和亲缘关系的文明走向了一个基于人力资本和才华天赋的文明……资本还没有消失，就因为它还有用，甚至不会逊于巴尔扎克和奥斯丁的时代。"③ 这都是由于我们过于重视自由的形式性，而放弃了自由的积极性、制度性、现实性和具体性方面。在今天，同样是因为人们过于强调自由的形式性方面而导致人们拥有名义上的自由，但却在实际生活中丧失了现实的自由和权利。今天的新自由主义等理论仍然不够重视自由的实现的前提性条件，只是一味地注重消极自由的实现，排斥任何国家干预。④ 但是新自由主义理论也不能解决市场失灵等资本主义生产模式的内在问题。⑤ 今天，仍然存在着各种学说之间的竞争，人们仍然在讨论财产、占有和再分配的问题。罗尔斯、阿马蒂

———

① ［法］托马斯·皮凯蒂：《21世纪资本论》，巴曙松译，中信出版社2014年版，第2014页，第一部分。托马斯认为由于资本的积累逻辑，资本倾向于向少数人集中，此时应该以财产税和向富人征收高额税款来阻止资本的自身逻辑。资本不仅有不断趋于集中和垄断的趋势，市场本身也常常处于失灵的状态。这些情况都要求政府应该有所作为。

② ［法］托马斯·皮凯蒂：《21世纪资本论》，巴曙松译，中信出版社2014年版，第305、308、358、354页。

③ ［法］托马斯·皮凯蒂：《21世纪资本论》，巴曙松译，中信出版社2014年版，第228页。

④ 自由的实现总是依赖于各种前提性的要素，如人的财产状况、受教育程度、能力、机遇等。

⑤ 博弈论（囚徒困境）和信息经济学中的信息不对称理论都说明了市场失灵的问题。

亚·森等人也提出应该平衡消极自由和积极自由之间的问题，通过以交换自由为主、分配自由为辅的方式；通过国家尽量向弱势人群提供福利和保护来削弱新自由主义理论的理论激进倾向。① 弗里德曼指出："19 世纪的自由主义者把扩大自由认为是改进福利和平等的最有效的方法。20 世纪的自由主义者把福利和平等看作自由的必要条件或者是它的替代物。以福利和平等的名义，20 世纪的自由主义者逐渐赞成恰恰是古典的自由主义所反对的国家干涉和家长主义政策的再度出现。"②

　　对此，黑格尔早就提出：财富的分配是一个制度性的问题，贫困也是一个制度性的问题，而非个人问题。所以黑格尔提倡明确现代国家职能；规范市场规则；适度指导和干预经济市场；通过二次分配等方式实现向弱势群体转移支付；防止贱民阶层革命和暴动的发生；建立普遍社会保障体系。也就是要通过国家尽量向弱势人群提供福利和保护来削弱自然权利理论（现在的新自由主义）的激进倾向。我们认为黑格尔的建议到今天也没有过时，对我们仍有警示的作用。

　　以上情形的存在提醒我们实现所有人的自由和权利还有一条漫长而艰巨的道路要走，历史远未终结，实现所有人的自由和权利还是一个未竟的事业。

---

　　① ［美］罗尔斯：《正义论》，何怀宏、何包钢、廖申白译，中国社会科学出版社2001 年版；［印］阿马蒂亚·森：《正义的理念》，王磊、李航译，中国人民大学出版社2012 年版，第 2012 页。

　　② ［美］米尔顿·弗里德曼：《资本主义与自由》，张瑞玉译，商务印书馆 2004 年版，第 7 页。

# 参考文献

**经典中文文献**

［德］费希特：《伦理学体系》，梁志学、李理译，商务印书馆 2007 年版。

［德］费希特：《全部知识学的基础》，王玖兴译，商务印书馆 1997 年版。

［德］费希特：《自然法权基础》，谢地坤、程志民译，商务印书馆 2004 年版。

［德］黑格尔：《法哲学原理》，范扬、张企泰译，商务印书馆 2009 年版。

［德］黑格尔：《黑格尔全集》第 27 卷、第 I 分册：世界史哲学讲演录（1822—1823），刘立群、沈真、张东辉、姚燕译，商务印书馆 2014 年版。

［德］黑格尔：《黑格尔早期著作集》（上），贺麟译，商务印书馆 2003 年版。

［德］黑格尔：《黑格尔政治著作选》，薛华译，中国法制出版社 2008 年版。

［德］黑格尔：《黑格尔政治著作选》（影印版），中国政法大学出版社 2003 年版。

［德］黑格尔：《黑格尔全集》第 17 卷、第 I 分册：讲演手稿工（1816—1831），梁志学、李理译，商务印书馆 2012 年版。

〔德〕黑格尔:《精神现象学》,贺麟、王玖兴译,商务印书馆1997年版。

〔德〕黑格尔:《历史哲学》,王造时译,上海书店出版社2001年版。

〔德〕黑格尔:《论自然法的科学探讨方式》,程志民译,《哲学译丛》1997年第3、4期、1999年第1、2期。

〔德〕黑格尔:《黑格尔全集》第10卷、纽伦堡高级中学教程和讲话(1808—1816),张东辉、户晓辉译,商务印书馆2012年版。

〔德〕黑格尔:《小逻辑》,贺麟译,商务印书馆1997年版。

〔德〕黑格尔:《哲学科学全书纲要》,薛华译,北京大学出版社2010年版。

〔德〕黑格尔:《哲学史讲演录》(1—4),贺麟、王太庆译,商务印书馆1996年版。

〔德〕康德:《纯粹理性批判》,邓晓芒译,杨祖陶校,人民出版社2004年版。

〔德〕康德:《道德形而上学》,李秋零译,中国人民大学出版社2013年版。

〔德〕康德:《道德形而上学原理》,苗力田译,上海人民出版社2005年版。

〔德〕康德:《历史理性批判文集》,何兆武译,商务印书馆1997年版。

〔德〕康德:《判断力批判》,邓晓芒译,杨祖陶校,人民出版社2005年版。

〔德〕康德:《任何一种能够作为科学出现的未来形而上学导论》,庞景仁译,商务印书馆1997年版。

〔德〕康德:《实践理性批判》,韩水法译,商务印书馆2005年版。

〔德〕康德:《实用人类学》,邓晓芒译,上海人民出版社2002年版。

## 中文专著

陈家琪:《幽灵再现:马克思及其主义的前世今生》,秀威资讯科技股份有限公司 2010 年版。

张志扬、陈家琪：《形而上学的巴别塔》，同济大学出版社 2004
　年版。

陈家琪：《哲学的基本假设与理想国》，中国人民大学出版社 2007
　年版。

邓安庆：《启蒙伦理与现代社会的公序良俗：德国古典哲学的道德事
　业之重审》，人民出版社 2014 年版。

邓晓芒：《康德哲学诸问题》，生活·读书·新知三联书店 2006
　年版。

邓晓芒：《思辨的张力：黑格尔辩证法新探》，商务印书馆 2008
　年版。

邓正来，J. C. 亚历山大编：《国家与市民社会》，中央编译出版社
　2002 年版。

费孝通：《乡土中国》，北京出版社 2009 年版。

高全喜：《论相互承认的法权》，北京大学出版社 2004 年版。

高兆明：《黑格尔〈法哲学原理〉导读》，商务印书馆 2010 年版。

侯成亚：《张颐论黑格尔》，四川大学出版社 2000 年版。

刘哲：《黑格尔辩证—思辨的真无限概念：在康德与费希特哲学视域
　中的黑格尔〈逻辑学〉》，北京大学出版社 2009 年版。

罗念生：《罗念生全集》第二卷：埃斯库罗斯悲剧三种、索福克勒斯
　悲剧四种，上海人民出版社 2007 年版。

薛华：《黑格尔、哈贝马斯与自由意识》，中国法制出版社 2008
　年版。

徐向东编：《实践理性》，浙江大学出版社 2011 年版。

郁建兴：《自由主义批判与自由理论的重建：黑格尔政治哲学及其影
　响》，学林出版社 2000 年版。

张汝伦：《政治世界的思想者》，复旦大学出版社 2009 年版。

赵明：《实践理性的政治立法：康德〈论永久和平〉的法哲学诠释》，

法律出版社 2009 年版。

庄振华：《黑格尔的历史观》，上海人民出版社 2013 年版。


## 中文译著

张世英编：《新黑格尔主义论著选辑》（上），商务印书馆 1997 年版。

张世英编：《新黑格尔主义论著选辑》（下），商务印书馆 2003 年版。

中国社会科学院哲学研究西方哲学史研究室编：《国外黑格尔哲学新
　　论》，中国社会科学出版社 1982 年版。

朱亮编译：《国外学者论黑格尔哲学》，南京大学出版社 1986 年版。

［奥地利］路德维希·维特根斯坦：《哲学研究》，陈嘉映译，上海人
　　民出版社 2005 年版。

［丹］努德·哈孔森：《自然法与道德哲学：从格老秀斯到苏格兰启
　　蒙运动》，马庆、刘科译，浙江大学出版社 2010 年版。

［德］阿尔布莱希特·韦尔默：《后形而上学现代性》，应奇、罗亚玲
　　译，上海译文出版社 2007 年版。

［德］奥特弗利德·赫费：《全球化时代的民主》，庞学铨、李张林、
　　高靖生译，上海译文出版社 2007 年版。

［德］奥特弗利德·赫费：《政治的正义性：法和国家的批判哲学之
　　基础》，庞学铨等译，上海译文出版社 2005 年版。

［德］迪特·亨利希：《在康德与黑格尔之间：德国观念论讲座》，乐
　　小军译，商务印书馆 2013 年版。

［德］芬克：《黑格尔〈精神现象学〉的现象学阐释》，贾红雨译，上
　　海书店出版社 2011 年版。

［德］伽达默尔：《伽达默尔论黑格尔》，张志伟译，光明日报出版社
　　1992 年版。

［美］海因里希·A. 罗门：《自然法的观念史和哲学》，姚中秋译，
　　上海三联书店 2007 年版。

［美］汉娜·阿伦特：《康德政治哲学讲稿》，曹明、苏婉儿译，世纪

文景、上海人民出版社 2013 年版。

[美] 汉娜·阿伦特：《论革命》，陈周旺译，译林出版社 2007 年版。

[德] 汉娜·阿伦特：《耶路撒冷的艾希曼：伦理的现代困境》，孙传钊译，吉林人民出版社 2011 年版。

[德] 胡塞尔：《欧洲科学的危机和先验现象学》王炳文译，商务印书馆 2001 年版。

[德] 霍耐特：《为承认而斗争》，胡继华译，上海人民出版社 2005 年版。

[德] 霍耐特：《自由的权利》，王旭译，社会科学文献出版社 2013 年版。

[德] 卡尔·洛维特：《从黑格尔到尼采：19 世纪思维中的革命性决裂》，李秋零译，生活·读书·新知三联书店 2006 年版。

[德] 卡尔·马克思：《1844 年经济学哲学手稿》，中共中央马克思、恩格斯、列宁、斯大林著作编译局译，人民出版社 2000 年版。

[德] 卡尔·马克思：《黑格尔辩证法和哲学一般的批判》，贺麟译，世纪文景、上海人民出版社 2012 年版。

[德] 卡尔·马克思：《黑格尔法哲学批判》，载《马克思恩格斯全集》第一卷，中共中央马克思、恩格斯、列宁、斯大林著作编译局译，人民出版社 1965 年版。

[德] 里夏德·克朗纳：《论康德与黑格尔》，关子尹译，同济大学出版社 2004 年版。

[德] 马丁·海德格尔：《存在与时间》，陈嘉映、王庆节译，生活·读书·新知三联书店 2006 年版。

[德] 马克斯·韦伯：《韦伯作品集Ⅱ：经济与历史支配的类型》，康乐等译，广西师范大学出版社 2004 年版。

[德] 马克斯·韦伯：《韦伯作品集Ⅲ：支配社会学》，简惠美译，广西师范大学出版社 2004 年版。

[德] 马克斯·韦伯：《韦伯作品集Ⅳ：经济行动与社会团体》，康

乐、简惠美译，广西师范大学出版社 2004 年版。

［德］马克斯·韦伯：《韦伯作品集Ⅶ：社会学的基本概念》，顾忠华译，广西师范大学出版社 2005 年版。

［德］斐迪南·滕尼斯：《共同体与社会：纯粹社会学的基本概念》，林荣远译，北京大学出版社 2010 年版。

［德］于尔根·哈贝马斯：《后形而上学思想》，曹卫东、付德根译，译林出版社 2001 年版。

［德］于尔根·哈贝马斯：《现代性的哲学话语》，曹卫东译，译林出版社 2005 年版。

［法］M. 波德：《资本主义的历史》，郑方磊、任轶译，上海辞书出版社 2012 年版。

［法］爱弥尔·涂尔干：《职业伦理与公民道德》，渠东、付德根译，上海人民出版社 2006 年版。

［法］多米尼克·奥弗莱：《亚历山大·科耶夫》，张尧均译，商务印书馆 2013 年版。

［法］费尔南·布罗代尔：《15 至 18 世纪的物质文明、经济和资本主义》，顾良、施康强译，生活·读书·新知三联书店 2002 年版。

［法］贡斯当：《古代人的自由和现代人的自由》，阎克文、刘满贵、冯克利校，上海人民出版社 2005 年版。

［法］卢梭：《论人类不平等的起源和基础》，李常山译，东林校，商务印书馆 1997 年版。

［法］卢梭：《社会契约论》，何兆武译，商务印书馆 2003 年版。

［法］马里旦：《自然法：理论与实践的反思》，鞠成伟译，中国法制出版社 2009 年版。

［法］托克维尔：《论美国的民主》，陈玮译，九州出版社 2013 年版。

［法］托马斯·皮凯蒂：《21 世纪资本论》，巴曙松译，中信出版社 2014 年版。

［法］亚历山大·科耶夫：《法权现象学纲要》，邱立波译，华东师范

大学出版社 2011 年版。

［法］亚历山大·科耶夫：《黑格尔导读》，姜志辉译，译林出版社 2005 年版。

［古希腊］柏拉图：《理想国》，郭斌和、张竹明译，商务印书馆 1986 年版。

［古希腊］亚里士多德：《尼各马科伦理学》，苗力田译，中国社会科学出版社 1999 年版。

［古希腊］亚里士多德：《政治学》，颜一、秦典华译，中国人民大学出版社 2003 年版。

［加］查尔斯·泰勒：《黑格尔与现代社会》，徐文瑞译，吉林出版集团有限责任公司 2009 年版。

［加］查尔斯·泰勒：《黑格尔》，张国清、朱进东译，译林出版社 2002 年版。

［加］查尔斯·泰勒：《现代社会想象》，林曼红译，译林出版社 2014 年版。

［加］莎蒂亚·德鲁里：《亚历山大·科耶夫——后现代政治的根源》，赵琦译，新星出版社 2007 年版。

［英］罗伯·史登：《黑格尔与精神现象学》，林静秀、周志谦译，五南图书出版股份有限公司 2010 年版。

［美］E. 博登海默：《法理学：法律哲学与法律方法》，邓正来译，中国政法大学出版社有限责任公司 2004 年版。

［美］W. T. 司退斯：《黑格尔哲学》，廖惠和、宋祖良译，中国社会科学出版社 1989 年版。

［美］阿利森：《康德的自由理论》，陈虎平译，辽宁教育出版社 2001 年版。

［美］艾莉森·利·布朗：《黑格尔》，彭俊平译，中华书局 2002 年版。

［美］拜塞尔：《黑格尔》（影印本），生活·读书·新知三联书店

2006 年版。

［美］贝克：《实践理性批判通释》，黄涛译，华东师范大学出版社
2011 年版。

［美］波考克：《德行、商业和历史》，冯克利译，生活·读书·新知
三联书店 2012 年版。

［美］大卫·库尔珀：《纯粹现代性批判：黑格尔、海德格尔及其以
后》，臧佩洪译，商务印书馆 2004 年版。

［美］弗朗西斯·福山：《国家构建：21 世纪的国家治理与世界秩
序》，黄胜强、许铭原译，中国社会科学出版社 2007 年版。

［美］弗朗西斯·福山：《历史的终结及最后之人》，黄胜强，许铭原
译，中国社会科学出版社 2003 年版。

［美］弗朗西斯·福山：《信任：社会美德与创造经济繁荣》，彭志华
译，海南出版社 2001 年版。

［美］弗朗西斯·福山：《政治秩序的起源》，毛俊杰译，广西师范大
学出版社 2012 年版。

［美］格里高利·克拉克：《应该读点经济史：一部世界经济简史》，
李淑萍译，中信出版社 2009 年版。

［美］列奥·施特劳斯：《自然权利与历史》，彭刚译，生活·读书·
新知三联书店 2003 年版。

［美］罗伯特·皮平：《黑格尔的观念论：自意识的满足》，陈虎平
译，华夏出版社 2006 年版。

［美］罗尔斯：《正义论》，何怀宏、何包钢、廖申白译，中国社会科
学出版社 2001 年版。

［美］罗尔斯：《作为公平的正义：正义新论》，姚大志译，上海三联
书店 2003 年版。

［美］A. 麦金太尔：《追寻美德》，宋继杰译，译林出版社 2003
年版。

［美］米尔顿·弗里德曼：《资本主义与自由》，张瑞玉译，商务印书

馆 2004 年版。

[美] 彭慕兰：《大分流》，史建云译，江苏人民出版社 2004 年版。

[美] 皮平：《作为哲学问题的现代主义：论对欧洲高雅文化的不满》，阎嘉译，商务印书馆 2007 年版。

[美] 乔治·萨拜因：《政治学说史》（上、下卷），邓正来译，上海人民出版社 2010 年版。

[美] 萨缪尔·P. 亨廷顿：《变化社会中的政治秩序》，王冠华、刘为译，上海人民出版社 2008 年版。

[美] 汤姆·G. 帕尔默：《实现自由：自由意志主义的理论、历史与实践》，景朝亮译，法律出版社 2011 年版。

[美] 汤姆·罗克摩尔：《黑格尔：之前和之后：黑格尔思想历史导论》，柯小刚译，北京大学出版社 2005 年版。

[美] 汤姆·罗克莫尔：《康德与观念论》，徐向东译，上海译文出版社 2011 年版。

[美] 希克斯等：《黑格尔与普世秩序》，邱立波译，华夏出版社 2009 年版。

[美] 约翰·罗尔斯：《道德哲学史讲义》，顾肃、刘雪梅译，中国社会科学出版社 2013 年版。

[美] 张效敏：《马克思的国家理论》，田毅松译，唐少杰校，上海三联书店 2013 年版。

[日] 植村邦彦：《何为"市民社会"：基本概念的变迁史》，赵平译，南京大学出版社 2014 年版。

[匈牙利] 卢卡奇：《青年黑格尔》，王玖兴译，商务印书馆 1963 年版。

[意] B. 克罗齐：《黑格尔哲学中的活东西和死东西》，王衍孔译，商务印书馆 1959 年版。

[意] 洛苏尔多：《黑格尔与现代人的自由》，丁三东、汪希译，吉林出版集团有限责任公司 2008 年版。

［印］阿马蒂亚·森：《正义的理念》，王磊、李航译，中国人民大学出版社 2012 年版。

［英］艾伦·麦克法兰：《现代世界的诞生》管可秾译，上海人民出版社 2013 年版。

［英］安东尼·阿巴拉斯特：《西方自由主义的兴衰》，曹海军译，吉林人民出版社 2011 年版。

［英］保罗·西布莱特：《陌生人群：一部经济生活的自然史》，梁娜译，东方出版社 2007 年版。

［英］以赛亚·伯林：《自由论》，胡传胜译，译林出版社 2003 年版。

［英］大卫·李嘉图：《政治经济学及赋税原理》，郭大力、王亚南译，译林出版社 2011 年版。

［英］大卫·休谟：《道德原则研究》，曾晓平译，商务印书馆 2002 年版。

［英］大卫·休谟：《人性论》，关文运译，商务印书馆 1983 年版。

［英］戴维·米勒、韦农·波格丹诺主编：《布莱克维尔政治学百科全书》，邓正来译，中国政法大学出版社 2002 年版。

［英］哈耶克：《哈耶克文选：哈耶克论文演讲集》，冯克利译，江苏人民出版社 2000 年版。

［英］哈耶克：《致命的自负：社会主义的谬误》，冯克利，胡晋华译，中国社会科学出版社 2000 年版。

［英］霍布豪斯：《自由主义》，朱曾汶译，商务印书馆 1996 年版。

［英］霍布斯：《利维坦》，黎思复、黎廷弼译，商务印书馆 2008 年版。

［英］卡诺凡：《阿伦特政治思想再释》，陈高华译，人民出版社 2012 年版。

［英］开尔德、［美］鲁一士：《黑格尔、黑格尔学述》，贺麟编译，世纪文景、上海人民出版社 2012 年版。

［英］克拉潘：《现代英国经济史》，第一分册，姚曾廙译，商务印书

馆 1997 年版。

［英］洛克：《政府论》（下），叶启芳、瞿菊农译，商务印书馆 2011
年版。

［英］斯蒂芬·霍尔盖特：《黑格尔导论：自由、真理与历史》，丁三
东译，商务印书馆 2013 年版。

［英］亚当·弗格森：《文明社会史论》，林本椿、王绍祥译，浙江大
学出版社 2010 年版。

［英］亚当·斯密：《国民财富的性质和原因的研究》（上）、（下），
郭大力、王亚南译，商务印书馆 2012 年版。

［英］约翰·菲尼斯：《自然法与自然权利》，董娇娇、杨奕、梁晓晖
译，中国政法大学出版社 2005 年版。

［英］约翰·密尔：《论自由》，许宝骙译，商务印书馆 2005 年版。

［英］约翰·穆勒：《政治经济学原理》（上、下），金镝、金熠译，
华夏出版社 2009 年版。

## 中文期刊

陈家琪：《伦理共同体与政治共同体——重读康德的〈单纯理性限度
内的宗教〉》，《同济大学学报》（社会科学版）2008 年第 2 期。

邓安庆：《从"自然伦理"的解体到伦理共同体的重建——对黑格尔
〈伦理体系〉的解读》，《复旦学报》（社会科学版）2011 年第
3 期。

丁三东：《"承认"：黑格尔实践哲学的复兴》，《世界哲学》2007 年
第 2 期。

丁三东：《论黑格尔自由生活与世界历史进程思想》，《四川大学学
报》（哲学社会科学版）2009 年第 3 期。

丁三东：《主观自由及其限度——论黑格尔对康德道德哲学的重构与
批评》，《西南民族大学学报》（人文社会科学版）2009 年第 5 期。

丁三东：《自然权利的根据——黑格尔对自然权利理论的重构与批

评》，《四川大学学报》（哲学社会科学版）2007 年第 4 期。

刘创馥：《黑格尔的绝对知识与历史理性》，《哲学分析》2014 年第 5 期。

汪行福：《个人权利与公共自由的和解——现代性视域中的黑格尔法哲学》，《吉林大学社会科学学报》2011 年第 1 期。

## 学位论文

丁三东：《论黑格尔的自由谱系》，博士学位论文，武汉大学，2005 年。

罗久：《理性、自然与伦理形而上学》，博士学位论文，复旦大学，2013 年。

## 英文研究性著作

A. Kojeve，*Introduction to the Reading of Hegel：Lectures on the "Phenomenology of Spirit"*，J. H. Nichols ed.，Cornell University Press，1980.

Alex Honneth，*Suffering from Indeterminacy：An Attempt at a Reactualization of Hegel's Philosophy of Right*，Netherlands：Van Gorcum Publishers，2000.

Allen Patten，*Hegel's Ideal of Freedom*，Oxford：Oxford University Press，1990.

Allen W. Wood，*Hegel's Ethical Thought*，Cambridge：Cambridge University Press，1990.

A. MacIntyre ed.，*Hegel：A Collection of Critical Essays*，University of Notre Dame Press，1972.

Dudley Knowles，*Political Philosophy*，McGill – Queen's University Press，2001.

Dudley Knowles，*Routledge Philosophy Guidebook to Hegel and the Philosophy of Right*，Routledge，2002.

Frederick C. Beiser ed. , *The Cambridge Companion to Hegel*, Cambridge University Press, 1993.

G. D. O'Brien, *Hegel on Reason and History: A Contemporary Interpretation*, Chicago: University of Chicago Press, 1975.

Georg Lukacs, *The Young Hegel*, Rodney Livingstone trans. , London: The Merlin Press Ltd. , 1975.

Graham Bird, *A Companion to Kant*, Blackwell Publishing, 2006.

Guyer Paul ed. , *The Cambridge Companion to Kant*, Cambridge: Cambridge University Press, 1992.

Hegel, G. W. F, *Phenomenology of Spirit*, Miller trans. , Oxford University Press, 1977.

Hegel, G. W. F, *The Philosophy of History*, J. Sibree trans. , Dover Publications, 2004.

H. G. Gadamer, *Hegel's Dialectic: Five Hermeneutical Studies*, Translated and with an introduction Trans, by P. C. Smith, New Haven: Yale University Press, 1976.

H. S. Harris, *Hegel's Development: Towards the Sunlight. ( 1770 – 1801 )*, Oxford: University Press, 1971.

Inwood. M. J. , *A Hegel Dictionary: Blackwell Philosopher Dictionaries*, Blackwell Publishing Ltd. , 1992.

J. Hyppolite, *Genesis and Structure of Hegel's Phenomenology of Spirit*, S. Cherniak and J. Heckman trans. , Northwestern University Press, 1974.

J. N. Findlay, *Hegel: A Re-examination*, Routledge, 1958.

Joachim Ritter, *Hegel and the French Revolution: Essays on the Philosophy of Right*, The MIT Press, 1982.

Kant, *Critique of Pure Reason*, Paul Guyer、Allen W. Wood, trans. & ed. , New York, Cambridge: Cambridge University Press, 1998.

Kant, *Kritik der reinen Vernunft*, Berlin: Druck und Verlag von Georg Re-
imer, 1911.

Kant, *Practical Philosophy* (*Cambridge Edition of the Works of Immanuel
Kant*), Marry Gregor ed. & trans. Cambridge University Press, 1996.

Kants Werke, Band IV, *Grundlegung zur Metaphzsik der Sitten*, Berlin:
Walter de Gruyter & Co. , 1968.

L. Dickey, *Hegel: Religion, Economics, and the Politics of Spirit*, 1770 –
1807, Cambridge: Cambridge University Press, 1987.

Mark Shelton, "The Morality of Peace: Kant and Hegel on the Grounds for
Ethical Ideals", *The Review of Metaphysics*, Vol. 54, No. 2, Dec.
2000.

M. Heidegger, *Hegel's Phenomenology of Spirit*, P. Emad and K. Maly ed. ,
Bloomington: Indiana University Press, 1988.

M. Inwood ed. , *Hegel*, Routledge, 2002.

M. Riedel, *Between Tradition and Revolution: the Hegelian Transformation
of Political Philosophy*, Cambridge: Cambridge University Press, 2011.

Norbert Waszek, *The Scottish Enlightenment and Hegel's Account of "Civil
Society"*, Springer, 1988.

Q. Lauer, *A Reading of Hegel's Phenomenology of Spirit*, New York:
Fordham University Press, 1976.

Renato Cristi, *Hegel on Freedom and Authority*, University of Wales Press,
2005.

Robert B. Pippin ed. , *Hegel on Ethics and Politics*, Cambridge University
Press, 2004.

Robert B. Pippin, *Kant's Theory of Form: Essays on Critique of Pure Rea-
son*, New Heven and London, Yale University Press, 1982.

Robert B. Pippin, *Hegel's Idealism: The Satisfactions of Self-consciousness*,
Cambridg: Cambridge University Press, 1989.

Robert B. Pippin, *Hegel's Practical Philosophy*, Cambridge: Cambridge U-niversity Press, 2008.

R. Plant, *Hegel: An Introduction*, Oxford: Blackwell, 1983.

R. Stern ed., *G. W. F. Hegel: Critical Assessments*, 4 vols, London: Routledge, 1993.

Robert R. Williams, *Hegel's Ethics of Recognition*, Berkeley: University of California Press, 1997.

Robert R. Williams, *Recognition: Fichte and Hegel on the Other*, State U-niversity of New York Pree, 1992.

Sally Sedgwick, *The Reception of Kant's Critical Philosophy: Ficht, Schelling and Hegel*, Cambridge University Press, 2000.

Seyla Benhabib, *Natural Right and Hegel: An Essay in Modern Political Philosophy*, Yale University, 1977.

Shlomo Avineri, *Hegel's Theory of the Modern State*, Cambridge University Press, 1972.

S. Houlgate, *Freedom, Truth and History: An Introduction to Hegel's Philosophy*, London: Routledge, 1991.

S. Houlgate, *Hegel, Nietzsche and the Criticism of Metaphysics*, Cambridge: Cambridge University Press, 1986.

Stephen Houlgate, *Logic, Spirit, and Freedom in the State: Appreciative and Critical Thoughts on Adriaan Peperzak's Modern Freedom*, Cont Philos Rev (2010) 43.

Stephen Houlgate, "The Unity of Theoretical and Practical Spirit in Hegel's Concept of Freedom", *The Review of Metaphysics*, Vol. 48, No. 4, Jun. 1995.

Steven B. Smith, *Hegel's Critique of Liberalism: Rights in Context*, Chicago: University of Chicago Press, 1989.

T. W. Adorno, *Hegel: Three Studies*, Translated by S. W. Nicholsen,

MA：MIT Press，1993.

W. Maker，*Philosophy Without Foundations*：*Rethinking Hegel*，State University of New York Press.，1994.

Z. A. Pekzynski ed.，*The State and Civil Society*：*Studies in Hegel's Political Philosophy*，Cambridge：Cambridge University Press，1984.

Z. A. Pekzynski ed.，*Hegel's Political Philosophy*：*Problems and Perspectives*，Cambridge：Cambridge University Press，1971.

# 后　　记

　　本书脱胎于我的博士论文，修订工作已逾一年，其间甘苦自知。本书大致保持了博士论文的原貌，因其在论述上融会贯通、自成一体，故并未大刀阔斧地增涂修改。几年间我的研究兴趣已逐渐转移到了黑格尔"普遍异质国家"理论上面，由于笔者对该主题的思考还欠思虑和火候，恐怕很多地方存在谬误或误解，但本人笔力有限，恐怕目前无法做到了。因此笔者深盼学界前辈与研究者们发现本书错谬之处后，不吝指正。我想这也算是对我以后科研工作的一个伏笔和预告。

　　对于本书的写作，首先，我要感谢我学术生涯中最重要的两位导师和引路人：博士阶段导师陈家琪教授和硕士阶段导师丁三东教授。陈老师以其生活方式向我们展示了一个当代哲人的坚持和追求，让我感叹原来哲学不仅仅是停留在书本上的概念，至始至终，哲学并不在我们之外。而丁老师真正引领我进入了哲学思考的大门，廓清了我致思之路，让我领略了哲思之深邃与丰醇。其次，我要感谢我的父母和家人，没有他们一路以来的支持，我不可能走到今天。最后，感谢此书的责任编辑中国社会科学出版社刘艳老师严谨细致的编辑工作。本书的出版受到西南交通大学研究生院的慷慨资助，在此一并感谢。

2022 年 6 月 22 日于成都犀浦寒舍